“十四五”普通高等教育会计专业精品规划教材

政府会计

Government Accounting

主　编　车继成

副主编　倪丹悦　薛　伟　王汝超

苏州大学出版社
Soochow University Press

图书在版编目(CIP)数据

政府会计 / 车继成主编. -- 苏州 : 苏州大学出版社, 2025. 2. -- ("十四五"普通高等教育会计专业精品规划教材). -- ISBN 978-7-5672-5165-6

Ⅰ. F810.6

中国国家版本馆 CIP 数据核字第 202569XL49 号

政府会计

ZHENGFU KUIJI

车继成 主编

责任编辑 曹晓晴

苏州大学出版社出版发行

(地址: 苏州市十梓街 1 号 邮编: 215006)

镇江文苑制版印刷有限责任公司印装

(地址: 镇江市黄山南路 18 号润州花园 6-1 号 邮编: 212000)

开本 787 mm×1 092 mm 1/16 印张 19. 50 字数 499 千

2025 年 2 月第 1 版 2025 年 2 月第 1 次印刷

ISBN 978-7-5672-5165-6 定价: 58.00 元

苏州大学出版社营销部 电话: 0512-67481020

苏州大学出版社网址 http://www.sudapress.com

苏州大学出版社邮箱 sdcbs@suda.edu.cn

前 言

Preface

政府会计作为国家治理的重要基础和财政管理的关键支撑，在我国经济社会发展中发挥着日益重要的作用。随着新时代中国特色社会主义经济建设的持续推进和财政体制改革的不断深入，政府会计也需要持续发展与完善，以更好地适应新时代对政府会计工作提出的新要求。

党的二十届三中全会深入分析了推进中国式现代化面临的新形势、新要求，系统部署了 14 个方面 300 多项重大改革举措，对深化财税体制改革做出了全面部署。全会通过的《中共中央关于进一步全面深化改革　推进中国式现代化的决定》明确提出，要健全预算制度，加强财政资源和预算统筹，强化对预算编制和财政政策的宏观指导，加强公共服务绩效管理，深化零基预算改革；要建立权责清晰、财力协调、区域均衡的中央和地方财政关系，增加地方自主财力。这些部署为政府会计工作指明了新的方向，也对政府会计人员专业素养提出了更高的要求。

在此背景下，我国政府会计准则也在不断发展与完善。近年来，财政部陆续发布了一系列政府会计准则及相关制度，进一步规范了政府会计核算和财务报告标准，提高了政府会计信息质量水平。本教材依据财政部最新发布的政府会计准则及制度编写，全面系统地介绍了政府会计的基本理论、准则内容和实务操作。

本教材涵盖了政府会计概论、资产的核算、负债的核算、收入与预算收入的核算、费用与预算支出的核算、净资产的核算、预算结余的核算及会计报表等内容。在编写过程中，我们充分考虑了政府会计领域的最新动态和发展成果，注重理论与实践相结合，通过大量的案例分析，帮助读者更好地理解和掌握政府会计的核算方法与操作流程。

本教材由苏州城市学院车继成任主编，苏州大学商学院倪丹悦、中汇会计师事务所薛伟、苏州大学财务处王汝超任副主编。各章编写分工明确，第一章、第二章、第三章由倪丹悦编写，第四章、第五章由王汝超编写，第六章、第七章、第八章由车继成编写，各章后面的同步练习由车继成精心编制，整本教材由薛伟审定。本教材的编写，还得到了哈尔滨新区财政局副局长吴永明，以及哈尔滨新区财政事务服务中心主任颜莉娜、刘晓妤、姜雪等的大力支持。

本教材适用于高等院校会计学、财政学等相关专业的师生，也可供行政事业单位的财务人员及对政府会计感兴趣的广大读者学习参考。我们衷心希望本教材能够帮助读者全面、深入地理解和掌握政府会计知识，为我国政府会计事业的发展贡献一份力量。

由于政府会计领域的发展和改革仍在不断推进，加之编者水平有限，教材中难免存在不足之处，恳请广大读者批评指正，以便我们在后续的修订中不断加以完善。

编　者

2024 年 12 月

目录

CONTENTS

第一章　政府会计概论　1

第一节　政府会计概述　1
第二节　政府会计假设和信息质量要求　4
第三节　政府会计要素及其确认和计量　6
第四节　政府会计核算　9
第五节　政府决算报告和政府财务报告　10
第六节　政府会计准则和政府会计制度　11
本章同步练习　15

第二章　资产的核算　17

第一节　资产概述　17
第二节　货币资金　18
第三节　短期投资　26
第四节　应收及预付款项　27
第五节　存货　40
第六节　长期投资　47
第七节　固定资产　54
第八节　工程物资与在建工程　61
第九节　无形资产　65
第十节　其他资产　71
本章同步练习　88

第三章　负债的核算　95

第一节　负债概述　95
第二节　流动负债　96
第三节　非流动负债　113
本章同步练习　118

第四章　收入与预算收入的核算　121
第一节　收入与预算收入概述　121
第二节　行政事业单位共用收入与预算收入　122
第三节　事业单位特有收入与预算收入　130
本章同步练习　142

第五章　费用与预算支出的核算　146
第一节　费用与预算支出概述　146
第二节　行政事业单位共用费用与预算支出　147
第三节　行政单位特有预算支出　156
第四节　事业单位特有费用与预算支出　160
本章同步练习　175

第六章　净资产的核算　180
第一节　净资产概述　180
第二节　盈余及盈余分配　181
第三节　净资产调整　187
本章同步练习　193

第七章　预算结余的核算　197
第一节　预算结余概述　197
第二节　资金结存　200
第三节　财政拨款结转与结余　205
第四节　非财政拨款结转与结余　210
第五节　其他预算结余　216
本章同步练习　222

第八章　会计报表　228
第一节　会计报表概述　228
第二节　财务报表　230
第三节　预算会计报表　257
本章同步练习　275

附录 1　各章同步练习参考答案　283

附录 2　行政事业单位会计科目名称和编号表　303

第一章

政府会计概论

学习目标

1. 了解政府会计的概念与目标。
2. 理解政府会计的组成与特征。
3. 理解政府会计假设和信息质量要求。
4. 掌握我国政府会计核算模式及其会计要素确认。
5. 熟悉政府决算报告和政府财务报告的构成。

第一节 政府会计概述

一、政府会计的概念及适用范围

（一）政府会计的概念

政府会计是反映和监督政府组织掌握与使用公共经济资源及其活动情况的会计。它以货币为主要计量单位，对政府组织的经济业务或事项的过程与结果进行完整、连续、系统的反映和监督，借以加强政府的预算管理和财务管理，提高公共经济资源使用效益。

（二）我国政府会计的适用范围

我国政府会计的适用范围包括：

（1）行政机构，包括中央和地方各级人民政府。

（2）立法机构，包括全国和地方各级人民代表大会的常设机构。

（3）司法和监察机构，包括最高和地方各级人民法院与人民检察院、国家和地方各级监察委员会。

（4）政党和政治协商机构，包括中国共产党、各民主党派的中央和地方组织，全国和地方各级人民政治协商会议的常设机构，等等。

（5）事业单位，包括教育、科学研究、勘察设计、勘探、文化、新闻出版、广播影视、医疗卫生、体育、交通、气象、地震、海洋、农林牧渔水、环境保护、测绘、信息咨询、标准计量和质量技术监督、知识产权、物资仓储和供销、房地产服务和城市公用、社会福利等行业的事业单位，但不包括其中实行企业化管理的事业单位。

（6）公立的社会团体，指主要使用国有资产和财政拨款、注册为社团法人的非营利组织。

本书后面介绍的具体经济业务的确认、计量、记录、报告，是依据《政府会计准则——基本准则》《政府会计准则第 1 号——存货》《政府会计准则第 2 号——投资》《政府会计准则第 3 号——固定资产》《〈政府会计准则第 3 号——固定资产〉应用指南》《政府会计准则第 4 号——无形资产》《政府会计准则第 5 号——公共基础设施》《政府会计准则第 6 号——政府储备物资》《政府会计准则第 7 号——会计调整》《政府会计准则第 8 号——负债》《政府会计准则第 9 号——财务报表编制和列报》《政府会计准则第 10 号——政府和社会资本合作项目合同》《〈政府会计准则第 10 号——政府和社会资本合作项目合同〉应用指南》《政府会计准则第 11 号——文物资源》《〈政府会计准则第 11 号——文物资源〉应用指南》及《政府会计制度——行政事业单位会计科目和报表》《财政总会计制度》等政策文件内容编写的。

小贴士

军队，包括中国人民解放军和中国人民武装警察部队各级组织与单位。但目前我国军队会计不使用《政府会计制度——行政事业单位会计科目和报表》，其另有规定。《政府会计准则——基本准则》第二条规定："本准则适用于各级政府、各部门、各单位（以下统称政府会计主体）。前款所称各部门、各单位是指与本级政府财政部门直接或者间接发生预算拨款关系的国家机关、军队、政党组织、社会团体、事业单位和其他单位。军队、已纳入企业财务管理体系的单位和执行《民间非营利组织会计制度》的社会团体，不适用本准则。"

二、政府会计的特征及组成体系

（一）政府会计的特征

相对于营利性的企业会计而言，政府会计的主要特征是会计核算方法与预算管理要求紧密结合。由于政府的财务资源主要来源于税收、行政事业性收费等非交换性交易，政府向社会公众提供的服务通常是免费或象征性收费的，即政府服务的接受者和政府组织本身之间的交易属于非交换性交易，因此政府组织在取得和运用财务资源时需要受到来自纳税人、社会公众等财务资源提供者及其他利益相关者的约束。这种约束主要表现为政府需要编制预算，该预算需要经过人民代表大会的批准。经批准的预算，政府需要严格遵照执行。政府会计需要如实反映经批准的预算的执行情况，以满足纳税人、社会公众及其代表等政府会计信息使用者对会计信息的需求。

除需要核算预算执行情况外，政府会计也需要核算资产、负债、净资产、收入、费用等情况，以如实反映政府组织的财务状况和运行情况（含运行成本）等。由于政府预算是以收付实现制为基础编制的，因此政府会计需要采用预算会计方法核算预算的执行情况，即以收付实现制为基础核算预算收支的执行情况。又由于政府的财务状况、运行情况需要以权责发生制为基础进行核算，因此政府会计还需要采用财务会计方法核算政府组织的财务运行情况和结果。也就是说，政府会计由预算会计和财务会计构成，预算会计是指以收付实现制为基础对政府会计主体预算执行过程中发生的全部收入和全部支出进行会计核算，主要反映和监督预算收支执行情况的会计；财务会计是指以权责发生制为基础对政府会计主体发生的各项经济业务或事项进行会计核算，主要反映和监督政府会计主体财务状况、运行情况和现金流量等的会计。这是政府会计区别于营利性的企业会计的一个显著特征。在政府会计中，资产减去负债后的余额为净资产，政府会计没有明确的所有者权益或出资人权益。

（二）政府会计的组成体系

政府会计由财政总会计和行政事业单位会计组成。财政总会计和行政事业单位会计之间存在密切的关系，两者执行统一的政府会计准则。另外，我国《政府会计准则——基本准则》规定，政府会计由预算会计和财务会计构成。因此，在政府会计的组成体系中，还可以按照政府会计的特定功能将其区分为预算会计和财务会计。

扫一扫

《政府会计准则——基本准则》

三、政府会计目标

会计目标是指会计工作应该达到的目的和要求。政府会计目标是指政府会计系统通过自身功能实现所要达到的最终目的，它包括预算会计目标和财务会计目标。政府会计目标的确定会影响政府会计所提供的会计报告的范围和内容，进而影响会计报表体系的设置、会计要素的确认和计量等会计核算架构的设计，因此政府会计目标是重要的理论问题。

具体来说，政府会计目标的内容主要包括三个方面：向谁提供会计信息；会计信息使用者需要什么样的信息；为了满足使用者的需要，会计应当提供哪些信息。

政府会计信息的使用者主要包括各级人民代表大会及其常务委员会、各级政府及其有关部门、债权人、政府会计主体自身、相关信用评级机构、国际货币基金组织、世界银行、政府会计研究人员、社会公众和其他利益相关者等。

《中华人民共和国预算法》规定，全国人民代表大会审查中央和地方预算草案及中央和地方预算执行情况的报告，批准中央预算和中央预算执行情况的报告。县级以上地方各级人民代表大会审查本级总预算草案及本级总预算执行情况的报告，批准本级预算和本级预算执行情况的报告。政府预算的最终目的是保障纳税人或人民大众财政利益的最大化。纳税人既是公共财政收入的来源者，也是公共财政支出的受益者，为了确保政府预算最终目的的实现，纳税人或人民大众需要对政府预算进行全面的监督。人民代表大会作为由人民大众选举产生的国家权力机关，需要对政府预算及其执行情况依法行使日常化、专业化的审查和批准职权。人民代表大会是政府会计信息的最主要使用者。

《中华人民共和国预算法》还规定，各部门预算由本部门及其所属各单位预算组成。各部门编制本部门预算、决算草案，组织和监督本部门预算的执行，定期向本级政府财政部门报告预算的执行情况。各单位编制本单位预算、决算草案，按照国家规定上缴预算收入、安排预算支出，并接受国家有关部门的监督。政府及其有关部门是政府会计信息的重要使用者。

政府会计信息的其他使用者范围十分广泛，政府会计信息的使用者不同，需要的政府会计信息也不同。例如，政府债券的投资者需要政府债券发行与偿还的预决算信息、政府财务状况的信息等，以决定是否购买或持有政府债券；相关信用评级机构需要政府收入与支出的预决算信息、政府财务状况的信息等，以对政府债券信用进行评级或对其他相关信息情况做出评价；国际货币基金组织、世界银行等国际组织需要使用政府会计信息对我国政府的绩效进行评价；等等。

各种政府会计信息的使用者都需要政府预算执行情况、政府财务状况等信息，以评价政府受托责任的履行情况，并做出相应的经济和社会等方面的决策。

因此，政府预算会计的目标是向决算报告使用者提供与政府预算执行情况有关的信息，综合反映政府会计主体预算收支的年度执行结果，有助于决算报告使用者进行监督和管理，并为编制后续年度预算提供参考和依据。政府财务会计的目标是向财务报告使用者提供与政府的财务状况、运行情况（含运行成本）和现金流量等有关的信息，反映政府会计主体公共受托责任的履行情况，有助于财务报告使用者做出决策或进行监督和管理。

第二节 政府会计假设和信息质量要求

一、政府会计假设

政府会计假设是指对政府会计所处的空间和时间环境及所使用的主要计量单位所做的合理假定或设定。政府会计假设通常包括会计主体、持续运行、会计分期和货币计量。

（一）会计主体

政府会计主体是指政府会计工作特定的空间范围。明确会计主体，可以明确提供会计信息的特定边界范围。财政总会计的主体是各级政府，而不是各级政府的财政部门；行政事业单位会计的主体是各级各类行政事业单位。

（二）持续运行

持续运行是指政府会计主体的业务活动能够持续不断地进行下去。《政府会计准则——基本准则》第七条规定："政府会计核算应当以政府会计主体持续运行为前提。"持续运行前提可以保证政府会计主体按照正常的会计方法进行会计核算，而不将会计核算建立在非正常的财务清算基础之上。政府会计主体尽管也会根据社会经济发展的客观需要进行划转或撤并，但在相应财务清算活动尚未开始之前，应当按照持续运行的假设对相应的经济业务或事项进行会计核算，并得出相应的核算结果。

（三）会计分期

会计分期是指将政府会计主体持续运行的时间人为地划分成时间阶段，以便分阶段结算账目，编制会计报表。政府会计期间至少分为年度和月度，政府会计年度、月度等的起讫日期采用公历日期。分期提供会计信息，既可以及时提供信息，又可以将各期的信息进行比较，从而有利于进行信息分析，提高信息的有用性。

（四）货币计量

货币计量是指政府会计核算以人民币为记账本位币。如果发生外币收支，应当按照中国人民银行公布的人民币外汇汇率折算为人民币核算。对于业务收支以外币为主的政府会计主体，也可以选定某种外币作为记账本位币，但在编制会计报表时，应当按照编报日期的人民币外汇汇率折算为人民币反映。货币计量使各种经济业务在数量上有一个统一的衡量标准，即人民币“元”，从而使各种经济业务在数量上可以进行相加或相减，得到有意义的财务信息。

二、政府会计信息质量要求

政府会计信息质量要求是指政府会计向信息使用者提供的会计信息应当达到的质量标准。政府会计信息是否达到要求的质量标准或其质量的高低直接决定了信息使用者能否做出合理、正确的经济和社会等方面的决策。根据《政府会计准则——基本准则》的规定，政府会计信息质量要求包括可靠性、全面性、相关性、及时性、可比性、可理解性、实质重于形式等。

（一）可靠性

可靠性也称真实性或客观性，是指政府会计核算应当以实际发生的经济业务或事项为依据，客观真实地记录、反映各项经济业务或事项的实际情况和结果。政府会计不能不真实、不客观地记录和反映经济业务或事项，也不能以尚未发生或可能发生的经济业务或事项为依据，根据人为估计进行会计核算，更不能故意编造经济业务或事项的内容，并以此为依据进行会计记录和反映。政府会计信息只有真实客观，才能帮助信息使用者做出正确的评价和决策。

《政府会计准则——基本准则》第十一条规定：“政府会计主体应当以实际发生的经济业务或者事项为依据进行会计核算，如实反映各项会计要素的情况和结果，保证会计信息真实可靠。”

（二）全面性

全面性是指政府会计应当全面反映预算执行情况及财务状况、运行情况等信息。以行政事业单位为例，行政事业单位会计需要全面反映财政拨款资金收支、非财政拨款资金收支等情况，全面反映财务状况、运行成本等情况。

《政府会计准则——基本准则》第十二条规定：“政府会计主体应当将发生的各项经济业务或者事项统一纳入会计核算，确保会计信息能够全面反映政府会计主体预算执行情况和财务状况、运行情况、现金流量等。”

（三）相关性

相关性是指政府会计主体提供的会计信息，应当与反映政府会计主体公共受托责任履行情况及报告使用者决策或监督、管理的需要相关，有助于报告使用者对政府会计主体过去、现在或未来的情况做出评价或预测。也就是说，政府会计主体提供会计信息时应充分考虑使用者对决策信息的需要和评价公共受托责任履行等情况的需要。

《政府会计准则——基本准则》第十三条规定：“政府会计主体提供的会计信息，应当与反映政府会计主体公共受托责任履行情况以及报告使用者决策或者监督、管理的需要相关，有助于报告使用者对政府会计主体过去、现在或者未来的情况作出评价或者预测。”

（四）及时性

及时性是指政府会计主体对已经发生的经济业务或事项应当及时进行会计核算，不得提前或延后。会计信息的价值在于帮助使用者做出决策或评价，它具有时效性，失去了时效性的会计信息，对使用者的效用就大大降低，甚至没有实际意义。

《政府会计准则——基本准则》第十四条规定："政府会计主体对已经发生的经济业务或者事项，应当及时进行会计核算，不得提前或者延后。"

（五）可比性

可比性是指政府会计信息之间可以相互比较。可比性的质量要求如下：同一政府会计主体不同时期发生的相同或相似的经济业务或事项，应当采用一致的会计政策，不得随意变更；确实需要变更的，应当将变更的内容、理由及其影响在附注中予以说明。不同政府会计主体发生的相同或相似的经济业务或事项，应当采用一致的会计政策，确保政府会计信息口径一致，相互可比。可比的会计信息将大大提高其评价和决策的有用性。

《政府会计准则——基本准则》第十五条规定："政府会计主体提供的会计信息应当具有可比性。同一政府会计主体不同时期发生的相同或者相似的经济业务或者事项，应当采用一致的会计政策，不得随意变更。确需变更的，应当将变更的内容、理由及其影响在附注中予以说明。不同政府会计主体发生的相同或者相似的经济业务或者事项，应当采用一致的会计政策，确保政府会计信息口径一致，相互可比。"

（六）可理解性

可理解性是指政府会计主体提供的会计信息应当清晰明了，便于信息使用者理解和使用。政府会计信息只有易于为信息使用者所理解，才能帮助信息使用者评价政府会计主体受托责任的履行情况，并做出相应的经济和社会决策。可理解性除要求政府会计信息本身通俗易懂、清晰明了以外，也假设政府会计信息使用者具有相应的政府会计专业知识。

《政府会计准则——基本准则》第十六条规定："政府会计主体提供的会计信息应当清晰明了，便于报告使用者理解和使用。"

（七）实质重于形式

实质重于形式是指政府会计主体应当按照经济业务或事项的经济实质进行会计核算，不限于以经济业务或事项的法律形式为依据。政府会计主体发生的经济业务或事项，在大多数情况下经济实质与法律形式是一致的，但有时也会存在不一致的情况。例如，事业单位融资租入固定资产的业务，尽管在法律形式上事业单位只拥有融资租入固定资产的使用权，不拥有融资租入固定资产的所有权，但事业单位实际控制着融资租入的固定资产及其服务能力或经济利益，因此在会计核算上将融资租入固定资产视同自有固定资产进行确认、计量和报告。按照实质重于形式的质量要求提供的政府会计信息，比纯粹按照法律形式提供的政府会计信息更加具有相关性，从而可以更好地服务信息使用者。

《政府会计准则——基本准则》第十七条规定："政府会计主体应当按照经济业务或者事项的经济实质进行会计核算，不限于以经济业务或者事项的法律形式为依据。"

第三节　政府会计要素及其确认和计量

政府会计要素是基于报告的需要，对政府会计核算对象所做的基本分类。会计要素构成会计报表的基本结构，因此又称会计报表要素。由于政府会计由财务会计和预算会计构成，因此政府会计要素也分为政府财务会计要素和政府预算会计要素两大类。政府财务会计要素包括资产、负债、净资产、收入、费用五个要素；政府预算会计要素包括预算收入、预算支出、预算结余三个要素。政府财务会计和政府预算会计由于针对不同的会计目标，因此采用不同的确认和计量原则。

一、政府财务会计要素及其确认和计量

（一）资产

资产是指政府会计主体过去的经济业务或事项形成的、由政府会计主体控制的、预期能够产生服务潜力或带来经济利益流入的经济资源。服务潜力是指政府会计主体利用资产提供公共产品和服务以履行政府职能的潜在能力。经济利益流入表现为现金及现金等价物的流入，或者现金及现金等价物流出的减少。

符合上述资产定义的经济资源，在同时满足以下条件时，确认为资产：① 与该经济资源相关的服务潜力很可能实现或经济利益很可能流入政府会计主体；② 该经济资源的成本或价值能够可靠地计量。

资产的计量属性主要包括历史成本、重置成本、现值、公允价值和名义金额。在历史成本计量下，资产按照取得时支付的现金金额或支付对价的公允价值计量。在重置成本计量下，资产按照现在购买相同或相似资产所需支付的现金金额计量。在现值计量下，资产按照预计从其持续使用和最终处置中所产生的未来净现金流入量的折现金额计量。在公允价值计量下，资产按照市场参与者在计量日发生的有序交易中，出售资产所能收到的价格计量。

无法采用上述计量属性的，采用名义金额（人民币 1 元）计量。政府会计主体在对资产进行计量时，一般应当采用历史成本。采用重置成本、现值、公允价值计量的，应当保证所确定的资产金额能够持续、可靠计量。

（二）负债

负债是指政府会计主体过去的经济业务或事项形成的、预期会导致经济资源流出政府会计主体的现时义务。现时义务是指政府会计主体在现行条件下已承担的义务。未来发生的经济业务或事项形成的义务不属于现时义务，不应当确认为负债。

符合上述负债定义的义务，在同时满足以下条件时，确认为负债：① 履行该义务很可能导致含有服务潜力或经济利益的经济资源流出政府会计主体；② 该义务的金额能够可靠地计量。

负债的计量属性主要包括历史成本、现值和公允价值。在历史成本计量下，负债按照因承担现时义务而实际收到的款项或资产的金额，或者承担现时义务的合同金额，或者按照为偿还负债预期需要支付的现金计量。在现值计量下，负债按照预计期限内需要偿还的未来净现金流出量的折现金额计量。在公允价值计量下，负债按照市场参与者在计量日发生的有序交易中，转移负债所需支付的价格计量。

政府会计主体在对负债进行计量时，一般应当采用历史成本。采用现值、公允价值计量的，应当保证所确定的负债金额能够持续、可靠计量。

（三）净资产

净资产是指政府会计主体资产扣除负债后的净额。净资产金额取决于资产和负债的计量。

（四）收入

收入是指报告期内导致政府会计主体净资产增加的、含有服务潜力或经济利益的经济资源的流入。

收入的确认应当同时满足以下条件：① 与收入相关的含有服务潜力或经济利益的经济资源很可能流入政府会计主体；② 含有服务潜力或经济利益的经济资源流入会导致政府会计主体资产增加或负债减少；③ 流入金额能够可靠地计量。

（五）费用

费用是指报告期内导致政府会计主体净资产减少的、含有服务潜力或经济利益的经济资源的流出。

费用的确认应当同时满足以下条件：① 与费用相关的含有服务潜力或经济利益的经济资源很可能流出政府会计主体；② 含有服务潜力或经济利益的经济资源流出会导致政府会计主体资产减少或负债增加；③ 流出金额能够可靠地计量。

政府财务会计要素之间的平衡关系如下：

资产－负债＝净资产

收入－费用＝净资产的增加或减少

资产、负债、净资产、收入、费用五个要素构筑了政府财务会计报表的框架。

二、政府预算会计要素及其确认和计量

（一）预算收入

预算收入是指政府会计主体在预算年度内依法取得并纳入预算管理的现金流入。预算收入一般在实际收到时予以确认，以实际收到的金额计量。

（二）预算支出

预算支出是指政府会计主体在预算年度内依法发生并纳入预算管理的现金流出。预算支出一般在实际支付时予以确认，以实际支付的金额计量。

（三）预算结余

预算结余是指政府会计主体预算年度内预算收入扣除预算支出后的资金余额，以及历年滚存的资金余额。预算结余包括结余资金和结转资金。结余资金是指年度预算执行终了，预算收入实际完成数扣除预算支出和结转资金后剩余的资金。结转资金是指预算安排项目的支出年终尚未执行完毕或因故未执行，且下年需要按原用途继续使用的资金。

政府预算会计要素之间的平衡关系如下：

预算收入－预算支出＝预算结余

预算收入、预算支出、预算结余三个要素构筑了政府预算会计报表或政府决算报表的框架。

第四节 政府会计核算

一、政府会计核算基础

政府会计核算基础是指在政府会计主体确认和处理一定期间的收入和费用时所选择的处理原则与标准，包括收付实现制和权责发生制两种。

（一）收付实现制

收付实现制是指以现金的实际收付为标志来确定本期收入和支出的会计核算基础。凡在当期实际收到的现金收入和支出，均应当作为当期的收入和支出；凡是不属于当期的现金收入和支出，均不应当作为当期的收入和支出。

（二）权责发生制

权责发生制是指以取得收取款项的权利或支付款项的义务为标志来确定本期收入和费用的会计核算基础。凡是当期已经实现的收入和已经发生的或应当负担的费用，不论款项是否收付，都应当作为当期的收入和费用；凡是不属于当期的收入和费用，即使款项已在当期收付，也不应当作为当期的收入和费用。

《政府会计准则——基本准则》第三条规定："政府会计由预算会计和财务会计构成。预算会计实行收付实现制，国务院另有规定的，依照其规定。财务会计实行权责发生制。"

二、政府会计核算对象

会计核算对象也称会计内容，是指会计核算和监督的内容。政府会计核算对象是指政府会计主体实际发生的经济业务或事项。《政府会计准则——基本准则》第六条规定："政府会计主体应当对其自身发生的经济业务或者事项进行会计核算。"

三、政府会计核算模式

从 2019 年 1 月 1 日开始，政府会计在政府单位会计（原行政事业单位会计）中实施"八要素"会计核算模式。"八要素"为资产、负债、净资产、收入、费用、预算收入、预算支出、预算结余。前五个要素为财务会计要素，后三个要素为预算会计要素。从 2023 年 1 月 1 日开始，政府会计在财政总会计（原财政总预算会计）中实施上述"八要素"会计核算模式。

在"八要素"会计核算模式中，凡是会计主体从事的符合预算会计要素的经济业务或事项，需要在预算会计账户上进行登记；凡是会计主体从事的符合财务会计要素的经济业务或事项，需要在财务会计账户上进行登记；如果发生的经济业务或事项既符合预算会计要素核算要求，又符合财务会计要素核算要求，就需要在预算会计账户和财务会计账户上同时进行登记。《政府会计制度——行政事业单位会计科目和报表》规定："单位对于纳入部门预算管理的现金收支业务，在采用财务会计核算的同时应当进行预算会计核算；

对于其他业务，仅需进行财务会计核算。”《财政总会计制度》规定：“对于纳入预算管理的财政资金收支业务，在采用预算会计核算的同时应当进行财务会计核算；对于不同预算类型资金间的调入调出、待发国债等业务，仅需进行预算会计核算；对于其他业务，仅需进行财务会计核算。”

小贴士

这里的现金是广义上的货币资金范畴，包括财政零余额账户支付、单位零余额账户支付、库存现金、银行存款、其他货币资金及财政应返还额度核算的内容。

第五节 政府决算报告和政府财务报告

政府决算报告和政府财务报告是政府会计工作的最终产品。它们是全面系统地反映政府会计主体经济活动及其结果的报告性文件，也是考核政府会计主体预算和财务业绩的重要依据，还是政府会计主体解除预算和财务公共受托责任的书面信息载体。

一、政府决算报告

政府决算报告是综合反映政府会计主体年度预算收支执行结果的文件。政府决算报告应当包括决算报表和其他应当在决算报告中反映的相关信息和资料。

在实务中，政府决算报表由财政总会计报表和行政事业单位预算会计报表组成。其中，财政总会计报表反映一级政府层面财政预算执行情况，行政事业单位预算会计报表反映行政事业单位预算执行情况。行政事业单位预算会计报表按照政府部门汇总后，形成政府部门预算会计报表，反映政府部门预算执行情况。

政府决算报告的编制主要以收付实现制为基础，以预算会计核算生成的数据为准。

二、政府财务报告

政府财务报告是反映政府会计主体某一特定日期的财务状况和某一会计期间的运行情况及现金流量等信息的文件。政府财务报告应当包括财务报表和其他应当在财务报告中披露的相关信息和资料。

政府财务报告包括政府综合财务报告和政府部门财务报告。政府综合财务报告是指由政府财政部门编制的，反映各级政府整体财务状况、运行情况和财政中长期可持续性的报告。政府部门财务报告是指政府各部门、各单位按规定编制的财务报告。

财务报表是对政府会计主体财务状况、运行情况和现金流量等信息的结构性表述。财务报表包括会计报表和附注。会计报表至少应当包括资产负债表、收入费用表和现金流量表。

资产负债表是反映政府会计主体在某一特定日期的财务状况的报表。收入费用表是反映政府会计主体在一定会计期间运行情况的报表。现金流量表是反映政府会计主体在一定会计期间现金及现金等价物流入和流出情况的报表。附注是对在资产负债表、收入费用表、现金流量表等报表中列示项目所做的进一步说明，以及对未能在这些报表中列示项目的说明。

政府会计主体应当根据相关规定编制合并财务报表。

政府财务报告的编制主要以权责发生制为基础，以财务会计核算生成的数据为准。

第六节　政府会计准则和政府会计制度

政府会计核算要依据相应的政府会计标准进行。目前，我国政府会计核算依据的会计标准是准则加制度。

一、政府会计准则

政府会计准则主要用于规范政府会计的会计确认、计量和信息披露。作为我国政府会计标准的会计准则体系，包括政府会计基本准则、政府会计具体准则及其应用指南，以及财政部根据具体情况发布的准则制度解释。目前，我国政府会计准则体系如表 1-1 所示。

表 1-1　我国政府会计准则体系

<table>
<tr><th>基本准则</th><th>具体准则</th><th>应用指南</th></tr>
<tr><td rowspan="12">政府会计准则——基本准则</td><td>政府会计准则第 1 号——存货</td><td></td></tr>
<tr><td>政府会计准则第 2 号——投资</td><td></td></tr>
<tr><td>政府会计准则第 3 号——固定资产</td><td>《政府会计准则第 3 号——固定资产》应用指南</td></tr>
<tr><td>政府会计准则第 4 号——无形资产</td><td></td></tr>
<tr><td>政府会计准则第 5 号——公共基础设施</td><td></td></tr>
<tr><td>政府会计准则第 6 号——政府储备物资</td><td></td></tr>
<tr><td>政府会计准则第 7 号——会计调整</td><td></td></tr>
<tr><td>政府会计准则第 8 号——负债</td><td></td></tr>
<tr><td>政府会计准则第 9 号——财务报表编制和列报</td><td></td></tr>
<tr><td>政府会计准则第 10 号——政府和社会资本合作项目合同</td><td>《政府会计准则第 10 号——政府和社会资本合作项目合同》应用指南</td></tr>
<tr><td>政府会计准则第 11 号——文物资源</td><td>《政府会计准则第 11 号——文物资源》应用指南</td></tr>
<tr><td>……</td><td></td></tr>
</table>

二、政府会计制度

政府会计制度主要用于规范政府会计的会计记账和会计报表编制。作为我国政府会计标准的会计制度体系，包括适用于各类政府会计主体的会计制度及其补充规定。目前，我国政府会计制度体系如表 1-2 所示。

表 1-2 我国政府会计制度体系

会计制度
财政总会计制度
政府会计制度——行政事业单位会计科目和报表
税收会计制度
国库会计核算业务操作规程
三峡工程库区移民资金会计制度
农业综合开发资金会计制度
国家物资储备资金会计制度
土地储备资金会计核算办法（试行）
社会保险基金会计制度
社会保障基金财政专户会计核算办法
住房公积金会计核算办法
政府会计准则制度解释（第 1—7 号）
……

目前，我国涉及政府组织的会计制度（含核算办法）共有十多个，主要包括《财政总会计制度》《政府会计制度——行政事业单位会计科目和报表》《税收会计制度》《国库会计核算业务操作规程》《三峡工程库区移民资金会计制度》《农业综合开发资金会计制度》《国家物资储备资金会计制度》《土地储备资金会计核算办法（试行）》《社会保险基金会计制度》《社会保障基金财政专户会计核算办法》《住房公积金会计核算办法》《财政部国际司管理的赠款项目会计核算暂行办法》等。

这些会计制度可以从不同的角度进行划分。按照政府获得、分配及使用资金的过程，政府会计制度可分为：核算政府收入征解和收纳环节的会计制度，如《税收会计制度》《国库会计核算业务操作规程》；核算政府财政资金分配环节的会计制度，如《财政总会计制度》；核算政府财政资金和其他资金使用环节的会计制度，如《政府会计制度——行政事业单位会计科目和报表》《三峡工程库区移民资金会计制度》《农业综合开发资金会计制度》《国家物资储备资金会计制度》《土地储备资金会计核算办法（试行）》《财政部国际司管理的赠款项目会计核算暂行办法》等。

按照资金性质，政府会计制度可分为：核算政府自有资金的会计制度，如《税收会计制度》《国库会计核算业务操作规程》《财政总会计制度》《政府会计制度——行政事业单位会计科目和报表》《三峡工程库区移民资金会计制度》《农业综合开发资金会计制度》《国家物资储备资金会计制度》《土地储备资金会计核算办法（试行）》《财政部国际司管理的赠款项目会计核算暂行办法》；核算政府受托管理资金的会计制度，如《社会保障基金财政专户会计核算办法》《社会保险基金会计制度》《住房公积金会计核算办法》。

按照适用主体的属性，政府会计制度可分为：适用于以组织为核算主体的会计制度，如《政府会计制度——行政事业单位会计科目和报表》；适用于以特定资金为核算主体的会计制度，如《三峡工程库区移民资金会计制度》《农业综合开发资金会计制度》《国家物资储备资金会计制度》等。

总体而言，我国政府会计制度分为适用于政府财政会计（征解和收纳会计可以视为政府财政会计的延伸）和适用于政府单位会计两部分。前者由各级政府财政部门（税收部门、各级人民银行）执行，后者由各个政府单位执行。这些会计制度构成我国的政府会计制度体系。

思政园地

会计职业道德

会计人员承担着生成和提供会计信息、维护国家财经纪律和经济秩序的重要职责，会计人员的职业道德素质直接影响会计工作和会计信息质量。只有会计人员具有可靠的职业道德品质，才能保证会计信息的合法、真实、准确、及时、完整，广大财务报表使用者才会对其依赖的会计信息有信心。

一、会计职业道德的概念

会计职业道德是指会计人员在会计工作中应当遵循的、体现会计职业特征的、调整会计职业关系的职业行为准则和规范。会计职业道德由特定的社会生产关系和社会经济发展水平决定，属于社会意识形态范畴。会计职业道德由会计职业理想、会计职业责任、会计职业技能、会计工作态度、会计工作作风和会计职业纪律等构成。

在现代市场经济和现代企业制度环境条件下，基于经济资源配置和生产组织的委托代理关系中的权属性质界定，如实反映受托责任履行情况的诚实性和可靠性成为会计的基本职责，因此会计职业道德的核心是诚信。诚信是诚实、守信、真实的总称，也就是实事求是、真实客观、不弄虚作假。它要求会计人员客观公正，遵守统一的会计制度，言行一致，表里如一，不做假账，忠诚为人，以诚待人。能否准确核算、如实反映、讲求诚信是决定会计工作成败和质量好坏的根本标准，会计人员应当以诚信为本，保持客观公正。区块链、云计算、大数据、人工智能等现代信息技术在会计工作中的应用越来越广泛，对会计诚信提出了更高的要求。

二、会计职业道德与会计法律制度的联系和区别

（一）会计职业道德与会计法律制度的联系

会计职业道德与会计法律制度在内容上相互渗透、相互吸收，在作用上相互补充、相互协调。会计职业道德是会计法律制度的重要补充；会计法律制度是会计职业道德的最低要求，是会计职业道德的基本制度保障。

（二）会计职业道德与会计法律制度的区别

1. 性质不同

会计法律制度通过国家权力强制执行，具有很强的他律性。会计职业道德通过行业行

政管理部门规范和会计人员自觉执行，具有内在的控制力，可以约束会计人员的内在心理活动，要求会计人员“应该做什么”或“不应该做什么”，具有很强的自律性。

2. 作用范围不同

会计法律制度侧重调整会计人员的外在行为和结果，具有较强的客观性。会计职业道德不仅调整会计人员的外在行为，还调整会计人员内在的精神世界，作用范围更加广泛。

3. 表现形式不同

会计法律制度是通过一定的程序，由国家立法部门或行业行政管理部门制定、颁布的，其表现形式是具体的、明确的、正式形成文字的成文规定。会计职业道德形成于会计人员的职业生活和职业实践，其表现形式既有成文的规范，也有不成文的规范。

4. 实施保障机制不同

会计法律制度依靠国家强制力保证其贯彻执行。会计职业道德主要依靠行业行政管理部门监管执行和道德教育、社会舆论、传统习俗和道德评价来实现。

5. 评价标准不同

会计法律制度以法律规定为评价标准。会计职业道德以行业行政管理规范和道德评价为评价标准。

三、会计职业道德的内容

为了贯彻落实党中央、国务院关于加强社会信用体系建设的决策部署，推进会计诚信体系建设，提高会计人员职业道德水平，根据《中华人民共和国会计法》《会计基础工作规范》，财政部研究制定了《会计人员职业道德规范》，提出“三坚三守”，强调会计人员“坚”和“守”的职业特性与价值追求。这是对会计人员职业道德要求的集中表达，其具体内容如下：

（1）坚持诚信，守法奉公。牢固树立诚信理念，以诚立身、以信立业，严于律己、心存敬畏。学法知法守法，公私分明、克己奉公，树立良好职业形象，维护会计行业声誉。

（2）坚持准则，守责敬业。严格执行准则制度，保证会计信息真实完整。勤勉尽责、爱岗敬业，忠于职守、敢于斗争，自觉抵制会计造假行为，维护国家财经纪律和经济秩序。

（3）坚持学习，守正创新。始终秉持专业精神，勤于学习、锐意进取，持续提升会计专业能力。不断适应新形势新要求，与时俱进、开拓创新，努力推动会计事业高质量发展。

三条要求逻辑清晰、层层递进：“坚持诚信，守法奉公”是对会计人员的自律要求，“坚持准则，守责敬业”是对会计人员的履职要求，“坚持学习，守正创新”是对会计人员的发展要求。加强会计人员职业道德建设，总结提炼并大力推广长期以来在会计职业实践中形成的职业道德要求，引导会计人员形成正确的价值追求和行为规范，对于提高会计工作水平和会计信息质量、加强社会信用体系建设及推动经济社会高质量发展具有重要意义。

扫一扫

《会计人员职业道德规范》

思考题

1. 什么是政府会计？我国政府会计适用的组织有哪些？
2. 政府会计的基本假设是什么？
3. 政府会计信息质量要求是什么？
4. 相较于企业会计，政府会计的特点有哪些？
5. 我国政府会计的记账基础是什么？
6. 我国政府会计要素有哪些？会计要素之间存在什么样的关系？

本章同步练习

一、单项选择题

1. 政府财务会计的基本要素包括（　　）。

A. 资产、负债、所有者权益、收入、费用、利润

B. 资产、负债、净资产、收入、费用、结转结余

C. 资产、负债、净资产、收入、支出

D. 资产、负债、净资产、收入、费用

2. 政府预算会计的基本要素包括（　　）。

A. 预算收入、预算支出、预算结余

B. 资产、负债、净资产、收入、支出

C. 预算收入、预算费用、预算结转结余

D. 资产、负债、净资产、收入、支出、结转结余

3. 我国政府会计的会计年度起讫日期为（　　）。

A. 1月1日至当年12月31日　　B. 4月1日至次年3月31日

C. 7月1日至次年6月30日　　D. 10月1日至次年9月30日

4. 政府会计的基本假设包括会计主体、会计分期、货币计量和（　　）。

A. 历史成本原则　　B. 限制性原则

C. 持续运行　　D. 实质重于形式

5. 下列不属于行政事业单位会计要素的是（　　）。

A. 资产　　B. 净资产

C. 预算支出　　D. 所有者权益

6. 如果某项资产无法采用历史成本、重置成本、现值和公允价值计量属性，应当采用的计量属性是（　　）。

A. 实际金额　　B. 暂估金额

C. 可变现净值　　D. 名义金额

7. 下列不属于政府决算报告的是（　　）。

A. 预算收入支出表　　B. 预算结转结余变动表

C. 收入费用表　　D. 财政拨款预算收入支出表

8. 下列不属于政府财务报告的是（　　）。

A. 预算收入支出表　　B. 资产负债表

C. 收入费用表　　D. 现金流量表

二、多项选择题

1. 政府会计的基本假设包括（　　）。

A. 会计主体　　B. 会计客体　　C. 会计分期　　D. 持续运行

E. 货币计量

2. 政府会计信息质量要求区别于企业会计信息质量要求的有（　　）。

A. 可靠性　　B. 全面性　　C. 重要性　　D. 谨慎性

E. 可理解性

3. 下列关于权责发生制的说法，正确的有（　　）。

A. 是以现金的实际收付为标志来确定本期收入和支出的会计核算基础

B. 是比收付实现制更具优势的会计核算基础

C. 如实反映了政府会计主体在经济活动中所发生的收款权利或付款义务

D. 是政府预算会计采用的会计核算基础

E. 是政府财务会计采用的会计核算基础

4. 下列关于收付实现制的说法，正确的有（　　）。

A. 是以现金的实际收付为标志来确定本期收入和支出的会计核算基础

B. 是比权责发生制更具优势的会计核算基础

C. 如实反映了政府会计主体在经济活动中所发生的收款权利或付款义务

D. 是政府预算会计采用的会计核算基础

E. 是政府财务会计采用的会计核算基础

5. 政府会计的会计主体包括（　　）。

A. 各级政府财政部门　　B. 各个中小企业

C. 各类事业单位　　D. 各级行政单位

E. 各类国有企业

三、判断题

1. 政府会计要素包括资产、负债、净资产、收入、费用、结转结余。（　　）

2. 资产是由过去的经济业务或事项形成的、由政府会计主体占有或使用的、预期能够带来经济利益流入的经济资源。（　　）

3. 负债是由过去的经济业务或事项形成的、预期会导致经济资源流出政府会计主体的现时义务，包含预期、计划的负债。（　　）

4. 权责发生制下，凡是当期已经实现的收入和已经发生的或应当负担的费用，不论款项是否收付，都应当作为当期的收入和支出。（　　）

5. 收付实现制下，凡是本期实际收进款项的收入和本期实际支出款项的费用，不论是否体现本期的工作成果或劳动消耗，都作为本期收支进行核算。（　　）

6. 企业会计恒等式“资产=负债+所有者权益”和政府会计恒等式“资产=负债+净资产”都属于财务会计范畴下的会计等式，两者体现的经济关系是一样的。（　　）

第二章

资产的核算

学习目标

1. 熟悉政府会计中资产的概念、分类及计量属性。
2. 掌握国库集中支付制度的相关会计理论及会计核算。
3. 掌握流动资产的确认、计量及账务处理。
4. 掌握非流动资产的确认、计量及账务处理。

扫一扫

资产类账务处理

第一节　资产概述

一、资产的概念与确认

（一）资产的概念

在政府会计中，资产是指政府会计主体过去的经济业务或事项形成的、由政府会计主体控制的、预期能够产生服务潜力或带来经济利益流入的经济资源。服务潜力是指政府会计主体利用资产提供公共产品和服务以履行政府职能的潜在能力。经济利益流入表现为现金及现金等价物的流入，或者现金及现金等价物流出的减少。

（二）资产的确认

符合上述资产定义的经济资源，在同时满足以下条件时，确认为资产：① 与该经济资源相关的服务潜力很可能实现或经济利益很可能流入政府会计主体；② 该经济资源的成本或价值能够可靠地计量。也就是说，政府会计主体对符合资产定义的经济资源，应当在取得对其相关的权利并且能够可靠地进行货币计量时确认。

二、资产的分类

政府会计主体的资产按照流动性分为流动资产和非流动资产。

流动资产是指预计在 1 年内（含 1 年）耗用或可以变现的资产，包括货币资金、短期投资、应收及预付款项、存货等。非流动资产是指流动资产以外的资产，包括固定资产、在建工程、无形资产、长期投资、公共基础设施、政府储备资产、文物资源、保障性住房和自然资源资产等。

三、资产的计量属性

资产的计量属性主要包括历史成本、重置成本、现值、公允价值和名义金额。在历史成本计量下，资产按照取得时支付的现金金额或支付对价的公允价值计量。在重置成本计量下，资产按照现在购买相同或相似资产所需支付的现金金额计量。在现值计量下，资产按照预计从其持续使用和最终处置中所产生的未来净现金流入量的折现金额计量。在公允价值计量下，资产按照市场参与者在计量日发生的有序交易中，出售资产所能收到的价格计量。无法采用上述计量属性的，采用名义金额（人民币1元）计量。

政府会计主体在对资产进行计量时，一般应当采用历史成本。采用重置成本、现值、公允价值计量的，应当保证所确定的资产金额能够持续、可靠计量。

第二节 货币资金

货币资金按照存放地点和用途可分为库存现金、银行存款、零余额账户用款额度和其他货币资金。

扫一扫

《政府会计准则制度解释第5号》

一、库存现金

库存现金是指行政事业单位（以下简称“单位”）[1] 在预算执行过程中为保证日常开支需要而存放在财务部门的货币资金。库存现金是流动性最强的流动资产，具有普遍的可接受性。各单位应当严格按照国家有关库存现金管理的规定，加强对库存现金的管理，并主动接受开户银行等相关方面的监督。随着公务卡的使用，各单位的库存现金业务相应减少。各单位应当严格按照国家有关现金管理的规定收支现金，并按照《政府会计制度——行政事业单位会计科目和报表》规定核算现金的各项收支业务。

（一）科目设置

为了核算库存现金业务，单位应设置“库存现金”总账科目。本科目核算单位的库存现金。同时，本科目应当设置“受托代理资产”明细科目，核算单位受托代理、代管的现金。

（二）账务处理

1. 提现与存现

从银行等金融机构提取现金，按照实际提取的金额，借记本科目，贷记“银行存款”科目；将现金存入银行等金融机构，按照实际存入的金额，借记“银行存款”科目，贷记本科目。

根据规定从单位零余额账户提取现金，按照实际提取的金额，借记本科目，贷记“零余额账户用款额度”科目。

---

[1] 行政事业单位，本书简称“单位”，有时也称“政府会计主体”。

将现金退回单位零余额账户，按照实际退回的金额，借记“零余额账户用款额度”科目，贷记本科目。

2. 预借现金及后续报销

因内部职工出差等借出现金，按照实际借出的金额，借记“其他应收款”科目，贷记本科目。

出差人员报销差旅费时，按照实际报销的金额，借记“业务活动费用”“单位管理费用”等科目，按照实际借出的金额，贷记“其他应收款”科目，按照其差额，借记或贷记本科目。

3. 其他现金业务

因提供服务、物品或其他事项收到现金，按照实际收到的金额，借记本科目，贷记“事业收入”“应收账款”等相关科目。涉及增值税业务的，相关账务处理参见“应交增值税”科目。

因购买服务、物品或其他事项支付现金，按照实际支付的金额，借记“业务活动费用”“单位管理费用”“库存物品”等相关科目，贷记本科目。涉及增值税业务的，相关账务处理参见“应交增值税”科目。

以库存现金对外捐赠，按照实际捐出的金额，借记“其他费用”科目，贷记本科目。

4. 受托代理、代管的现金收付

收到受托代理、代管的现金，按照实际收到的金额，借记本科目（受托代理资产），贷记“受托代理负债”科目；支付受托代理、代管的现金，按照实际支付的金额，借记“受托代理负债”科目，贷记本科目（受托代理资产）。

5. 现金溢余与短缺

单位应当设置“库存现金日记账”，由出纳人员根据收付款凭证，按照业务发生顺序逐笔登记。每日终了，应当计算当日的现金收入合计数、现金支出合计数和结余数，并将结余数与实际库存数相核对，做到账款相符。

每日账款核对中发现有待查明原因的现金短缺或溢余的，应当通过“待处理财产损溢”科目核算。属于现金溢余的，应当按照实际溢余的金额，借记本科目，贷记“待处理财产损溢”科目；属于现金短缺的，应当按照实际短缺的金额，借记“待处理财产损溢”科目，贷记本科目。待查明原因后及时进行账务处理，具体内容参见“待处理财产损溢”科目。

现金收入业务繁多、单独设有收款部门的单位，收款部门的收款员应当将每天所收现金连同收款凭据一并交财务部门核收记账，或者将每天所收现金直接送存开户银行后，将收款凭据及向银行送存现金的凭证等一并交财务部门核收记账。

单位有外币现金的，应当分别按照人民币、外币种类设置“库存现金日记账”进行明细核算。有关外币现金业务的账务处理参见“银行存款”科目的相关规定。

本科目期末借方余额，反映单位实际持有的库存现金。

单位库存现金的变化，如果涉及预算资金范围，在预算会计中体现为“资金结存——货币资金”科目核算的预算资金的变动。不涉及预算资金的库存现金业务，不需要编制预算会计分录。预算会计的具体核算参见预算收支相关的核算。

【例2-1】 (1) 某行政单位已实行预算管理一体化系统，现从零余额账户中提取现金6 000元，以备日常零星支出。

该行政单位编制的会计分录如下：

财务会计：

借：库存现金 6 000

　贷：财政拨款收入 6 000

预算会计：

借：资金结存——货币资金 6 000

　贷：财政拨款预算收入 6 000

(2) 假设上述行政单位尚未实行预算管理一体化系统，其他条件不变。

该行政单位编制的会计分录如下：

财务会计：

借：库存现金 6 000

　贷：零余额账户用款额度 6 000

预算会计：

借：资金结存——货币资金 6 000

　贷：资金结存——零余额账户用款额度 6 000

小贴士

关于预算管理一体化相关会计处理办法，参见《政府会计准则制度解释第5号》中的相关规定。

【例2-2】 某事业单位收到一笔具有转赠要求的社会捐款8 000元，要求为其寻找捐赠对象，并对受赠对象进行资助。捐款以现金形式收讫。

该事业单位编制的会计分录如下：

财务会计：

借：库存现金——受托代理资产 8 000

　贷：受托代理负债 8 000

预算会计：无。

【例2-3】 承【例2-2】，为了确保资金安全，该事业单位及时将这笔捐款存入银行，并通过银行转账的形式转赠到捐赠对象的银行账户上。

该事业单位编制的会计分录如下：

(1) 存入银行时

财务会计：

借：银行存款——受托代理资产 8 000

　贷：库存现金——受托代理资产 8 000

预算会计：无。

（2）转赠到捐赠对象的银行账户上时

财务会计：

借：受托代理负债　　8 000

　贷：银行存款——受托代理资产　　8 000

预算会计：无。

【例 2-4】 某事业单位某日在核对账款的过程中，发现短缺现金 600 元。后经查验，其中 200 元属于王某操作失误所致，由他个人负责赔偿；另有 400 元无法查明原因，报经批准后予以核销。

该事业单位编制的会计分录如下：

（1）发现现金短缺时

财务会计：

借：待处理财产损溢　　600

　贷：库存现金　　600

预算会计：

借：其他支出　　600

　贷：资金结存——货币资金　　600

（2）由责任人王某赔偿的部分

财务会计：

借：其他应收款　　200

　贷：待处理财产损溢　　200

借：库存现金　　200

　贷：其他应收款　　200

预算会计：

借：资金结存——货币资金　　200

　贷：其他支出　　200

（3）报经批准予以核销的部分

财务会计：

借：资产处置费用　　400

　贷：待处理财产损溢　　400

预算会计：无。

二、银行存款

银行存款是指单位存入银行或其他金融机构的各种存款。单位应当严格按照国家相关规定开设银行存款账户，严格按照国家有关支付结算办法的规定办理银行存款收支业务，并按照《政府会计制度——行政事业单位会计科目和报表》规定核算银行存款的各项收支业务。随着国库集中收付制度的深入推进，单位财政性资金的收付业务都直接通过国库单一账户体系办理，各单位的银行存款业务相应减少。

（一）科目设置

为了核算银行存款业务，单位应设置“银行存款”总账科目。本科目核算单位存入银行或其他金融机构的各种存款。同时，本科目应当设置“受托代理资产”明细科目，核算单位受托代理、代管的银行存款。

（二）账务处理

1. 存款与收息

将款项存入银行或其他金融机构，按照实际存入的金额，借记本科目，贷记“库存现金”“应收账款”“事业收入”“经营收入”“其他收入”等相关科目。涉及增值税业务的，相关账务处理参见“应交增值税”科目。

收到银行存款利息，按照实际收到的金额，借记本科目，贷记“利息收入”科目。

2. 提现与付费

从银行等金融机构提取现金，按照实际提取的金额，借记“库存现金”科目，贷记本科目。

以银行存款支付相关费用，按照实际支付的金额，借记“业务活动费用”“单位管理费用”“其他费用”等相关科目，贷记本科目。涉及增值税业务的，相关账务处理参见“应交增值税”科目。

以银行存款对外捐赠，按照实际捐出的金额，借记“其他费用”科目，贷记本科目。

3. 受托代理、代管的银行存款收付

收到受托代理、代管的银行存款，按照实际收到的金额，借记本科目（受托代理资产），贷记“受托代理负债”科目；支付受托代理、代管的银行存款，按照实际支付的金额，借记“受托代理负债”科目，贷记本科目（受托代理资产）。

4. 外币业务

单位发生外币业务的，应当按照业务发生当日的即期汇率，将外币金额折算为人民币金额记账，并登记外币金额和汇率。期末，各种外币账户的期末余额，应当按照期末的即期汇率折算为人民币，作为外币账户期末人民币余额。调整后的各种外币账户人民币余额与原账面余额的差额，作为汇兑损益计入当期费用。

（1）以外币购买物资、设备等，按照购入当日的即期汇率将支付的外币或应支付的外币折算为人民币金额，借记“库存物品”等科目，贷记本科目、“应付账款”等科目的外币账户。涉及增值税业务的，相关账务处理参见“应交增值税”科目。

（2）销售物品、提供服务以外币收取相关款项等，按照收入确认当日的即期汇率将收取的外币或应收取的外币折算为人民币金额，借记本科目、“应收账款”等科目的外币账户，贷记“事业收入”等相关科目。

（3）期末，根据各外币银行存款账户按照期末汇率调整后的人民币余额与原账面人民币余额的差额，作为汇兑损益，借记或贷记本科目，贷记或借记“业务活动费用”“单位管理费用”等科目。“应收账款”“应付账款”等科目有关外币账户期末汇率调整业务的账务处理参照本科目。

单位应当按照开户银行或其他金融机构、存款种类及币种等，分别设置“银行存款日记账”，由出纳人员根据收付款凭证，按照业务发生顺序逐笔登记，每日终了应结出余额。“银行存款日记账”应定期与“银行对账单”核对，至少每月核对一次。月度终了，单位银行存款日记账账面余额与银行对账单余额之间如有差额，应当逐笔查明原因并进行处理，按月编制“银行存款余额调节表”，调节相符。

本科目期末借方余额，反映单位实际存放在银行或其他金融机构的款项。

单位银行存款的变化，如果涉及预算资金范围，在预算会计中体现为“资金结存——货币资金”科目核算的预算资金的变动。不涉及预算资金的银行存款业务，不需要编制预算会计分录。预算会计的具体核算参见预算收支相关的核算。

【例 2-5】 某事业单位因开展专业业务活动，向客户提供技术咨询服务，通过银行转账收取服务费 10 000 元，款项已到账。暂不考虑增值税业务。

该事业单位编制的会计分录如下：

财务会计：

借：银行存款　　10 000

　贷：事业收入　　10 000

预算会计：

借：资金结存——货币资金　　10 000

　贷：事业预算收入　　10 000

【例 2-6】 某事业单位支付一笔业务活动费用 4 500 元，款项已从银行存款账户中支付。

该事业单位编制的会计分录如下：

财务会计：

借：业务活动费用　　4 500

　贷：银行存款　　4 500

预算会计：

借：事业支出　　4 500

　贷：资金结存——货币资金　　4 500

三、零余额账户用款额度

在国库集中收付制度下，单位经财政部门审批，在国库集中支付代理银行开设单位零余额账户，用于财政授权支付的结算。财政部门根据预算安排和资金使用计划，定期向单位的零余额账户下达财政授权支付额度。单位可以在下达的额度内，自行签发授权支付指令，通知代理银行办理资金支付业务。该账户每日发生的支付，于当日营业终了前由代理银行在财政部门批准的用款额度内与国库单一账户进行清算。

单位零余额账户中的额度在年度内可累加使用。代理银行在用款额度累计余额内，根据单位支付指令，及时、准确地办理资金支付等业务。年度终了，代理银行将单位零余额账户中的财政授权支付额度余额全部注销，银行对账单作为单位年终余额注销的记账凭证。下年度初，单位根据代理银行提供的额度恢复到账通知书做恢复额度的相关账务处理。

（一）科目设置

为了核算零余额账户用款额度业务，单位应设置“零余额账户用款额度”总账科目。本科目核算实行国库集中支付的单位根据财政部门批复的用款计划收到和支用的零余额账户用款额度。

（二）账务处理

1. 收到额度

单位收到“财政授权支付到账通知书”时，根据通知书所列金额，借记本科目，贷记“财政拨款收入”科目。

2. 支用额度

支付日常活动费用时，按照支付的金额，借记“业务活动费用”“单位管理费用”等科目，贷记本科目。

购买库存物品或购建固定资产，按照实际发生的成本，借记“库存物品”“固定资产”“在建工程”等科目，按照实际支付或应付的金额，贷记本科目、“应付账款”等科目。涉及增值税业务的，相关账务处理参见“应交增值税”科目。

从零余额账户提取现金时，按照实际提取的金额，借记“库存现金”科目，贷记本科目。

3. 退回额度

因购货退回等发生财政授权支付额度退回的，按照退回的金额，借记本科目，贷记“库存物品”等科目。

4. 年末注销额度与年初恢复额度

年末，根据代理银行提供的对账单做注销额度的相关账务处理，借记“财政应返还额度——财政授权支付”科目，贷记本科目。

年末，单位本年度财政授权支付预算指标数大于零余额账户用款额度下达数的，根据未下达的用款额度，借记“财政应返还额度——财政授权支付”科目，贷记“财政拨款收入”科目。

下年初，单位根据代理银行提供的上年度注销额度恢复到账通知书做恢复额度的相关账务处理，借记本科目，贷记“财政应返还额度——财政授权支付”科目。单位收到财政部门批复的上年末下达零余额账户用款额度，借记本科目，贷记“财政应返还额度——财政授权支付”科目。

本科目期末借方余额，反映单位尚未支用的零余额账户用款额度。年末注销单位零余额账户用款额度后，本科目应无余额。

零余额账户用款额度业务属于预算资金的变动，因此在预算会计中体现为“资金结存——零余额账户用款额度”科目的变动。预算会计的具体核算参见预算收支相关的核算。

【例 2-7】 某行政单位收到财政授权支付到账通知书，收到财政拨款 100 000 元。

该行政单位编制的会计分录如下：

财务会计：

借：零余额账户用款额度　　100 000

　贷：财政拨款收入　　100 000

预算会计：

借：资金结存——零余额账户用款额度　　100 000

　贷：财政拨款预算收入　　100 000

【例 2-8】 某行政单位以零余额账户用款额度支付差旅费 8 000 元。

该行政单位编制的会计分录如下：

财务会计：

借：业务活动费用　　8 000

贷：零余额账户用款额度　　8 000

预算会计：

借：行政支出　　8 000

贷：资金结存——零余额账户用款额度　　8 000

【例 2-9】 某事业单位全年财政授权支付额度为 6 000 000 元。年末，已下达的指标数为 5 900 000 元，实际使用数为 5 850 000 元。现根据相关资料，做注销额度处理。

该事业单位编制的会计分录如下：

财务会计：

借：财政应返还额度——财政授权支付　　150 000

贷：财政拨款收入　　100 000

零余额账户用款额度　　50 000

预算会计：

借：资金结存——财政应返还额度　　150 000

贷：财政拨款预算收入　　100 000

资金结存——零余额账户用款额度　　50 000

四、其他货币资金

其他货币资金是指除库存现金、银行存款、零余额账户用款额度以外的其他各种货币资金，主要包括外埠存款、银行本票存款、银行汇票存款、信用卡存款等种类。其中，外埠存款是指单位到外地进行临时或零星采购时汇往采购地银行开立采购专户的款项。银行本票存款是指单位为取得银行本票而按规定存入银行的款项。银行汇票存款是指单位为取得银行汇票而按规定存入银行的款项。信用卡存款是指单位为取得信用卡而按规定存入银行的款项。

（一）科目设置

为了核算其他货币资金业务，单位应设置“其他货币资金”总账科目。本科目核算单位的外埠存款、银行本票存款、银行汇票存款、信用卡存款等各种其他货币资金。同时，本科目应当设置“外埠存款”“银行本票存款”“银行汇票存款”“信用卡存款”等明细科目，进行明细核算。

单位通过支付宝、微信等方式取得相关收入的，对于尚未转入银行存款的支付宝、微信收付款等第三方支付平台账户的余额，应当通过“其他货币资金”科目核算。

（二）账务处理

1. 外埠存款业务

单位按照有关规定需要在异地开立银行账户，将款项委托本地银行汇往异地开立账户时，借记本科目，贷记“银行存款”科目。收到采购员交来供应单位发票账单等报销凭证时，借记“库存物品”等科目，贷记本科目。将多余的外埠存款转回本地银行时，根据银行的收账通知，借记“银行存款”科目，贷记本科目。

2. 银行本票、银行汇票存款业务

将款项交存银行取得银行本票、银行汇票，按照取得的银行本票、银行汇票金额，借记本科目，贷记“银行存款”科目。使用银行本票、银行汇票购买库存物品等资产时，

按照实际支付的金额，借记“库存物品”等科目，贷记本科目。如有余款或因本票、汇票超过付款期等而退回款项，按照退款金额，借记“银行存款”科目，贷记本科目。

3. 信用卡存款业务

将款项交存银行取得信用卡，按照交存金额，借记本科目，贷记“银行存款”科目。用信用卡购物或支付有关费用，按照实际支付的金额，借记“单位管理费用”“库存物品”等科目，贷记本科目。单位信用卡在使用过程中，需要向其账户续存资金的，按照续存金额，借记本科目，贷记“银行存款”科目。

单位应当加强对其他货币资金的管理，及时办理结算，对于逾期尚未办理结算的银行汇票、银行本票等，应当按照规定及时转回，并按照上述规定进行相应账务处理。

本科目期末借方余额，反映单位实际持有的其他货币资金。

单位其他货币资金的变化，如果涉及预算资金范围，在预算会计中体现为“资金结存——货币资金”科目核算的预算资金的变动。不涉及预算资金的其他货币资金业务，不需要编制预算会计分录。预算会计的具体核算参见预算收支相关的核算。

第三节 短期投资

事业单位应当严格遵守国家法律、行政法规及财政部门、主管部门关于对外投资的有关规定，事业单位按规定可以购入国家发行的公债。事业单位的短期投资主要是国债投资。

一、科目设置

为了核算短期投资业务，事业单位应设置“短期投资”总账科目。本科目核算事业单位按照规定取得的、持有时间不超过 1 年（含 1 年）的投资。同时，本科目应当按照投资的种类等进行明细核算。本科目期末借方余额，反映事业单位持有短期投资的成本。

二、账务处理

（一）取得投资

取得短期投资时，按照确定的投资成本，借记本科目，贷记“银行存款”等科目。

收到取得投资时实际支付价款中包含的已到付息期但尚未领取的利息，按照实际收到的金额，借记“银行存款”科目，贷记本科目。

（二）收到利息

收到短期投资持有期间的利息，按照实际收到的金额，借记“银行存款”科目，贷记“投资收益”科目。

（三）出售或到期收回投资

出售短期投资或到期收回短期投资本息，按照实际收到的金额，借记“银行存款”科目，按照出售或收回短期投资的账面余额，贷记本科目，按照其差额，借记或贷记“投资收益”科目。涉及增值税业务的，相关账务处理参见“应交增值税”科目。

事业单位以货币资金对外投资时，预算会计应按照投资时支付的全部金额，确认投资支出。预算会计的具体核算参见投资支出和其他支出的相关内容。

【例 2-10】 经批准，2024 年 4 月 8 日，某事业单位利用闲置资金购买 6 个月期国债作为短期投资，实际投资成本为 60 000 元，票面年利率为 3%。

该事业单位编制的会计分录如下：

财务会计：

借：短期投资　　60 000

　贷：银行存款　　60 000

预算会计：

借：投资支出　　60 000

　贷：资金结存——货币资金　　60 000

【例 2-11】 承【例 2-10】，6 个月后，该笔国债到期，本金和利息已存入单位的银行账户。

该事业单位编制的会计分录如下：

财务会计：

借：银行存款　　60 900

　贷：短期投资　　60 000

　　　投资收益　　900

预算会计：

借：资金结存——货币资金　　60 900

　贷：投资支出　　60 000

　　　投资预算收益　　900

第四节 应收及预付款项

应收及预付款项是单位在开展业务活动中形成的各项债权，包括财政应返还额度、应收票据、应收账款、预付账款、应收股利、应收利息、其他应收款等。

一、财政应返还额度

财政应返还额度是指单位年终注销的、需要在次年恢复的年度未实现的用款额度。实行国库集中收付制度后，单位的财政经费由财政部门通过国库单一账户体系支付。单位的年度预算指标包括财政直接支付额度和财政授权支付额度。在财政直接支付方式下，单位在财政直接支付额度内根据批准的分月用款计划，提出支付申请，财政部门审核后签发支付令，实现日常支付；在财政授权支付方式下，由财政部门先对单位零余额账户下达本月用款额度，单位在用款额度内支用或提取现金使用。年度终了，单位需要对年度未实现的用款额度进行注销，形成财政应返还额度，以待次年予以恢复。单位的财政应返还额度包括财政应返还直接支付额度和财政应返还授权支付额度。

（一）科目设置

为了核算财政应返还额度业务，单位应设置“财政应返还额度”总账科目。本科目核算实行国库集中支付的单位应收财政返还的资金额度，包括可以使用的以前年度财政直接支付资金额度和财政应返还的财政授权支付资金额度。同时，本科目应当设置“财政直接支付”“财政授权支付”两个明细科目进行明细核算。本科目期末借方余额，反映单位应收财政返还的资金额度。

（二）账务处理

1. 财政直接支付

年末，单位根据本年度财政直接支付预算指标数大于当年财政直接支付实际发生数的差额，借记本科目（财政直接支付），贷记“财政拨款收入”科目。

单位使用以前年度财政直接支付额度支付款项时，借记“业务活动费用”“单位管理费用”等科目，贷记本科目（财政直接支付）。

2. 财政授权支付

年末，根据代理银行提供的对账单做注销额度的相关账务处理，借记本科目（财政授权支付），贷记“零余额账户用款额度”科目。

年末，单位本年度财政授权支付预算指标数大于零余额账户用款额度下达数的，根据未下达的用款额度，借记本科目（财政授权支付），贷记“财政拨款收入”科目。

下年初，单位根据代理银行提供的上年度注销额度恢复到账通知书做恢复额度的相关账务处理，借记“零余额账户用款额度”科目，贷记本科目（财政授权支付）。单位收到财政部门批复的上年未下达零余额账户用款额度，借记“零余额账户用款额度”科目，贷记本科目（财政授权支付）。

财政应返还额度业务属于预算资金的变动，因此在预算会计中体现为“资金结存——财政应返还额度”科目的变动。预算会计的具体核算参见预算收支相关的核算。

【例 2-12】 年度终了，经核算，某行政单位财政部门批准的本年度预算指标数大于当年实际支付数，其差额中允许结转使用的金额为 40 000 元。

该行政单位编制的会计分录如下：

财务会计：

借：财政应返还额度　　　　40 000

　贷：财政拨款收入　　　　　　40 000

预算会计：

借：资金结存——财政应返还额度　　　　40 000

　贷：财政拨款预算收入　　　　　　40 000

【例 2-13】 承【例 2-12】，下年初，该行政单位使用以前年度财政应返还额度支付会议费15 000 元。

该行政单位编制的会计分录如下：

财务会计：

借：业务活动费用　　　　15 000

　贷：财政应返还额度　　　　　　15 000

预算会计：

借：行政支出　　15 000
　贷：资金结存——财政应返还额度　　15 000

（三）预算管理一体化相关会计处理

根据《预算管理一体化规范（2.0 版）》（财办〔2023〕12 号）、《中央财政预算管理一体化资金支付管理办法（试行）》（财库〔2022〕5 号）等规定，中央一体化试点部门及其所属相关预算单位（以下简称“中央预算单位”）在预算管理一体化下的有关会计处理规定如下。

扫一扫

关于预算管理一体化下国库集中支付的会计处理

1. 有关会计科目的设置和使用

实行预算管理一体化的中央预算单位在会计核算时不再使用“零余额账户用款额度”科目，“财政应返还额度”科目和“资金结存——财政应返还额度”科目下不再设置“财政直接支付”“财政授权支付”明细科目。

2. 有关账务处理规定

（1）财政资金支付的账务处理。

中央预算单位应当根据收到的国库集中支付凭证及相关原始凭证，按照凭证上的国库集中支付入账金额，在财务会计下借记“库存物品”“固定资产”“业务活动费用”“单位管理费用”“应付职工薪酬”等科目，贷记“财政拨款收入”科目（使用本年度预算指标）或“财政应返还额度”科目（使用以前年度预算指标）；同时，在预算会计下借记“行政支出”“事业支出”等科目，贷记“财政拨款预算收入”科目（使用本年度预算指标）或“资金结存——财政应返还额度”科目（使用以前年度预算指标）。

（2）按规定向本单位实有资金账户划转财政资金的账务处理。

中央预算单位在某些特定情况下按规定从本单位零余额账户向本单位实有资金账户划转资金用于后续相关支出的，可在“银行存款”或“资金结存——货币资金”科目下设置“财政拨款资金”明细科目，或者采用辅助核算等形式，核算反映按规定从本单位零余额账户转入实有资金账户的资金金额，并应当按照以下规定进行账务处理：

① 从本单位零余额账户向实有资金账户划转资金时，应当根据收到的国库集中支付凭证及实有资金账户入账凭证，按照凭证入账金额，在财务会计下借记“银行存款”科目，贷记“财政拨款收入”科目（使用本年度预算指标）或“财政应返还额度”科目（使用以前年度预算指标）；同时，在预算会计下借记“资金结存——货币资金”科目，贷记“财政拨款预算收入”科目（使用本年度预算指标）或“资金结存——财政应返还额度”科目（使用以前年度预算指标）。

② 将本单位实有资金账户中从零余额账户划转的资金用于相关支出时，按照实际支付的金额，在财务会计下借记“应付职工薪酬”“其他应交税费”等科目，贷记“银行存款”科目；同时，在预算会计下借记“行政支出”“事业支出”等支出科目下的“财政拨款支出”明细科目，贷记“资金结存——货币资金”科目。

（3）已支付的财政资金退回的账务处理。

发生当年资金退回时，中央预算单位应当根据收到的财政资金退回通知书及相关原始凭证，按照通知书上的退回金额，在财务会计下借记“财政拨款收入”科目（支付时使用本年度预算指标）或“财政应返还额度”科目（支付时使用以前年度预算指标），贷记“业务活动费用”“库存物品”等科目；同时，在预算会计下借记“财政拨款预算收入”

科目（支付时使用本年度预算指标）或“资金结存——财政应返还额度”科目（支付时使用以前年度预算指标），贷记“行政支出”“事业支出”等科目。

发生项目未结束的跨年资金退回时，中央预算单位应当根据收到的财政资金退回通知书及相关原始凭证，按照通知书上的退回金额，在财务会计下借记“财政应返还额度”科目，贷记“以前年度盈余调整”“库存物品”等科目；同时，在预算会计下借记“资金结存——财政应返还额度”科目，贷记“财政拨款结转——年初余额调整”等科目。

（4）结余资金上缴国库的账务处理。

因项目结束或收回结余资金，中央预算单位按照规定通过实有资金账户汇总相关资金统一上缴国库的，应当根据一般缴款书或银行汇款单上的上缴财政金额，在财务会计下借记“累计盈余”科目，贷记“银行存款”科目；同时，在预算会计下借记“财政拨款结余——归集上缴”科目，贷记“资金结存——货币资金”科目。中央预算单位按照规定注销财政拨款结转结余资金额度的，应当按照《政府会计制度》相关规定进行账务处理。

（5）年末的账务处理。

年末，中央预算单位根据财政部批准的本年度预算指标数大于当年实际支付数的差额中允许结转使用的金额，在财务会计下借记“财政应返还额度”科目，贷记“财政拨款收入”科目；同时，在预算会计下借记“资金结存——财政应返还额度”科目，贷记“财政拨款预算收入”科目。

上述会计处理中涉及增值税业务的，相关账务处理参见《政府会计制度》中“应交增值税”等科目相关规定。

3. 关于新旧衔接的会计处理

中央预算单位在转为预算管理一体化资金支付方式时，应当注销原零余额账户用款额度，按照零余额账户用款额度的金额，在财务会计下借记“财政拨款收入”科目（本年度预算指标）或“财政应返还额度”科目（以前年度预算指标），贷记“零余额账户用款额度”科目；同时，在预算会计下借记“财政拨款预算收入”科目（本年度预算指标）或“资金结存——财政应返还额度”科目（以前年度预算指标），贷记“资金结存——零余额账户用款额度”科目。

省级及以下地方预算单位在预算管理一体化下的有关会计处理参照上述规定执行，但财政国库集中支付结余不再按权责发生制列支的地区，预算单位不执行上述规定中“（5）年末的账务处理”。

二、应收票据

（一）科目设置

为了核算应收票据业务，事业单位应设置“应收票据”总账科目。本科目核算事业单位因开展经营活动销售产品、提供有偿服务等而收到的商业汇票，包括银行承兑汇票和商业承兑汇票。同时，本科目应当按照开出、承兑商业汇票的单位等进行明细核算。本科目期末借方余额，反映事业单位持有的商业汇票票面金额。

（二）账务处理

1. 销售产品、提供服务收到商业汇票

因销售产品、提供服务等收到商业汇票，按照商业汇票的票面金额，借记本科目，按

照确认的收入金额，贷记“经营收入”等科目。涉及增值税业务的，相关账务处理参见“应交增值税”科目。

2. 持未到期的商业汇票向银行贴现

持未到期的商业汇票向银行贴现，按照实际收到的金额（扣除贴现息后的净额），借记“银行存款”科目，按照贴现息金额，借记“经营费用”等科目，按照商业汇票的票面金额，贷记本科目（无追索权）或“短期借款”科目（有追索权）。附追索权的商业汇票到期未发生追索事项的，按照商业汇票的票面金额，借记“短期借款”科目，贷记本科目。

3. 商业汇票背书转让

将持有的商业汇票背书转让以取得所需物资时，按照取得物资的成本，借记“库存物品”等科目，按照商业汇票的票面金额，贷记本科目，如有差额，借记或贷记“银行存款”等科目。涉及增值税业务的，相关账务处理参见“应交增值税”科目。

4. 商业汇票到期

商业汇票到期时，应当分别以下情况处理：

（1）收回票款时，按照实际收到的商业汇票票面金额，借记“银行存款”科目，贷记本科目。

（2）因付款人无力支付票款，收到银行退回的商业承兑汇票、委托收款凭证、未付票款通知书或拒付款证明等，按照商业汇票的票面金额，借记“应收账款”科目，贷记本科目。

事业单位应当设置“应收票据备查簿”，逐笔登记每一应收票据的种类、号数、出票日期、到期日、票面金额、交易合同号和付款人、承兑人、背书人姓名或单位名称、背书转让日、贴现日期、贴现率和贴现净额、收款日期、收回金额和退票情况等。应收票据到期结清票款或退票后，应当在备查簿内逐笔注销。

应收票据业务在取得货币资金时，按照实际收到的金额确认相关的预算收入，具体核算参见预算收入的相关内容。

【例 2-14】 某事业单位开展非独立核算的经营活动，销售商品一批，含税价 30 900 元，收到一张期限为 3 个月的不带息银行承兑汇票。该事业单位属于增值税小规模纳税人，增值税税率为 3%。

该事业单位编制的会计分录如下：

财务会计：

借：应收票据	30 900	
贷：经营收入		30 000
应交增值税		900

预算会计：无。

【例 2-15】 承【例 2-14】，2 个月后，该事业单位提前向银行申请贴现，收到贴现净额 30 797 元。

该事业单位编制的会计分录如下：

财务会计：

借：银行存款	30 797	

经营费用　　103
　贷：应收票据　　30 900
预算会计：
借：资金结存——货币资金　　30 797
　贷：经营预算收入　　30 797

三、应收账款

（一）科目设置

为了核算应收账款业务，单位应设置“应收账款”总账科目。本科目核算事业单位提供服务、销售产品等应收取的款项，以及单位因出租资产、出售物资等应收取的款项。同时，本科目应当按照债务单位（或个人）进行明细核算。本科目期末借方余额，反映单位尚未收回的应收账款。

（二）账务处理

1. 应收账款收回后无须上缴财政

单位发生应收账款时，按照应收未收金额，借记本科目，贷记“事业收入”“经营收入”“租金收入”“其他收入”等科目。涉及增值税业务的，相关账务处理参见“应交增值税”科目。

收回应收账款时，按照实际收到的金额，借记“银行存款”等科目，贷记本科目。

2. 应收账款收回后须上缴财政

（1）单位出租资产发生应收未收租金款项时，按照应收未收金额，借记本科目，贷记“应缴财政款”科目。

收回应收账款时，按照实际收到的金额，借记“银行存款”等科目，贷记本科目。

（2）单位出售物资发生应收未收款项时，按照应收未收金额，借记本科目，贷记“应缴财政款”科目。

收回应收账款时，按照实际收到的金额，借记“银行存款”等科目，贷记本科目。

涉及增值税业务的，相关账务处理参见“应交增值税”科目。

3. 年末应收账款处理

（1）事业单位应当于每年年末，对收回后无须上缴财政的应收账款进行全面检查，如发生不能收回的迹象，应当计提坏账准备。

对于账龄超过规定年限、确认无法收回的应收账款，按照规定报经批准后予以核销。按照核销金额，借记“坏账准备”科目，贷记本科目。核销的应收账款应在备查簿中保留登记。已核销的应收账款在以后期间又收回的，按照实际收回金额，借记本科目，贷记“坏账准备”科目；同时，借记“银行存款”等科目，贷记本科目。

（2）单位应当于每年年末，对收回后应当上缴财政的应收账款进行全面检查。

对于账龄超过规定年限、确认无法收回的应收账款，按照规定报经批准后予以核销。按照核销金额，借记“应缴财政款”科目，贷记本科目。核销的应收账款应当在备查簿中保留登记。已核销的应收账款在以后期间又收回的，按照实际收回金额，借记“银行存款”等科目，贷记“应缴财政款”科目。

应收账款业务若涉及应缴财政款，则不属于预算资金范畴的业务，因此预算会计在应收账款发生和收回时不进行预算收支的确认；若涉及单位的收入，则在应收账款收回货币资金时，按实际收到的金额确认相关预算收入。预算会计的具体核算参见预算收入的相关内容。

【例 2-16】　某事业单位属于增值税小规模纳税人，2024 年 6 月 15 日向某公司提供一项技术服务，合同价款为 20 000 元，增值税税率为 3%，价税共计 20 600 元。该项服务属于非独立核算的经营活动，现服务已提供，但款项尚未收到。

该事业单位编制的会计分录如下：

财务会计：

借：应收账款　20 600

　贷：经营收入　20 000

　　　应交增值税　600

预算会计：无。

【例 2-17】　承【例 2-16】，7 月 8 日，该事业单位收到上述款项 20 600 元，该款项无须上缴财政。

该事业单位编制的会计分录如下：

财务会计：

借：银行存款　20 600

　贷：应收账款　20 600

预算会计：

借：资金结存——货币资金　20 600

　贷：经营预算收入　20 600

【例 2-18】　经批准，2023 年 8 月某行政单位与甲公司签订租赁合同，将单位部分闲置的办公用房出租给甲公司，年租金为 50 000 元，租金收入应上缴财政。合同已生效，甲公司尚未支付租金。（注：为简便起见，这里暂不考虑增值税业务）

该行政单位编制的会计分录如下：

财务会计：

借：应收账款　50 000

　贷：应缴财政款　50 000

预算会计：无。

【例 2-19】　承【例 2-18】，9 月该行政单位的开户银行收到甲公司支付的租金 50 000 元，并及时将款项上缴财政。

该行政单位编制的会计分录如下：

财务会计：

借：银行存款　50 000

　贷：应收账款　50 000

借：应缴财政款　50 000

　贷：银行存款　50 000

预算会计：无。

四、预付账款

（一）科目设置

为了核算预付账款业务，单位应设置“预付账款”总账科目。本科目核算单位按照购货、服务合同或协议规定预付给供应单位（或个人）的款项，以及按照合同规定向承包工程的施工企业预付的备料款和工程款。同时，本科目应当按照供应单位（或个人）及具体项目进行明细核算；对于基本建设项目发生的预付账款，还应当在本科目所属基建项目明细科目下设置“预付备料款”“预付工程款”“其他预付款”等明细科目，进行明细核算。本科目期末借方余额，反映单位实际预付但尚未结算的款项。

（二）账务处理

1. 按规定预付款项

根据购货、服务合同或协议规定预付款项时，按照预付金额，借记本科目，贷记“财政拨款收入”“银行存款”等科目。

2. 收到所购资产或服务

收到所购资产或服务时，按照购入资产或服务的成本，借记“库存物品”“固定资产”“无形资产”“业务活动费用”等相关科目，按照相关预付账款的账面余额，贷记本科目，按照实际补付的金额，贷记“财政拨款收入”“银行存款”等科目。涉及增值税业务的，相关账务处理参见“应交增值税”科目。

3. 按进度结算款项

根据工程进度结算工程价款及备料款时，按照结算金额，借记“在建工程”科目，按照相关预付账款的账面余额，贷记本科目，按照实际补付的金额，贷记“财政拨款收入”“银行存款”等科目。

4. 预付账款退回

发生预付账款退回的，按照实际退回金额，借记“财政拨款收入”（本年直接支付）、“财政应返还额度”（以前年度直接支付）、“银行存款”等科目，贷记本科目。

单位应当于每年年末，对预付账款进行全面检查。如果有确凿证据表明预付账款不再符合预付款项性质，或者因供应单位破产、撤销等可能无法收到所购货物、服务的，应当先将其转入其他应收款，再按照规定进行处理。将预付账款账面余额转入其他应收款时，借记“其他应收款”科目，贷记本科目。

在预付账款业务中，如果涉及纳入部门预算管理的现金收支，在进行财务会计核算的同时，还要进行预算会计核算。预算会计的具体核算参见本书预算会计核算部分的内容。

【例 2-20】 某行政单位与乙公司签订工程施工合同，要求乙公司根据合同要求建设道路工程，合同价款为 2 000 000 元，建设期为 8 个月。

（1）签订合同后，该行政单位通过国库集中支付方式支付了 30%的预付款。

该行政单位编制的会计分录如下：

财务会计：

借：预付账款	600 000	
贷：财政拨款收入		600 000

预算会计：

借：行政支出　　　　600 000
　贷：财政拨款预算收入　　　　600 000

（2）8个月后，乙公司顺利完成工程建设。经验收合格后，该行政单位继续通过国库集中支付方式支付了剩余的价款。

该行政单位编制的会计分录如下：

财务会计：

借：固定资产　　　　2 000 000
　贷：财政拨款收入　　　　1 400 000
　　　预付账款　　　　600 000

预算会计：

借：行政支出　　　　1 400 000
　贷：财政拨款预算收入　　　　1 400 000

五、应收股利

（一）科目设置

为了核算应收股利业务，事业单位应设置“应收股利”总账科目。本科目核算事业单位持有长期股权投资应当收取的现金股利或应当分得的利润。同时，本科目应当按照被投资单位等进行明细核算。本科目期末借方余额，反映事业单位应当收取但尚未收到的现金股利或利润。

（二）账务处理

1. 取得投资时的现金股利

取得长期股权投资，按照支付的价款中所包含的已宣告但尚未发放的现金股利，借记本科目，按照确定的长期股权投资成本，借记“长期股权投资”科目，按照实际支付的金额，贷记“银行存款”等科目。

收到取得投资时实际支付价款中所包含的已宣告但尚未发放的现金股利时，按照收到的金额，借记“银行存款”科目，贷记本科目。

2. 持有投资期间的现金股利或利润

长期股权投资持有期间，被投资单位宣告发放现金股利或利润的，按照应享有的份额，借记本科目，贷记“投资收益”（成本法下）或“长期股权投资”（权益法下）科目。

实际收到现金股利或利润时，按照收到的金额，借记“银行存款”等科目，贷记本科目。

涉及预算会计的分录参见本书预算会计部分的具体核算内容。

六、应收利息

（一）科目设置

为了核算应收利息业务，事业单位应设置“应收利息”总账科目。本科目核算事业单位长期债券投资应当收取的利息。事业单位购入的到期一次还本付息的长期债券投资持有期间的利息，应当通过“长期债券投资——应计利息”科目核算，不通过本科目核算。

本科目应当按照被投资单位等进行明细核算。本科目期末借方余额，反映事业单位应收未收的长期债券投资利息。

（二）账务处理

1. 取得投资时的利息

取得长期债券投资，按照确定的投资成本，借记“长期债券投资”科目，按照支付的价款中所包含的已到付息期但尚未领取的利息，借记本科目，按照实际支付的金额，贷记“银行存款”等科目。

收到取得投资时实际支付价款中所包含的已到付息期但尚未领取的利息时，按照收到的金额，借记“银行存款”等科目，贷记本科目。

2. 持有投资期间的利息

按期计算确认长期债券投资利息收入时，对于分期付息、一次还本的长期债券投资，按照以票面金额和票面利率计算确定的应收未收利息金额，借记本科目，贷记“投资收益”科目。

实际收到应收利息时，按照收到的金额，借记“银行存款”等科目，贷记本科目。

涉及预算会计的分录参见本书预算会计部分的具体核算内容。

七、其他应收款

（一）科目设置

为了核算其他应收款业务，单位应设置“其他应收款”总账科目。本科目核算单位除财政应返还额度、应收票据、应收账款、预付账款、应收股利、应收利息以外的其他各项应收及暂付款项，如职工预借的差旅费、已经偿还银行尚未报销的本单位公务卡欠款、拨付给内部有关部门的备用金、应向职工收取的各种垫付款项、支付的可以收回的订金或押金、应收的上级补助和附属单位上缴款项等。同时，本科目应当按照其他应收款的类别及债务单位（或个人）进行明细核算。本科目期末借方余额，反映单位尚未收回的其他应收款。

（二）账务处理

1. 发生与收回其他各种应收及暂付款项

发生其他各种应收及暂付款项时，按照实际发生金额，借记本科目，贷记“零余额账户用款额度”“银行存款”“库存现金”“上级补助收入”“附属单位上缴收入”等科目。涉及增值税业务的，相关账务处理参见“应交增值税”科目。

收回其他各种应收及暂付款项时，按照收回的金额，借记“库存现金”“银行存款”等科目，贷记本科目。

2. 发放与补足备用金

单位内部实行备用金制度的，有关部门使用备用金以后应当及时到财务部门报销并补足备用金。

财务部门核定并发放备用金时，按照实际发放金额，借记本科目，贷记“库存现金”等科目。

根据报销金额用现金补足备用金定额时，借记“业务活动费用”“单位管理费用”等科目，贷记“库存现金”等科目，报销数和拨补数都不再通过本科目核算。

3. 偿还与报销本单位公务卡欠款

偿还尚未报销的本单位公务卡欠款时，按照偿还的款项，借记本科目，贷记“零余额账户用款额度”“银行存款”等科目；持卡人报销时，按照报销金额，借记“业务活动费用”“单位管理费用”等科目，贷记本科目。

4. 预付账款账面余额转入其他应收款

将预付账款账面余额转入其他应收款时，借记本科目，贷记“预付账款”科目。具体说明参见“预付账款”科目。

5. 年末其他应收款处理

（1）事业单位应当于每年年末，对其他应收款进行全面检查，如发生不能收回的迹象，应当计提坏账准备。

对于账龄超过规定年限、确认无法收回的其他应收款，按照规定报经批准后予以核销。按照核销金额，借记“坏账准备”科目，贷记本科目。核销的其他应收款应当在备查簿中保留登记。已核销的其他应收款在以后期间又收回的，按照实际收回金额，借记本科目，贷记“坏账准备”科目；同时，借记“银行存款”等科目，贷记本科目。

（2）行政单位应当于每年年末，对其他应收款进行全面检查。对于超过规定年限、确认无法收回的其他应收款，应当按照有关规定报经批准后予以核销。核销的其他应收款应当在备查簿中保留登记。

经批准核销其他应收款时，按照核销金额，借记“资产处置费用”科目，贷记本科目。已核销的其他应收款在以后期间又收回的，按照实际收回金额，借记“银行存款”等科目，贷记“其他收入”科目。

6. 单位年末暂付款项相关会计处理

根据《政府会计准则制度解释第 1 号》的规定，单位对于纳入本年度部门预算管理的现金收支业务，在采用财务会计核算的同时，应当及时进行预算会计核算。年末结账前，单位应当对暂付款项进行全面清理，并对纳入本年度部门预算管理的暂付款项进行预算会计处理，确认相关预算收支，确保预算会计信息能够完整反映本年度部门预算收支执行情况。

（1）对于纳入本年度部门预算管理的暂付款项，按照《政府会计制度》规定，单位在支付款项时可不做预算会计处理，待结算或报销时，按照结算或报销的金额，借记相关预算支出科目，贷记“资金结存”科目。但是，在年末结账前，对于尚未结算或报销的暂付款项，单位应当按照暂付的金额，借记相关预算支出科目，贷记“资金结存”科目。以后年度，实际结算或报销金额与已计入预算支出的金额不一致的，单位应当通过相关预算结转结余科目“年初余额调整”明细科目进行处理。

（2）对于应当纳入下一年度部门预算管理的暂付款项，单位在付出款项时，借记“其他应收款”科目，贷记“银行存款”等科目，本年度不做预算会计处理。待下一年实际结算或报销时，单位应当按照实际结算或报销的金额，借记有关费用科目，按照之前暂付的款项金额，贷记“其他应收款”科目，按照退回或补付的金额，借记或贷记“银行存款”等科目；同时，在预算会计中，按照实际结算或报销的金额，借记有关支出科目，贷记“资金结存”科目。下一年度内尚未结算或报销的，按照上述（1）中的规定处理。

在其他应收款业务中，如果涉及纳入部门预算管理的现金收支，在进行财务会计核算的同时，还要进行预算会计核算。预算会计的具体核算参见本书预算会计核算部分的内容。

【例 2-21】 2024 年 6 月 8 日，某事业单位职工李某因公出差，预借差旅费 4 000 元。6 月 25 日，李某报销差旅费 3 800 元，并退回多余的 200 元。

该事业单位编制的会计分录如下：

（1）6 月 8 日预借差旅费时

财务会计：

借：其他应收款	4 000	
贷：库存现金		4 000

预算会计：无。

（2）6 月 25 日回来报销时

财务会计：

借：库存现金	200	
业务活动费用	3 800	
贷：其他应收款		4 000

预算会计：

借：事业支出	3 800	
贷：资金结存——货币资金		3 800

【例 2-22】 年末，某行政单位对其他应收款进行全面检查，发现有一笔金额为 800 元的其他应收款的账龄已经超过规定年限且有证据表明确实无法收回，经批准后予以核销。

该行政单位编制的会计分录如下：

财务会计：

借：资产处置费用	800	
贷：其他应收款		800

预算会计：无。

八、坏账准备

坏账是指无法收回的应收款项，由应收款项坏账带来的损失称为坏账损失。行政单位除极少的出租固定资产业务以外，没有出售商品和服务业务。相比之下，事业单位出售商品或服务引起的应收账款和其他应收款业务比较多，因此面临交易对象无法偿还款项的风险比较大。所以，现行制度规定，事业单位应当对收回后无须上缴财政的应收账款和其他应收款提取坏账准备，对其他的应收款项不提取坏账准备。行政单位不提取坏账准备。

（一）科目设置

为了核算坏账准备业务，事业单位应设置“坏账准备”总账科目。本科目核算事业单位对收回后无须上缴财政的应收账款和其他应收款提取的坏账准备。同时，本科目应当分别应收账款和其他应收款进行明细核算。本科目期末贷方余额，反映事业单位提取的坏账准备金额。

（二）账务处理

1. 计提坏账准备

事业单位应当于每年年末，对收回后无须上缴财政的应收账款和其他应收款进行全面检查，分析其可收回性，对预计可能产生的坏账损失计提坏账准备、确认坏账损失。

事业单位可以采用应收款项余额百分比法、账龄分析法、个别认定法等方法计提坏账准备。坏账准备计提方法一经确定，不得随意变更。如需变更，应当按照规定报经批准，并在财务报表附注中予以说明。

当期应补提或冲减的坏账准备金额=按照期末应收账款和其他应收款计算应计提的坏账准备金额-“坏账准备”科目期末贷方余额（或+“坏账准备”科目期末借方余额）

事业单位提取坏账准备时，借记“其他费用”科目，贷记本科目；冲减坏账准备时，借记本科目，贷记“其他费用”科目。

2. 核销坏账损失及后续收回

对于账龄超过规定年限并确认无法收回的应收账款、其他应收款，应当按照有关规定报经批准后，按照无法收回的金额，借记本科目，贷记“应收账款”“其他应收款”科目。

已核销的应收账款、其他应收款在以后期间又收回的，按照实际收回金额，借记“应收账款”“其他应收款”科目，贷记本科目；同时，借记“银行存款”等科目，贷记“应收账款”“其他应收款”科目。

提取、冲减及批准后核销坏账准备业务不涉及预算资金的变动，因此不涉及预算会计核算。但如果已核销的无须上缴财政的应收款项在以后期间又收回，在进行财务会计核算的同时，还要进行预算会计核算。

【例 2-23】 2023 年年末，某事业单位对收回后无须上缴财政的应收账款和其他应收款进行全面检查，发现可提取坏账准备的应收款项为 1 500 000 元。该事业单位均按 1%的比率提取坏账准备，计提前单位“坏账准备”科目余额为 0。

当期应计提坏账准备金额 = 1 500 000×1%－0 = 15 000（元）

该事业单位编制的会计分录如下：

财务会计：

借：其他费用　　15 000

　贷：坏账准备　　15 000

预算会计：无。

【例 2-24】 承【例 2-23】，2024 年 3 月，该事业单位有一笔账龄超过规定年限、有明确证据表明确实无法收回的应收账款，金额为 3 000 元。报经批准后，予以核销坏账损失。

该事业单位编制的会计分录如下：

财务会计：

借：坏账准备　　3 000

　贷：应收账款　　3 000

预算会计：无。

【例 2-25】 承【例 2-24】，2024 年 4 月，该事业单位之前核销的应收账款 5 000 元已收回，款项已存入银行。

该事业单位编制的会计分录如下：

财务会计：

借：应收账款	5 000	
贷：坏账准备		5 000
借：银行存款	5 000	
贷：应收账款		5 000

预算会计：

借：资金结存——货币资金	5 000	
贷：非财政拨款结余——年初余额调整		5 000

第五节 存 货

一、存货概述

（一）存货的概念

存货是指单位在开展业务活动及其他活动中为耗用或出售而储存的资产，如材料、产品、包装物和低值易耗品等，以及未达到固定资产标准的用具、装具、动植物等。

（二）存货的确认

根据《政府会计准则第1号——存货》的规定，存货同时满足下列条件的，应当予以确认：① 与该存货相关的服务潜力很可能实现或经济利益很可能流入政府会计主体；② 该存货的成本或价值能够可靠地计量。

（三）存货的初始计量

存货在取得时，应当按照成本进行初始计量。

（1）单位购入的存货，其成本包括购买价款、相关税费、运输费、装卸费、保险费及使存货达到目前场所和状态所发生的归属于存货成本的其他支出。

（2）单位自行加工的存货，其成本包括耗用的直接材料费用、发生的直接人工费用和按照一定方法分配的与存货加工有关的间接费用。

（3）单位委托加工的存货，其成本包括委托加工前存货成本、委托加工的成本（如委托加工费及按规定应计入委托加工存货成本的相关税费等）及使存货达到目前场所和状态所发生的归属于存货成本的其他支出。

下列各项应当在发生时确认为当期费用，不计入存货成本：① 非正常消耗的直接材料、直接人工和间接费用；② 仓储费用（不包括在加工过程中为达到下一个加工阶段所必需的费用）；③ 不能归属于使存货达到目前场所和状态所发生的其他支出。

（4）单位通过置换取得的存货，其成本按照换出资产的评估价值，加上支付的补价或减去收到的补价，加上为换入存货发生的其他相关支出确定。

（5）单位接受捐赠的存货，其成本按照有关凭据注明的金额加上相关税费、运输费等确定；没有相关凭据可供取得，但按规定经过资产评估的，其成本按照评估价值加上相关税费、运输费等确定；没有相关凭据可供取得，也未经资产评估的，其成本比照同类或类似资产的市场价格加上相关税费、运输费等确定；没有相关凭据且未经资产评估、同类或类似资产的市场价格也无法可靠取得的，按照名义金额入账，相关税费、运输费等计入当期费用。

（6）单位无偿调入的存货，其成本按照调出方账面价值加上相关税费、运输费等确定。

（7）单位盘盈的存货，按规定经过资产评估的，其成本按照评估价值确定；未经资产评估的，其成本按照重置成本确定。

（四）存货的后续计量

单位应当根据实际情况采用先进先出法、加权平均法或个别计价法确定发出存货的实际成本。计价方法一经确定，不得随意变更。

对于性质和用途相似的存货，应当采用相同的成本计价方法确定发出存货的成本。对于不能替代使用的存货、为特定项目专门购入或加工的存货，通常采用个别计价法确定发出存货的成本。

对于已发出的存货，应当将其成本结转为当期费用或计入相关资产成本。按规定报经批准对外捐赠、无偿调出的存货，应当将其账面余额予以转销，对外捐赠、无偿调出过程中发生的归属于捐出方、调出方的相关费用应当计入当期费用。

单位应当采用一次转销法或五五摊销法对低值易耗品、包装物进行摊销，将其成本计入当期费用或相关资产成本。

对于发生的存货毁损，应当将存货账面余额转销计入当期费用，并将毁损存货处置收入扣除相关处置税费后的差额按规定做应缴款项处理（差额为净收益时）或计入当期费用（差额为净损失时）。存货盘亏造成的损失，按规定报经批准后应当计入当期费用。

单位的存货按照经济内容或经济用途可分为在途物品、库存物品、加工物品等种类。

二、在途物品

（一）科目设置

为了核算在途物品业务，单位应设置“在途物品”总账科目。本科目核算单位采购材料等物资时货款已付或已开出商业汇票但尚未验收入库的在途物品的采购成本。同时，本科目可按照供应单位和物品种类进行明细核算。本科目期末借方余额，反映单位在途物品的采购成本。

（二）账务处理

1. 购入物品

单位购入材料等物品，按照确定的物品采购成本金额，借记本科目，按照实际支付的金额，贷记“财政拨款收入”“零余额账户用款额度”“银行存款”等科目。涉及增值税业务的，相关账务处理参见“应交增值税”科目。

2. 物品验收入库

所购材料等物品到达验收入库，按照确定的库存物品成本金额，借记“库存物品”科目，按照物品采购成本金额，贷记本科目，按照使入库物品达到目前场所和状态所发生的其他支出，贷记“银行存款”等科目。

在在途物品业务中，如果涉及纳入部门预算管理的现金收支，在进行财务会计核算的同时，还要进行预算会计核算。预算会计的具体核算参见本书预算会计核算部分的内容。

【例 2-26】 某行政单位采购一批办公用品，采购成本为 30 000 元，款项已通过国库集中支付方式支付，发票及账单已收到，但办公用品尚未到达。

该行政单位编制的会计分录如下：

财务会计：

借：在途物品　　30 000

　贷：财政拨款收入　　30 000

预算会计：

借：行政支出　　30 000

　贷：财政拨款预算收入　　30 000

【例 2-27】 承【例 2-26】，数日后，办公用品运抵该行政单位并已验收入库。

该行政单位编制的会计分录如下：

财务会计：

借：库存物品　　30 000

　贷：在途物品　　30 000

预算会计：无。

三、库存物品

（一）科目设置

为了核算库存物品业务，单位应设置"库存物品"总账科目。本科目核算单位在开展业务活动及其他活动中为耗用或出售而储存的各种材料、产品、包装物、低值易耗品，以及达不到固定资产标准的用具、装具、动植物等的成本。已完成的测绘、地质勘察、设计成果等的成本，也通过本科目核算。本科目期末借方余额，反映单位库存物品的实际成本。

单位随买随用的零星办公用品，可以在购进时直接列作费用，不通过本科目核算。单位控制的政府储备物资，应当通过"政府储备物资"科目核算，不通过本科目核算。单位受托存储保管的物资和受托转赠的物资，应当通过"受托代理资产"科目核算，不通过本科目核算。单位为在建工程购买和使用的材料物资，应当通过"工程物资"科目核算，不通过本科目核算。

本科目应当按照库存物品的种类、规格、保管地点等进行明细核算。

单位储存的低值易耗品、包装物较多的，可以在本科目（低值易耗品、包装物）下按照"在库""在用""摊销"等进行明细核算。

（二）账务处理

1. 库存物品的取得

（1）外购的库存物品验收入库，按照确定的成本，借记本科目，贷记"财政拨款收入""零余额账户用款额度""银行存款""应付账款""在途物品"等科目。涉及增值税业务的，相关账务处理参见"应交增值税"科目。

（2）自制的库存物品加工完成并验收入库，按照确定的成本，借记本科目，贷记

“加工物品——自制物品”科目。

（3）委托外单位加工收回的库存物品验收入库，按照确定的成本，借记本科目，贷记“加工物品——委托加工物品”等科目。

（4）接受捐赠的库存物品验收入库，按照确定的成本，借记本科目，按照发生的相关税费、运输费等，贷记“银行存款”等科目，按照其差额，贷记“捐赠收入”科目。

接受捐赠的库存物品按照名义金额入账的，按照名义金额，借记本科目，贷记“捐赠收入”科目；同时，按照发生的相关税费、运输费等，借记“其他费用”科目，贷记“银行存款”等科目。

（5）无偿调入的库存物品验收入库，按照确定的成本，借记本科目，按照发生的相关税费、运输费等，贷记“银行存款”等科目，按照其差额，贷记“无偿调拨净资产”科目。

（6）置换换入的库存物品验收入库，按照确定的成本，借记本科目，按照换出资产的账面余额，贷记相关资产科目（换出资产为固定资产、无形资产的，还应当借记“固定资产累计折旧”“无形资产累计摊销”科目），按照置换过程中发生的其他相关支出，贷记“银行存款”等科目，按照借贷方差额，借记“资产处置费用”科目或贷记“其他收入”科目。涉及补价的，分别以下情况处理：

① 支付补价的，按照确定的成本，借记本科目，按照换出资产的账面余额，贷记相关资产科目（换出资产为固定资产、无形资产的，还应当借记“固定资产累计折旧”“无形资产累计摊销”科目），按照支付的补价和置换过程中发生的其他相关支出，贷记“银行存款”等科目，按照借贷方差额，借记“资产处置费用”科目或贷记“其他收入”科目。

② 收到补价的，按照确定的成本，借记本科目，按照收到的补价，借记“银行存款”等科目，按照换出资产的账面余额，贷记相关资产科目（换出资产为固定资产、无形资产的，还应当借记“固定资产累计折旧”“无形资产累计摊销”科目），按照置换过程中发生的其他相关支出，贷记“银行存款”等科目，按照补价扣减其他相关支出后的净收入，贷记“应缴财政款”科目，按照借贷方差额，借记“资产处置费用”科目或贷记“其他收入”科目。

【例 2-28】 某事业单位采购一批物资，采购成本为 60 000 元，款项已通过国库集中支付方式支付，物资已验收入库。

该事业单位编制的会计分录如下：

财务会计：

借：库存物品	60 000	
贷：财政拨款收入		60 000

预算会计：

借：事业支出	60 000	
贷：财政拨款预算收入		60 000

【例 2-29】 某行政单位接受一批捐赠物资，有关凭证注明金额为 50 000 元，并以银行存款支付运输费 1 000 元。物资已验收入库。

该行政单位编制的会计分录如下：

财务会计：

借：库存物品　51 000

　贷：银行存款　1 000

　　　捐赠收入　50 000

预算会计：

借：其他支出　1 000

　贷：资金结存——货币资金　1 000

【例 2-30】　某事业单位将一台闲置的设备与其他单位进行置换，换入一批物资，双方没有发生补价。该设备的账面余额为 40 000 元，已提折旧为 10 000 元，评估价值为 32 000 元。该事业单位承担运输费 1 000 元，款项以银行存款支付。

该事业单位编制的会计分录如下：

财务会计：

借：库存物品　33 000

　　固定资产累计折旧　10 000

　贷：银行存款　1 000

　　　固定资产　40 000

　　　其他收入　2 000

预算会计：

借：其他支出　1 000

　贷：资金结存——货币资金　1 000

2. 库存物品的发出

（1）单位开展业务活动等领用、按照规定自主出售发出或加工发出库存物品，按照领用、出售等发出物品的实际成本，借记“业务活动费用”“单位管理费用”“经营费用”“加工物品”等科目，贷记本科目。

采用一次转销法摊销低值易耗品、包装物的，在首次领用时，将其账面余额一次性摊销计入有关成本费用，借记有关科目，贷记本科目。

采用五五摊销法摊销低值易耗品、包装物的，在首次领用时，将其账面余额的 50% 摊销计入有关成本费用，借记有关科目，贷记本科目；在使用完时，将剩余的账面余额转销计入有关成本费用，借记有关科目，贷记本科目。

（2）经批准对外出售的库存物品（不含可自主出售的库存物品）发出时，按照库存物品的账面余额，借记“资产处置费用”科目，贷记本科目；同时，按照收到的价款，借记“银行存款”等科目，按照处置过程中发生的相关费用，贷记“银行存款”等科目，按照其差额，贷记“应缴财政款”科目。

（3）经批准对外捐赠的库存物品发出时，按照库存物品的账面余额和对外捐赠过程中发生的归属于捐出方的相关费用合计数，借记“资产处置费用”科目，按照库存物品的账面余额，贷记本科目，按照对外捐赠过程中发生的归属于捐出方的相关费用，贷记“银行存款”等科目。

（4）经批准无偿调出的库存物品发出时，按照库存物品的账面余额，借记“无偿调拨净资产”科目，贷记本科目；同时，按照无偿调出过程中发生的归属于调出方的相关费用，借记“资产处置费用”科目，贷记“银行存款”等科目。

（5）经批准置换换出的库存物品，参照本科目有关置换换入库存物品的规定进行账务处理。

3. 库存物品的盘盈盘亏或报废毁损

单位应当定期对库存物品进行清查盘点，每年至少盘点一次。对于发生的库存物品盘盈、盘亏或报废、毁损，应当先计入“待处理财产损溢”科目，按照规定报经批准后及时进行后续账务处理。

（1）盘盈的库存物品，其成本按照有关凭据注明的金额确定；没有相关凭据，但按照规定经过资产评估的，其成本按照评估价值确定；没有相关凭据，也未经过评估的，其成本按照重置成本确定。如无法采用上述方法确定盘盈的库存物品成本的，按照名义金额入账。

盘盈的库存物品，按照确定的入账成本，借记本科目，贷记“待处理财产损溢”科目。

（2）盘亏或毁损、报废的库存物品，按照待处理库存物品的账面余额，借记“待处理财产损溢”科目，贷记本科目。

属于增值税一般纳税人的单位，若发生非正常原因导致的库存物品盘亏或毁损，还应当将与该库存物品相关的增值税进项税额转出，按照其增值税进项税额，借记“待处理财产损溢”科目，贷记“应交增值税——应交税金（进项税额转出）”科目。

在库存物品业务中，如果涉及纳入部门预算管理的现金收支，在进行财务会计核算的同时，还要进行预算会计核算。预算会计的具体核算参见本书预算会计核算部分的内容。

【例 2-31】 某事业单位因开展专业业务活动的需要，领用一批库存物品。根据先进先出法，这批物品的价值为 3 000 元。

该事业单位编制的会计分录如下：

财务会计：

借：业务活动费用　　3 000

　贷：库存物品　　3 000

预算会计：无。

【例 2-32】 某行政单位向对口支援地区的一所希望小学捐赠一批库存物品，价值 57 000 元，并承担了 3 000 元运输费，款项已通过国库集中支付方式支付。

该行政单位编制的会计分录如下：

财务会计：

借：资产处置费用　　60 000

　贷：库存物品　　57 000

　　财政拨款收入　　3 000

预算会计：

借：其他支出　　3 000

　贷：财政拨款预算收入　　3 000

【例 2-33】 某事业单位在对库存物品进行清查盘点时，盘盈甲材料 20 件，盘亏乙材料 30 件。根据有关凭据注明的金额，甲材料的单价为 30 元，乙材料的单价为 30 元。

该事业单位编制的会计分录如下：

(1) 发现盘盈和盘亏时

财务会计：

借：库存物品——甲材料	600	
贷：待处理财产损溢		600
借：待处理财产损溢	900	
贷：库存物品——乙材料		900

预算会计：无。

(2) 报经批准后，盘盈的甲材料冲减当期单位管理费用，盘亏的乙材料计入资产处置费用

财务会计：

借：待处理财产损溢	600	
贷：单位管理费用		600
借：资产处置费用	900	
贷：待处理财产损溢		900

预算会计：无。

四、加工物品

(一) 科目设置

为了核算加工物品业务，单位应设置“加工物品”总账科目。本科目核算单位自制或委托外单位加工的各种物品的实际成本。未完成的测绘、地质勘察、设计成果的实际成本，也通过本科目核算。本科目期末借方余额，反映单位自制或委托外单位加工但尚未完工的各种物品的实际成本。

本科目应当设置“自制物品”“委托加工物品”两个一级明细科目，并按照物品类别、品种、项目等设置明细账，进行明细核算。

本科目“自制物品”一级明细科目下应当设置“直接材料”“直接人工”“其他直接费用”等二级明细科目归集自制物品发生的直接材料、直接人工（专门从事物品制造人员的人工费）等直接费用；对于自制物品发生的间接费用，应当在本科目“自制物品”一级明细科目下单独设置“间接费用”二级明细科目予以归集，期末，再按照一定的分配标准和方法，分配计入有关物品的成本。

(二) 账务处理

1. 自制物品

(1) 为自制物品领用材料等，按照材料成本，借记本科目（自制物品——直接材料），贷记“库存物品”科目。

(2) 专门从事物品制造的人员发生的直接人工费用，按照实际发生的金额，借记本科目（自制物品——直接人工），贷记“应付职工薪酬”科目。

(3) 为自制物品发生的其他直接费用，按照实际发生的金额，借记本科目（自制物品——其他直接费用），贷记“银行存款”等科目。

(4) 为自制物品发生的间接费用，按照实际发生的金额，借记本科目（自制物

品——间接费用），贷记“银行存款”“应付职工薪酬”“固定资产累计折旧”“无形资产累计摊销”等科目。

间接费用一般按照生产人员工资、生产人员工时、机器工时、耗用材料的数量或成本、直接费用（直接材料和直接人工）或产品产量等进行分配。单位可根据具体情况自行选择间接费用的分配方法。分配方法一经确定，不得随意变更。

（5）已经制造完成并验收入库的物品，按照所发生的实际成本（包括耗用的直接材料费用、直接人工费用、其他直接费用和分配的间接费用），借记“库存物品”科目，贷记本科目（自制物品）。

2. 委托加工物品

（1）发给外单位加工的材料等，按照其实际成本，借记本科目（委托加工物品），贷记“库存物品”科目。

（2）支付加工费、运输费等费用，按照实际支付的金额，借记本科目（委托加工物品），贷记“银行存款”等科目。涉及增值税业务的，相关账务处理参见“应交增值税”科目。

（3）委托加工完成的材料等验收入库，按照加工前发出材料的成本和加工、运输成本等，借记“库存物品”等科目，贷记本科目（委托加工物品）。

在加工物品业务中，如果涉及纳入部门预算管理的现金收支，在进行财务会计核算的同时，还要进行预算会计核算。预算会计的具体核算参见本书预算会计核算部分的内容。

第六节 长期投资

长期投资是指事业单位除短期投资以外、不准备短期内变现、持有时间在1年以上的投资。长期投资包括长期股权投资和长期债券投资。事业单位进行长期投资的主要目的是获取长期的、较高的投资收益。

一、长期股权投资

长期股权投资是指事业单位通过投资拥有被投资单位的股权并成为被投资单位的股东，按照持股比例享有权益并承担责任。

（一）科目设置

为了核算长期股权投资业务，事业单位应设置“长期股权投资”总账科目。本科目核算事业单位按照规定取得的、持有时间超过1年（不含1年）的股权性质的投资。同时，本科目应当按照被投资单位和长期股权投资取得方式等进行明细核算。长期股权投资采用权益法核算的，还应当按照“成本”“损益调整”“其他权益变动”设置明细科目，进行明细核算。本科目期末借方余额，反映事业单位持有的长期股权投资的价值。

（二）账务处理

1. 长期股权投资的取得

长期股权投资在取得时，应当按照其实际成本作为初始投资成本。

（1）以现金取得的长期股权投资，按照确定的投资成本，借记本科目或本科目（成本），按照支付的价款中所包含的已宣告但尚未发放的现金股利，借记“应收股利”科目，按照实际支付的全部价款，贷记“银行存款”等科目。

实际收到取得投资时支付价款中所包含的已宣告但尚未发放的现金股利时，借记“银行存款”科目，贷记“应收股利”科目。

（2）以现金以外的其他资产置换取得的长期股权投资，参照“库存物品”科目中置换取得库存物品的相关规定进行账务处理。

（3）以未入账的无形资产取得的长期股权投资，按照评估价值加相关税费作为投资成本，借记本科目，按照发生的相关税费，贷记“银行存款”“其他应交税费”等科目，按其差额，贷记“其他收入”科目。

（4）接受捐赠的长期股权投资，按照确定的投资成本，借记本科目或本科目（成本），按照发生的相关税费，贷记“银行存款”等科目，按照其差额，贷记“捐赠收入”科目。

（5）无偿调入的长期股权投资，按照确定的投资成本，借记本科目或本科目（成本），按照发生的相关税费，贷记“银行存款”等科目，按照其差额，贷记“无偿调拨净资产”科目。

小贴士

根据《政府会计准则第2号——投资》的规定，以支付现金取得的长期股权投资，按照实际支付的全部价款（包括购买价款和相关税费）作为实际成本。实际支付价款中包含的已宣告但尚未发放的现金股利，应当单独确认为应收股利，不计入长期股权投资初始投资成本。以现金以外的其他资产置换取得的长期股权投资，其成本按照换出资产的评估价值加上支付的补价或减去收到的补价，加上换入长期股权投资发生的其他相关支出确定。接受捐赠的长期股权投资，其成本按照有关凭据注明的金额加上相关税费确定；没有相关凭据可供取得，但按规定经过资产评估的，其成本按照评估价值加上相关税费确定；没有相关凭据可供取得，也未经资产评估的，其成本比照同类或类似资产的市场价格加上相关税费确定。无偿调入的长期股权投资，其成本按照调出方账面价值加上相关税费确定。

在长期股权投资业务中，如果涉及纳入部门预算管理的现金收支，在进行财务会计核算的同时，还要进行预算会计核算。预算会计的具体核算参见本书预算会计核算部分的内容。

【例2-34】 经批准，某事业单位动用非财政拨款资金300 000元对甲公司进行股权投资，持有甲公司55%的股权。长期股权投资采用权益法核算。

该事业单位编制的会计分录如下：

财务会计：

借：长期股权投资——成本　　300 000

　贷：银行存款　　300 000

预算会计：

借：投资支出　　300 000

　贷：资金结存——货币资金　　300 000

【例 2-35】 经批准，某事业单位以专利技术出资的方式对乙公司进行股权投资，该项专利技术的账面余额为 700 000 元，尚未计提摊销。该项专利技术的评估价值为 600 000 元，该事业单位以银行存款支付评估费、税费等相关费用 60 000 元，持有乙公司 15%的股权。长期股权投资采用权益法核算。

该事业单位编制的会计分录如下：

财务会计：

借：长期股权投资——成本　　660 000

　　资产处置费用　　100 000

　贷：银行存款　　60 000

　　　无形资产　　700 000

预算会计：

借：其他支出　　60 000

　贷：资金结存——货币资金　　60 000

2. 长期股权投资持有期间的计量

根据《政府会计准则第 2 号——投资》的规定，长期股权投资在持有期间，通常应当采用权益法进行核算。政府会计主体无权决定被投资单位的财务和经营政策或无权参与被投资单位的财务和经营政策决策的，应当采用成本法进行核算。其中，成本法是指投资按照投资成本计量的方法。权益法是指投资最初以投资成本计量，以后根据政府会计主体在被投资单位所享有的所有者权益份额的变动对投资的账面余额进行调整的方法。

（1）采用成本法核算。

被投资单位宣告发放现金股利或利润时，按照应收的金额，借记“应收股利”科目，贷记“投资收益”科目。收到现金股利或利润时，按照实际收到的金额，借记“银行存款”等科目，贷记“应收股利”科目。

在成本法下，长期股权投资的账面余额通常保持不变，但追加或收回投资时，应当相应调整其账面余额。

长期股权投资持有期间，被投资单位宣告分派现金股利或利润，政府会计主体应当按照宣告分派的现金股利或利润中属于政府会计主体应享有的份额确认投资收益。

【例 2-36】 某事业单位持有一家公司 10%的股权，没有决定或参与决策被投资单位的财务和经营政策的权力，股权投资对其财务影响仅限于取得所分配的现金股利或利润，采用成本法核算。2023 年年末，这家公司实现利润 1 000 000 元。2024 年 3 月 20 日，这家公司宣告发放现金股利 200 000 元。2024 年 3 月 28 日，该事业单位收到相应份额的现金股利。

该事业单位编制的会计分录如下：

① 2024 年 3 月 20 日，宣告发放现金股利时

财务会计：

借：应收股利　　20 000

贷：投资收益 20 000

预算会计：无。

② 2024 年 3 月 28 日，收到现金股利时

财务会计：

借：银行存款 20 000

贷：应收股利 20 000

预算会计：

借：资金结存——货币资金 20 000

贷：投资预算收益 20 000

（2）采用权益法核算。

被投资单位实现净利润的，按照应享有的份额，借记本科目（损益调整），贷记“投资收益”科目。被投资单位发生净亏损的，按照应分担的份额，借记“投资收益”科目，贷记本科目（损益调整），但以本科目的账面余额减记至零为限。发生亏损的被投资单位以后年度又实现净利润的，按照收益分享额弥补未确认的亏损分担额等后的金额，借记本科目（损益调整），贷记“投资收益”科目。

被投资单位宣告分派现金股利或利润的，按照应享有的份额，借记“应收股利”科目，贷记本科目（损益调整）。

被投资单位发生除净损益和利润分配以外的所有者权益变动的，按照应享有或应分担的份额，借记或贷记“权益法调整”科目，贷记或借记本科目（其他权益变动）。

在权益法下，政府会计主体取得长期股权投资后，对于被投资单位所有者权益的变动，应当按照下列规定进行处理：① 按照应享有或应分担的被投资单位实现的净损益的份额，确认投资损益，同时调整长期股权投资的账面余额；② 按照被投资单位宣告分派的现金股利或利润计算应享有的份额，确认应收股利，同时减少长期股权投资的账面余额；③ 按照被投资单位除净损益和利润分配以外的所有者权益变动的份额，确认净资产，同时调整长期股权投资的账面余额。

【例 2-37】 某事业单位持有丙公司 50%的股权，拥有决定被投资单位的财务和经营政策的权力，采用权益法核算。2023 年年末，丙公司实现利润 1 000 000 元。2024 年 3 月 20 日，丙公司宣告发放现金股利 200 000 元。2024 年 3 月 28 日，该事业单位收到现金股利。

该事业单位编制的会计分录如下：

① 2023 年年末，丙公司实现利润时

财务会计：

借：长期股权投资——损益调整 500 000

贷：投资收益 500 000

预算会计：无。

② 2024 年 3 月 20 日，宣告发放现金股利时

财务会计：

借：应收股利 100 000

贷：长期股权投资——损益调整 100 000

预算会计：无。

③ 2024 年 3 月 28 日，收到现金股利时

财务会计：

借：银行存款　　100 000

　贷：应收股利　　100 000

预算会计：

借：资金结存——货币资金　　100 000

　贷：投资预算收益　　100 000

（3）成本法与权益法的转换。

事业单位因处置部分长期股权投资等而对处置后的剩余股权投资由权益法改按成本法核算的，应当将权益法下本科目账面余额作为成本法下本科目账面余额（成本）。其后，被投资单位宣告分派现金股利或利润时，属于单位已计入投资账面余额的部分，按照应分得的现金股利或利润份额，借记“应收股利”科目，贷记本科目。

事业单位因追加投资等对长期股权投资的核算从成本法改为权益法的，应当按照成本法下本科目账面余额与追加投资成本的合计金额，借记本科目（成本），按照成本法下本科目账面余额，贷记本科目，按照追加投资的成本，贷记“银行存款”等科目。

3. 长期股权投资的处置

（1）出售长期股权投资。

事业单位按照规定报经批准出售（转让）长期股权投资时，应当区分长期股权投资取得方式分别进行处理。

① 处置以现金取得的长期股权投资，按照实际取得的价款，借记“银行存款”等科目，按照被处置长期股权投资的账面余额，贷记本科目，按照尚未领取的现金股利或利润，贷记“应收股利”科目，按照发生的相关税费等支出，贷记“银行存款”等科目，按照借贷方差额，借记或贷记“投资收益”科目。

② 处置以现金以外的其他资产取得的长期股权投资，按照被处置长期股权投资的账面余额，借记“资产处置费用”科目，贷记本科目；同时，按照实际取得的价款，借记“银行存款”等科目，按照尚未领取的现金股利或利润，贷记“应收股利”科目，按照发生的相关税费等支出，贷记“银行存款”等科目，按照贷方差额，贷记“应缴财政款”科目。按照规定将处置时取得的投资收益纳入本单位预算管理的，应当按照所取得价款大于被处置长期股权投资账面余额、应收股利账面余额和相关税费支出合计的差额，贷记“投资收益”科目。

【例 2-38】　2023 年，某事业单位曾动用非财政资金 6 000 000 元对甲公司进行股权投资，持有甲公司 40% 的股权，采用权益法核算。截至 2024 年 3 月 15 日，“长期股权投资——成本”科目的借方余额为 6 000 000 元；“长期股权投资——损益调整”科目的借方余额为 300 000 元；“长期股权投资——其他权益变动”科目的借方余额为 100 000 元。经批准，该事业单位于 2024 年 4 月 15 日出售所持有甲公司的 40% 股权，获得收入 9 000 000 元。按规定，投资收益纳入单位预算管理。

该事业单位编制的会计分录如下：

财务会计：

借：银行存款　　9 000 000

贷：长期股权投资——成本		6 000 000
——损益调整		300 000
——其他权益变动		100 000
投资收益		2 600 000

预算会计：

借：资金结存——货币资金	9 000 000	
贷：其他结余		6 000 000
投资预算收益		3 000 000

（2）核销长期股权投资。

因被投资单位破产清算等，有确凿证据表明长期股权投资发生损失，按照规定报经批准后予以核销时，按照予以核销的长期股权投资的账面余额，借记“资产处置费用”科目，贷记本科目。

（3）置换转出长期股权投资。

报经批准置换转出长期股权投资时，参照“库存物品”科目中置换换入库存物品的规定进行账务处理。

采用权益法核算的长期股权投资的处置，除进行上述账务处理以外，还应结转原直接计入净资产的相关金额，借记或贷记“权益法调整”科目，贷记或借记“投资收益”科目。

小贴士

根据《政府会计准则第2号——投资》的规定，政府会计主体因处置部分长期股权投资等无权再决定被投资单位的财务和经营政策或参与被投资单位的财务和经营政策决策的，应当对处置后的剩余股权投资改按成本法核算，并将该剩余股权投资在权益法下的账面余额作为按照成本法核算的初始投资成本。其后，被投资单位宣告分派现金股利或利润时，属于已计入投资账面余额的部分，作为成本法下长期股权投资成本的收回，冲减长期股权投资的账面余额。政府会计主体因追加投资等对长期股权投资的核算从成本法改为权益法的，应当自有权决定被投资单位的财务和经营政策或参与被投资单位的财务和经营政策决策时，将成本法下长期股权投资的账面余额加上追加投资的成本作为按照权益法核算的初始投资成本。

二、长期债券投资

长期债券投资是指事业单位按照规定取得的、持有时间超过1年（不含1年）的债券投资。

（一）科目设置

为了核算长期债券投资业务，事业单位应设置“长期债券投资”总账科目。本科目应当设置“成本”和“应计利息”明细科目，并按照债券投资的种类进行明细核算。本科目期末借方余额，反映事业单位持有的长期债券投资的价值。

（二）账务处理

长期债券投资在取得时，应当按照其实际成本作为投资成本。

1. 长期债券投资的取得

取得的长期债券投资，按照确定的投资成本，借记本科目（成本），按照支付的价款中所包含的已到付息期但尚未领取的利息，借记“应收利息”科目，按照实际支付的金额，贷记“银行存款”等科目。

实际收到取得债券时支付价款中所包含的已到付息期但尚未领取的利息时，借记“银行存款”科目，贷记“应收利息”科目。

2. 长期债券投资持有期间的计量

长期债券投资持有期间，按期以债券票面金额与票面利率计算确认利息收入时，如为到期一次还本付息的债券投资，借记本科目（应计利息），贷记“投资收益”科目；如为分期付息、到期一次还本的债券投资，借记“应收利息”科目，贷记“投资收益”科目。收到分期支付的利息时，按照实收的金额，借记“银行存款”等科目，贷记“应收利息”科目。

3. 长期债券投资的处置

（1）到期收回长期债券投资。

到期收回长期债券投资，按照实际收到的金额，借记“银行存款”科目，按照长期债券投资的账面余额，贷记本科目，按照相关应收利息金额，贷记“应收利息”科目，按照其差额，贷记“投资收益”科目。

（2）对外出售长期债券投资。

对外出售长期债券投资，按照实际收到的金额，借记“银行存款”科目，按照长期债券投资的账面余额，贷记本科目，按照已记入“应收利息”科目但尚未收取的金额，贷记“应收利息”科目，按照其差额，贷记或借记“投资收益”科目。涉及增值税业务的，相关账务处理参见“应交增值税”科目。

在长期债券投资业务中，如果涉及纳入部门预算管理的现金收支，在进行财务会计核算的同时，还要进行预算会计核算。预算会计的具体核算参见本书预算会计核算部分的内容。

【例 2-39】 经批准，年初某事业单位动用非财政资金购入 3 年期、年利率为 3%、面值为 1 000 000 元的国债，准备持有至到期，每年支付一次利息 30 000 元，到期一次偿还本金。

该事业单位编制的会计分录如下：

（1）取得长期债券投资时

财务会计：

借：长期债券投资——成本	1 000 000	
贷：银行存款		1 000 000

预算会计：

借：投资支出	1 000 000	
贷：资金结存——货币资金		1 000 000

(2) 每年确认债券利息收入时

财务会计：

借：应收利息	30 000	
贷：投资收益		30 000

预算会计：无。

(3) 收到债券利息时

财务会计：

借：银行存款	30 000	
贷：应收利息		30 000

预算会计：

借：资金结存——货币资金	30 000	
贷：投资预算收益		30 000

(4) 到期收回债券本金时

财务会计：

借：银行存款	1 000 000	
贷：长期债券投资——成本		1 000 000

预算会计：

借：资金结存——货币资金	1 000 000	
贷：其他结余		1 000 000

第七节 固定资产

一、固定资产概述

(一) 固定资产的概念

固定资产是指政府会计主体为满足自身开展业务活动或其他活动需要而控制的，使用年限超过 1 年（不含 1 年）、单位价值在规定标准以上，并在使用过程中基本保持原有物质形态的资产。单位价值虽未达到规定标准，但是使用年限超过 1 年（不含 1 年）的大批同类物资，如图书、家具、用具、装具等，应当确认为固定资产。

单位的固定资产一般包括房屋及构筑物，专用设备，通用设备，文物和陈列品，图书、档案，家具、用具、装具及动植物，等等。

(二) 固定资产的确认

固定资产同时满足下列条件的，应当予以确认：① 与该固定资产相关的服务潜力很可能实现或经济利益很可能流入政府会计主体；② 该固定资产的成本或价值能够可靠地计量。

通常情况下，购入、换入、接受捐赠、无偿调入无须安装的固定资产，在固定资产验收合格时确认；购入、换入、接受捐赠、无偿调入需要安装的固定资产，在固定资产安装完成交付使用时确认；自行建造、改建、扩建的固定资产，在建造完成交付使用时确认。

（三）固定资产的初始计量

固定资产在取得时，应当按照成本进行初始计量。

（1）外购的固定资产，其成本包括购买价款、相关税费及固定资产交付使用前所发生的可归属于该项资产的运输费、装卸费、安装费和专业人员服务费等。以一笔款项购入多项没有单独标价的固定资产，应当按照各项固定资产同类或类似资产市场价格的比例对总成本进行分配，分别确定各项固定资产的成本。

（2）自行建造的固定资产，其成本包括该项资产至交付使用前所发生的全部必要支出。

（3）在原有固定资产基础上进行改建、扩建、修缮后的固定资产，其成本按照原固定资产账面价值加上改建、扩建、修缮发生的支出，再扣除固定资产被替换部分的账面价值后的金额确定。

为建造固定资产借入的专门借款的利息，属于建设期间发生的，计入在建工程成本；不属于建设期间发生的，计入当期费用。

（4）已交付使用但尚未办理竣工决算手续的固定资产，应当按照估计价值入账，待办理竣工决算后再按实际成本调整原来的暂估价值。

（5）通过置换取得的固定资产，其成本按照换出资产的评估价值加上支付的补价或减去收到的补价，加上换入固定资产发生的其他相关支出确定。

（6）接受捐赠的固定资产，其成本按照有关凭据注明的金额加上相关税费、运输费等确定；没有相关凭据可供取得，但按规定经过资产评估的，其成本按照评估价值加上相关税费、运输费等确定；没有相关凭据可供取得，也未经资产评估的，其成本比照同类或类似资产的市场价格加上相关税费、运输费等确定；没有相关凭据且未经资产评估、同类或类似资产的市场价格也无法可靠取得的，按照名义金额入账，相关税费、运输费等计入当期费用。如受赠的系旧的固定资产，在确定其初始入账成本时应当考虑该项资产的新旧程度。

（7）无偿调入的固定资产，其成本按照调出方账面价值加上相关税费、运输费等确定。

（8）盘盈的固定资产，按规定经过资产评估的，其成本按照评估价值确定；未经资产评估的，其成本按照重置成本确定。

（9）融资租赁取得的固定资产，其成本按照其他相关政府会计准则确定。

（四）固定资产的后续计量

（1）折旧是指在固定资产的预计使用年限内，按照确定的方法对应计的折旧额进行系统分摊。

固定资产应计的折旧额为其成本，计提固定资产折旧时不考虑预计净残值。

小贴士

根据《政府会计准则第 3 号——固定资产》的规定，政府会计主体应当对固定资产计提折旧，但下列各项固定资产不计提折旧：① 文物和陈列品；② 动植物；③ 图书、档案；④ 单独计价入账的土地；⑤ 以名义金额计量的固定资产。

政府会计主体应当对暂估入账的固定资产计提折旧，实际成本确定后无须调整原已计提的折旧额。

政府会计主体应当根据相关规定及固定资产的性质和使用情况，合理确定固定资产的使用年限。固定资产的使用年限一经确定，不得随意变更。

政府会计主体确定固定资产使用年限，应当考虑下列因素：① 预计实现服务潜力或提供经济利益的期限；② 预计有形损耗和无形损耗；③ 法律或类似规定对资产使用的限制。

《〈政府会计准则第 3 号——固定资产〉应用指南》中有“政府固定资产折旧年限表”。

政府会计主体一般应当采用年限平均法或工作量法计提固定资产折旧。在确定固定资产的折旧方法时，应当考虑与固定资产相关的服务潜力或经济利益的预期实现方式。固定资产折旧方法一经确定，不得随意变更。

（2）固定资产应当按月计提折旧，并根据用途计入当期费用或相关资产成本。固定资产提足折旧后，无论能否继续使用，均不再计提折旧；提前报废的固定资产，也不再补提折旧。已提足折旧的固定资产，可以继续使用的，应当继续使用，规范实物管理。

固定资产因改建、扩建或修缮等而延长其使用年限的，应当按照重新确定的固定资产的成本及重新确定的折旧年限计算折旧额。

单位计提融资租入固定资产折旧时，应当采用与自有固定资产相一致的折旧政策。能够合理确定租赁期届满时将会取得租入固定资产所有权的，应当在租入固定资产尚可使用年限内计提折旧；无法合理确定租赁期届满时能够取得租入固定资产所有权的，应当在租赁期与租入固定资产尚可使用年限两者中较短的期间内计提折旧。

二、科目设置

为了反映固定资产的增减变动情况，单位应设置“固定资产”总账科目核算单位固定资产的原值。本科目的借方登记增加的固定资产原值，贷方登记减少的固定资产原值，期末借方余额反映单位固定资产的原值。同时，本科目应当按照固定资产类别和项目进行明细核算。

扫一扫

《政府会计准则制度解释第 6 号》

购入需要安装的固定资产，应当先通过“在建工程”科目核算，安装完毕交付使用时再转入本科目核算。以借入、经营租赁租入方式取得的固定资产，不通过本科目核算，应当设置备查簿进行登记。采用融资租入方式取得的固定资产，通过本科目核算，并在本科目下设置“融资租入固定资产”明细科目。经批准在境外购买具有所有权的土地，作为固定资产，通过本科目核算；单位应当在本科目下设置“境外土地”明细科目，进行相应明细核算。

固定资产的核算还应当设置“固定资产累计折旧”科目，核算单位计提的固定资产累计折旧。

三、账务处理

（一）固定资产的取得

（1）购入不需要安装的固定资产验收合格时，按照确定的固定资产成本，借记本科目，贷记“财政拨款收入”“应付账款”“银行存款”等科目。

购入需要安装的固定资产，在安装完毕交付使用前通过“在建工程”科目核算，安装完毕交付使用时再转入本科目。

购入固定资产扣留质量保证金的，应当在取得固定资产时，按照确定的固定资产成本，借记本科目（不需要安装）或“在建工程”科目（需要安装），按照实际支付或应付的金额，贷记“财政拨款收入”、“应付账款”（不含质量保证金）、“银行存款”等科目，按照扣留的质量保证金数额，贷记“其他应付款”［扣留期在 1 年以内（含 1 年）］或“长期应付款”（扣留期超过 1 年）科目。质保期满支付质量保证金时，借记“其他应付款”“长期应付款”科目，贷记“财政拨款收入”“银行存款”等科目。

【例 2-40】 某行政单位按照政府采购程序采购了 20 台办公用的台式电脑，每台 5 000 元，款项已通过国库集中支付方式支付，发票及相关凭证已收到，电脑也已完成调试并交付使用。

该行政单位编制的会计分录如下：

财务会计：

借：固定资产　　100 000

　贷：财政拨款收入　　100 000

预算会计：

借：行政支出　　100 000

　贷：财政拨款预算收入　　100 000

【例 2-41】 某事业单位采购一台需要安装的设备，采购价为 200 000 元。设备和发票等已收到，设备也已进入安装程序，但款项尚未支付。

该事业单位编制的会计分录如下：

财务会计：

借：在建工程　　200 000

　贷：应付账款　　200 000

预算会计：无。

【例 2-42】 承【例 2-41】，数月后，该设备安装完成并验收合格，该事业单位通过国库集中支付方式支付全部价款。

该事业单位编制的会计分录如下：

财务会计：

借：应付账款　　200 000

　贷：财政拨款收入　　200 000

借：固定资产　　200 000

　贷：在建工程　　200 000

预算会计：

借：事业支出　　200 000

　贷：财政拨款预算收入　　200 000

（2）自行建造的固定资产交付使用时，按照在建工程成本，借记本科目，贷记“在建工程”科目。

已交付使用但尚未办理竣工决算手续的固定资产，按照估计价值入账，待办理竣工决算后再按照实际成本调整原来的暂估价值。

(3) 融资租赁取得的固定资产，其成本按照租赁协议或合同确定的租赁价款、相关税费及固定资产交付使用前所发生的可归属于该项资产的运输费、途中保险费、安装调试费等确定。

融资租入的固定资产，按照确定的成本，借记本科目（不需要安装）或“在建工程”科目（需要安装），按照租赁协议或合同确定的租赁付款额，贷记“长期应付款”科目，按照支付的运输费、途中保险费、安装调试费等金额，贷记“财政拨款收入”“银行存款”等科目。定期支付租金时，按照实际支付金额，借记“长期应付款”科目，贷记“财政拨款收入”“银行存款”等科目。

(4) 按照规定跨年度分期付款购入固定资产的账务处理，参照融资租入固定资产。

(5) 接受捐赠的固定资产，按照确定的固定资产成本，借记本科目（不需要安装）或“在建工程”科目（需要安装），按照发生的相关税费、运输费等，贷记“银行存款”等科目，按照其差额，贷记“捐赠收入”科目。

接受捐赠的固定资产按照名义金额入账的，按照名义金额，借记本科目，贷记“捐赠收入”科目；按照发生的相关税费、运输费等，借记“其他费用”科目，贷记“银行存款”等科目。

【例 2-43】 某事业单位收到其他单位捐赠的一台特殊设备，既无相关资料表明其价值，也不存在评估价值或市场同类价格。经研究决定，采用名义金额计量。在接受捐赠的过程中发生运输费等相关费用 500 元，以现金形式支付。

该事业单位编制的会计分录如下：

财务会计：

借：固定资产	1	
贷：捐赠收入		1
借：其他费用	500	
贷：库存现金		500

预算会计：

借：其他支出	500	
贷：资金结存——货币资金		500

(6) 无偿调入的固定资产，按照确定的固定资产成本，借记本科目（不需要安装）或“在建工程”科目（需要安装），按照发生的相关税费、运输费等，贷记“银行存款”等科目，按照其差额，贷记“无偿调拨净资产”科目。

(7) 置换取得的固定资产，参照“库存物品”科目中置换取得库存物品的相关规定进行账务处理。

固定资产取得时涉及增值税业务的，相关账务处理参见“应交增值税”科目。

在固定资产业务中，如果涉及纳入部门预算管理的现金收支，在进行财务会计核算的同时，要进行预算会计核算。预算会计的具体核算参见本书预算会计核算部分的内容。

（二）固定资产折旧的计提

按月计提固定资产折旧时，按照应计提折旧金额，借记“业务活动费用”“单位管理费用”“经营费用”“加工物品”“在建工程”等科目，贷记“固定资产累计折旧”科目。

经批准处置或处理固定资产时，按照所处置或处理固定资产的账面价值，借记“资产处置费用”“无偿调拨净资产”“待处理财产损溢”等科目，按照已计提折旧，借记“固定资产累计折旧”科目，按照固定资产的账面余额，贷记本科目。

“固定资产累计折旧”科目期末贷方余额，反映单位计提的固定资产折旧累计数。

关于固定资产折旧计提时点，《〈政府会计准则第3号——固定资产〉应用指南》规定，固定资产应当按月计提折旧，当月增加的固定资产，当月开始计提折旧；当月减少的固定资产，当月不再计提折旧。

在计提固定资产折旧业务中，不涉及现金收支业务，因此不需要进行预算会计核算。

（三）与固定资产有关的后续支出

固定资产的后续支出按照支出是否符合固定资产的确认条件，可分为符合固定资产确认条件的后续支出和不符合固定资产确认条件的后续支出两类。

符合固定资产确认条件的后续支出，如为增加固定资产使用效能或延长其使用年限而发生的改建、扩建等后续支出。不符合固定资产确认条件的后续支出，如为保证固定资产正常使用而发生的日常维修等支出。

1. 符合固定资产确认条件的后续支出

通常情况下，将固定资产转入改建、扩建时，按照固定资产的账面价值，借记“在建工程”科目，按照固定资产已计提折旧，借记“固定资产累计折旧”科目，按照固定资产的账面余额，贷记本科目。

为增加固定资产使用效能或延长其使用年限而发生的改建、扩建等后续支出，借记“在建工程”科目，贷记“财政拨款收入”“银行存款”等科目。

固定资产改建、扩建等完成交付使用时，按照在建工程成本，借记本科目，贷记“在建工程”科目。

2. 不符合固定资产确认条件的后续支出

为保证固定资产正常使用发生的日常维修等支出，借记“业务活动费用”“单位管理费用”等科目，贷记“财政拨款收入”“银行存款”等科目。

【例2-44】 2023年9月15日，某行政单位经研究决定，对已使用多年的办公大楼进行改建。该办公大楼的账面余额为7 000 000元，已提折旧2 000 000元。半年后，改建工程完工，以国库集中支付方式支付工程建设费用1 000 000元。完成验收和竣工决算等手续后，办公大楼重新交付使用。

该行政单位编制的会计分录如下：

（1）将原办公大楼转入改建状态时

财务会计：

借：在建工程	5 000 000	
固定资产累计折旧	2 000 000	
贷：固定资产		7 000 000

预算会计：无。

（2）支付工程价款时

财务会计：

借：在建工程	1 000 000	

贷：财政拨款收入　　1 000 000

预算会计：

借：行政支出　　1 000 000

贷：财政拨款预算收入　　1 000 000

(3) 完成验收并交付使用时

财务会计：

借：固定资产　　6 000 000

贷：在建工程　　6 000 000

预算会计：无。

(四) 固定资产的处置

根据《政府会计准则第3号——固定资产》的规定，政府会计主体按规定报经批准出售、转让固定资产或固定资产报废、毁损的，应当将固定资产账面价值转销计入当期费用，并将处置收入扣除相关处置税费后的差额按规定做应缴款项处理（差额为净收益时）或计入当期费用（差额为净损失时）。按规定报经批准对外捐赠、无偿调出固定资产的，应当将固定资产的账面价值予以转销，对外捐赠、无偿调出过程中发生的归属于捐出方、调出方的相关费用应当计入当期费用。按规定报经批准以固定资产对外投资的，应当将该固定资产的账面价值予以转销，并将固定资产在对外投资时的评估价值与其账面价值的差额计入当期收入或费用。

按照规定报经批准处置固定资产，应当分别以下情况处理：

(1) 报经批准出售、转让固定资产，按照被出售、转让固定资产的账面价值，借记“资产处置费用”科目，按照固定资产已计提的折旧，借记“固定资产累计折旧”科目，按照固定资产账面余额，贷记本科目；同时，按照收到的价款，借记“银行存款”等科目，按照处置过程中发生的相关费用，贷记“银行存款”等科目，按照其差额，贷记“应缴财政款”科目。

(2) 报经批准对外捐赠固定资产，按照固定资产已计提的折旧，借记“固定资产累计折旧”科目，按照被处置固定资产账面余额，贷记本科目，按照捐赠过程中发生的归属于捐出方的相关费用，贷记“银行存款”等科目，按照其差额，借记“资产处置费用”科目。

(3) 报经批准无偿调出固定资产，按照固定资产已计提的折旧，借记“固定资产累计折旧”科目，按照被处置固定资产账面余额，贷记本科目，按照其差额，借记“无偿调拨净资产”科目；同时，按照无偿调出过程中发生的归属于调出方的相关费用，借记“资产处置费用”科目，贷记“银行存款”等科目。

(4) 报经批准置换换出固定资产，参照“库存物品”中置换换入库存物品的规定进行账务处理。

固定资产处置时涉及增值税业务的，相关账务处理参见“应交增值税”科目。

(五) 固定资产的清查盘点

单位应当定期对固定资产进行清查盘点，每年至少盘点一次。对于发生的固定资产盘盈、盘亏或毁损、报废，应当先记入“待处理财产损溢”科目，按照规定报经批准后及时进行后续账务处理。

（1）盘盈的固定资产，其成本按照有关凭据注明的金额确定；没有相关凭据，但按照规定经过资产评估的，其成本按照评估价值确定；没有相关凭据，也未经过评估的，其成本按照重置成本确定。如无法采用上述方法确定盘盈固定资产成本的，按照名义金额（人民币 1 元）入账。盘盈的固定资产，按照确定的入账成本，借记本科目，贷记“待处理财产损溢”科目。

（2）盘亏、毁损或报废的固定资产，按照待处理固定资产的账面价值，借记“待处理财产损溢”科目，按照已计提折旧，借记“固定资产累计折旧”科目，按照固定资产的账面余额，贷记本科目。

【例 2-45】 经批准，某事业单位出售一批闲置不用的办公设备，其账面余额为 600 000 元，已提折旧 200 000 元。实际出售价格为 300 000 元，其间发生税费等支出 39 000 元，差额部分全部上缴财政。

该事业单位编制的会计分录如下：

财务会计：

借：资产处置费用　　400 000
　　固定资产累计折旧　　200 000
　贷：固定资产　　600 000
借：银行存款　　300 000
　贷：应缴财政款　　261 000
　　　银行存款　　39 000
借：应缴财政款　　261 000
　贷：银行存款　　261 000

预算会计：无。

【例 2-46】 某事业单位在固定资产清查盘点过程中，发现一台办公设备已毁损，无法继续使用，该办公设备的账面余额为 6 000 元，已提折旧 1 000 元。同时，盘盈一台专用设备，通过参照登记在册的同类设备的账面价值，确定该设备价值 3 000 元。

该事业单位编制的会计分录如下：

财务会计：

借：待处理财产损溢　　5 000
　　固定资产累计折旧　　1 000
　贷：固定资产　　6 000
借：固定资产　　3 000
　贷：待处理财产损溢　　3 000

预算会计：无。

第八节 工程物资与在建工程

《政府会计制度——行政事业单位会计科目和报表》总说明部分提出：“单位对基本建设投资应当按照本制度规定统一进行会计核算，不再单独建账，但是应当按项目单独核算，并保证项目资料完整。”因此，不论是基本建设项目，还是非基本建设项目，只要涉及单位的新建、改建、扩建及技术改造、设备更新等资本性支出，都纳入在建工程核算。

一、工程物资

工程物资是指单位为在建工程准备的各种物资，包括工程用材料、设备等。

（一）科目设置

为了核算工程物资的增减变动情况，单位应设置“工程物资”总账科目。本科目核算单位为在建工程准备的各种物资的成本，包括工程用材料、设备等。同时，本科目可按照“库存材料”“库存设备”等工程物资类别进行明细核算。

（二）账务处理

1. 购入工程物资

购入为工程准备的物资，按照确定的物资成本，借记本科目，贷记“财政拨款收入”“银行存款”“应付账款”等科目。

2. 领用工程物资

领用工程物资，按照物资成本，借记“在建工程”科目，贷记本科目。工程完工后将领出的剩余物资退库时做相反的会计分录。

3. 工程物资转作存货

工程完工后将剩余的工程物资转作本单位存货等的，按照物资成本，借记“库存物品”等科目，贷记本科目。

涉及增值税业务的，相关账务处理参见“应交增值税”科目。

本科目期末借方余额，反映单位为在建工程准备的各种物资的成本。

在工程物资业务中，如果涉及纳入部门预算管理的现金收支，在进行财务会计核算的同时，还要进行预算会计核算。预算会计的具体核算参见本书预算会计核算部分的内容。

二、在建工程

在建工程是指已经发生必要支出，但尚未达到交付使用状态的建设项目工程。

（一）科目设置

为了核算正在建设的工程业务，单位应设置“在建工程”总账科目。本科目核算单位在建的建设项目工程的实际成本。单位在建的信息系统项目工程、公共基础设施项目工程、保障性住房项目工程的实际成本，也通过本科目核算。本科目应当设置“建筑安装工程投资”“设备投资”“待摊投资”“其他投资”“待核销基建支出”“基建转出投资”等明细科目，并按照具体项目进行明细核算。

（二）账务处理

1. 建筑安装工程投资

（1）将固定资产等资产转入改建、扩建等时，按照固定资产等资产的账面价值，借记本科目（建筑安装工程投资），按照已计提的折旧或摊销，借记“固定资产累计折旧”等科目，按照固定资产等资产的原值，贷记“固定资产”等科目。固定资产等资产改建、扩建过程中涉及替换（或拆除）原资产的某些组成部分的，按照被替换（或拆除）部分的账面价值，借记“待处理财产损溢”科目，贷记本科目（建筑安装工程投资）。

（2）单位对于发包建筑安装工程，根据建筑安装工程价款结算账单与施工企业结算工程价款时，按照应承付的工程价款，借记本科目（建筑安装工程投资），按照预付工程款余额，贷记“预付账款”科目，按照其差额，贷记“财政拨款收入”“银行存款”“应付账款”等科目。

（3）单位自行施工的小型建筑安装工程，按照发生的各项支出金额，借记本科目（建筑安装工程投资），贷记“工程物资”“银行存款”“应付职工薪酬”等科目。

（4）工程竣工，办妥竣工验收交接手续交付使用时，按照建筑安装工程成本（含应分摊的待摊投资），借记“固定资产”等科目，贷记本科目（建筑安装工程投资）。

2. 设备投资

（1）购入设备时，按照购入成本，借记本科目（设备投资），贷记“财政拨款收入”“银行存款”等科目；采用预付款方式购入设备的，有关预付款的账务处理参照本科目有关“建筑安装工程投资”明细科目的规定。

（2）设备安装完毕，办妥竣工验收交接手续交付使用时，按照设备投资成本（含设备安装工程成本和分摊的待摊投资），借记“固定资产”等科目，贷记本科目（设备投资、建筑安装工程投资——安装工程）。

将不需要安装的设备和达不到固定资产标准的工具、器具交付使用时，按照相关设备、工具、器具的实际成本，借记“固定资产”“库存物品”科目，贷记本科目（设备投资）。

3. 待摊投资

建设工程发生的构成建设项目实际支出的、按照规定应当分摊计入有关工程成本和设备成本的各项间接费用和税费支出，先在本明细科目中归集；建设工程办妥竣工验收手续交付使用时，按照合理的分配方法，摊入相关工程成本、安装设备成本等。

（1）单位发生的构成待摊投资的各类费用，按照实际发生金额，借记本科目（待摊投资），贷记“财政拨款收入”“银行存款”“应付利息”“长期借款”“其他应交税费”“固定资产累计折旧”“无形资产累计摊销”等科目。

（2）对于建设过程中试生产、设备调试等产生的收入，按照取得的收入金额，借记“银行存款”等科目，按照依据有关规定应当冲减建设工程成本的部分，贷记本科目（待摊投资），按照其差额，贷记“应缴财政款”或“其他收入”科目。

（3）自然灾害、管理不善等造成的单项工程或单位工程报废或毁损，扣除残料价值和过失人或保险公司等赔款后的净损失，报经批准后计入继续施工的工程成本的，按照工程成本扣除残料价值和过失人或保险公司等赔款后的净损失，借记本科目（待摊投资），按照残料变价收入、过失人或保险公司赔款等，借记“银行存款”“其他应收款”等科目，按照报废或毁损的工程成本，贷记本科目（建筑安装工程投资）。

（4）工程交付使用时，按照合理的分配方法分配待摊投资，借记本科目（建筑安装工程投资、设备投资），贷记本科目（待摊投资）。

4. 其他投资

（1）单位为建设工程发生的房屋购置支出，基本畜禽、林木等的购置、饲养、培育支出，办公生活用家具、器具购置支出，软件研发和不能计入设备投资的软件购置等支出，按照实际发生金额，借记本科目（其他投资），贷记“财政拨款收入”“银行存款”

等科目。

（2）工程完成将形成的房屋、基本畜禽、林木等各种财产及无形资产交付使用时，按照其实际成本，借记“固定资产”“无形资产”等科目，贷记本科目（其他投资）。

5. 待核销基建支出

（1）建设项目发生的江河清障、航道清淤、飞播造林、补助群众造林、水土保持、城市绿化等不能形成资产的各类待核销基建支出，按照实际发生金额，借记本科目（待核销基建支出），贷记“财政拨款收入”“银行存款”等科目。

（2）取消的建设项目发生的可行性研究费，按照实际发生金额，借记本科目（待核销基建支出），贷记本科目（待摊投资）。

（3）由于自然灾害等发生的建设项目整体报废所形成的净损失，报经批准后转入待核销基建支出，按照项目整体报废所形成的净损失，借记本科目（待核销基建支出），按照报废工程回收的残料变价收入、保险公司赔款等，借记“银行存款”“其他应收款”等科目，按照报废的工程成本，贷记本科目（建筑安装工程投资等）。

（4）建设项目竣工验收交付使用时，对发生的待核销基建支出进行冲销，借记“资产处置费用”科目，贷记本科目（待核销基建支出）。

6. 基建转出投资

为建设项目配套而建成的、产权不归属本单位的专用设施，在项目竣工验收交付使用时，按照转出的专用设施的成本，借记本科目（基建转出投资），贷记本科目（建筑安装工程投资）；同时，借记“无偿调拨净资产”科目，贷记本科目（基建转出投资）。

本科目期末借方余额，反映单位尚未完工的建设项目工程发生的实际成本。

在在建工程业务中，如果涉及纳入部门预算管理的现金收支，在进行财务会计核算的同时，还要进行预算会计核算。预算会计的具体核算参见本书预算会计核算部分的内容。

【例 2-47】 某事业单位购入一台需要安装的设备，用于专业业务活动，采购价为 800 000 元，款项已通过国库集中支付方式支付。在安装期间，发生安装费 2 000 元，款项已通过银行存款支付。

该事业单位编制的会计分录如下：

（1）购入设备时

财务会计：

借：在建工程——设备投资	800 000	
贷：财政拨款收入		800 000

预算会计：

借：事业支出	800 000	
贷：财政拨款预算收入		800 000

（2）支付安装费时

财务会计：

借：在建工程——设备投资	2 000	
贷：银行存款		2 000

预算会计：

借：事业支出	2 000	

贷：资金结存——货币资金　　2 000

(3) 交付使用时

财务会计：

借：固定资产　　802 000

贷：在建工程——设备投资　　802 000

预算会计：无。

第九节 无形资产

一、无形资产概述

(一) 无形资产的概念

无形资产是指政府会计主体控制的没有实物形态的可辨认非货币性资产，如专利权、商标权、著作权、土地使用权、非专利技术等。

无形资产一般具有以下特征：① 不具有独立的物质实体；② 属于非货币性长期资产；③ 持有资产的目的是供运营活动使用，所产生的服务潜力或经济利益在运营中得以体现；④ 带来的服务潜力或经济利益具有不确定性。

(二) 无形资产的确认

无形资产同时满足下列条件的，应当予以确认：① 与该无形资产相关的服务潜力很可能实现或经济利益很可能流入政府会计主体；② 该无形资产的成本或价值能够可靠地计量。

政府会计主体在判断无形资产的服务潜力或经济利益是否很可能实现或流入时，应当对无形资产在预计使用年限内可能存在的各种社会、经济、科技因素做出合理估计，并且应当有确凿的证据支持。

(三) 无形资产的初始计量

无形资产在取得时，应当按照成本进行初始计量。

(1) 外购的无形资产，其成本包括购买价款、相关税费及可归属于该项资产达到预定用途前所发生的其他支出。

委托软件公司开发的软件，视同外购无形资产确定其成本。

(2) 自行开发的无形资产，其成本包括自该项目进入开发阶段后至达到预定用途前所发生的支出总额。

(3) 通过置换取得的无形资产，其成本按照换出资产的评估价值加上支付的补价或减去收到的补价，加上换入无形资产发生的其他相关支出确定。

(4) 接受捐赠的无形资产，其成本按照有关凭据注明的金额加上相关税费确定；没有相关凭据可供取得，但按规定经过资产评估的，其成本按照评估价值加上相关税费确定；没有相关凭据可供取得，也未经资产评估的，其成本比照同类或类似资产的市场价格加上相关税费确定；没有相关凭据且未经资产评估、同类或类似资产的市场价格也无法可靠取得的，按照名义金额入账，相关税费计入当期费用。

确定接受捐赠无形资产的初始入账成本时，应当考虑该项资产尚可为政府会计主体带来服务潜力或经济利益的能力。

（5）无偿调入的无形资产，其成本按照调出方账面价值加上相关税费确定。

二、科目设置

为了核算在无形资产的取得、持有与处置过程中发生的业务和经济事项，单位应设置“无形资产”“无形资产累计摊销”“研发支出”等总账科目。

（一）“无形资产”科目

为了核算无形资产业务，单位应设置“无形资产”总账科目。本科目核算单位无形资产的原值。非大批量购入、单价小于1 000元的无形资产，可以于购买的当期将其成本直接计入当期费用。本科目应当按照无形资产的类别、项目等进行明细核算。本科目期末借方余额，反映单位无形资产的成本。

（二）“无形资产累计摊销”科目

为了核算无形资产累计摊销的增减变动情况，单位应设置“无形资产累计摊销”总账科目，核算单位对使用年限有限的无形资产计提的累计摊销。本科目贷方登记计提的无形资产摊销额，借方登记因无形资产减少而转销的摊销额，期末贷方余额反映单位计提的无形资产摊销累计数。本科目应当按照所对应无形资产的明细分类进行明细核算。

（三）“研发支出”科目

为了强化自行研发无形资产入账成本的核算，《政府会计准则第4号——无形资产》引入了企业会计中关于自行研发无形资产的会计处理规定并对相关内容进行了适度简化：政府会计主体自行研究开发项目的支出，应当区分研究阶段支出与开发阶段支出。政府会计主体自行研究开发项目研究阶段的支出，应当于发生时计入当期费用。政府会计主体自行研究开发项目开发阶段的支出，先按合理方法进行归集，如果最终形成无形资产，应当确认为无形资产；如果最终未形成无形资产，应当计入当期费用。

为了核算研发支出的增减变动情况，单位应设置“研发支出”总账科目。本科目借方登记研发支出的增加额，贷方登记期末转入当期费用或无形资产成本的研发支出，期末借方余额反映单位预计能达到预定用途的研究开发项目在开发阶段发生的累计支出数。本科目应当按照自行研究开发项目，分别“研究支出”“开发支出”进行明细核算。

三、账务处理

（一）无形资产的取得

（1）外购的无形资产，按照确定的成本，借记本科目，贷记“财政拨款收入”“应付账款”“银行存款”等科目。

【例2-48】 某行政单位向丙公司采购一套预算管理软件，发票注明的金额为300 000元。现软件已安装完成并通过验收，款项也以国库集中支付方式完成支付。

该行政单位编制的会计分录如下：

财务会计：

借：无形资产　　300 000
　贷：财政拨款收入　　300 000
预算会计：
借：行政支出　　300 000
　贷：财政拨款预算收入　　300 000

【例 2-49】 某事业单位为开展非独立核算经营活动的需要，向乙公司采购一套办公软件，发票注明的金额为 800 000 元。现软件已安装完成并通过验收，款项也已通过银行转账方式支付。

该事业单位编制的会计分录如下：
财务会计：
借：无形资产　　800 000
　贷：银行存款　　800 000
预算会计：
借：经营支出　　800 000
　贷：资金结存——货币资金　　800 000

（2）委托软件公司开发软件，视同外购无形资产进行处理。合同中约定预付开发费用的，按照预付金额，借记“预付账款”科目，贷记“财政拨款收入”“银行存款”等科目。软件开发完成交付使用并支付剩余或全部软件开发费用时，按照软件开发费用总额，借记本科目，按照相关预付账款金额，贷记“预付账款”科目，按照支付的剩余金额，贷记“财政拨款收入”“银行存款”等科目。

（3）自行研究开发项目研究阶段的支出，借记“研发支出——研究支出”科目，贷记“应付职工薪酬”“库存物品”“财政拨款收入”等科目。期末，将相关费用支出转入当期费用，借记“业务活动费用”“单位管理费用”等科目，贷记“研发支出——研究支出”科目。自行研究开发项目开发阶段的支出，借记“研发支出——开发支出”科目，贷记“应付职工薪酬”“库存物品”“财政拨款收入”“银行存款”等科目。

自行研究开发形成的无形资产，按照研究开发项目进入开发阶段后至达到预定用途前所发生的支出总额，借记本科目，贷记“研发支出——开发支出”科目。

自行研究开发项目尚未进入开发阶段，或者确实无法区分研究阶段支出和开发阶段支出，但按照法律程序已申请取得无形资产的，按照依法取得时发生的注册费、聘请律师费等费用，借记本科目，贷记“财政拨款收入”“银行存款”等科目；按照依法取得前所发生的研究开发支出，借记“业务活动费用”等科目，贷记“研发支出”科目。

【例 2-50】 某事业单位自行开发一项专利技术。2023 年，该项专利技术的研发处于研究阶段，发生研究支出 200 000 元，款项通过银行转账支付。期末，将研究阶段发生的支出 200 000 元转入业务活动费用。2024 年，经论证和批准，研发活动进入开发阶段，发生开发支出 150 000 元，款项通过银行转账支付。2024 年 4 月，开发项目完成后，形成一项无形资产。

该事业单位编制的会计分录如下：
① 2023 年，研究阶段发生支出时
财务会计：

借：研发支出——研究支出　　200 000
　贷：银行存款　　200 000
预算会计：
借：事业支出　　200 000
　贷：资金结存——货币资金　　200 000
② 期末，结转为当期费用时
财务会计：
借：业务活动费用　　200 000
　贷：研发支出——研究支出　　200 000
预算会计：无。
③ 2024 年，开发阶段发生支出时
财务会计：
借：研发支出——开发支出　　150 000
　贷：银行存款　　150 000
预算会计：
借：事业支出　　150 000
　贷：资金结存——货币资金　　150 000
④ 开发成功后，形成一项无形资产时
财务会计：
借：无形资产　　150 000
　贷：研发支出——开发支出　　150 000
预算会计：无。

(4) 接受捐赠的无形资产，按照确定的无形资产成本，借记本科目，按照发生的相关税费等，贷记“银行存款”等科目，按照其差额，贷记“捐赠收入”科目。接受捐赠的无形资产按照名义金额入账的，按照名义金额，借记本科目，贷记“捐赠收入”科目；同时，按照发生的相关税费等，借记“其他费用”科目，贷记“银行存款”等科目。

(5) 无偿调入的无形资产，按照确定的无形资产成本，借记本科目，按照发生的相关税费等，贷记“银行存款”等科目，按照其差额，贷记“无偿调拨净资产”科目。

(6) 置换取得的无形资产，参照“库存物品”科目中置换取得库存物品的相关规定进行账务处理。

无形资产取得时涉及增值税业务的，相关账务处理参见“应交增值税”科目。

在无形资产业务中，如果涉及纳入部门预算管理的现金收支，在进行财务会计核算的同时，还要进行预算会计核算。预算会计的具体核算参见本书预算会计核算部分的内容。

(二) 无形资产的摊销

政府会计主体应当于取得或形成无形资产时合理确定其使用年限。无形资产的使用年限为有限的，应当估计该使用年限。无法预见无形资产为政府会计主体提供服务潜力或带来经济利益期限的，应当视为使用年限不确定的无形资产。使用年限不确定的无形资产不应摊销。

政府会计主体应当对使用年限有限的无形资产进行摊销，但已摊销完毕仍继续使用的无形资产和以名义金额计量的无形资产除外。摊销是指在无形资产使用年限内，按照确定的方法对应摊销金额进行系统分摊。

对于使用年限有限的无形资产，政府会计主体应当按照以下原则确定无形资产的摊销年限：① 法律规定了有效年限的，按照法律规定的有效年限作为摊销年限；② 法律没有规定有效年限的，按照相关合同或单位申请书中的受益年限作为摊销年限；③ 法律没有规定有效年限、相关合同或单位申请书也没有规定受益年限的，应当根据无形资产为政府会计主体带来服务潜力或经济利益的实际情况，预计其使用年限；④ 非大批量购入、单价小于 1 000 元的无形资产，可以于购买的当期将其成本一次性全部转销。

政府会计主体应当按月对使用年限有限的无形资产进行摊销，并根据用途计入当期费用或相关资产成本。

政府会计主体应当采用年限平均法或工作量法对无形资产进行摊销，应摊销金额为其成本，不考虑预计残值。

因发生后续支出而增加无形资产成本的，对于使用年限有限的无形资产，应当按照重新确定的无形资产成本及重新确定的摊销年限计算摊销额。

按月对无形资产进行摊销时，按照应摊销金额，借记“业务活动费用”“单位管理费用”“加工物品”“在建工程”等科目，贷记“无形资产累计摊销”科目。

【例 2-51】 某事业单位 2024 年 4 月的无形资产摊销额为 500 000 元。其中，300 000 元摊销额需要计入业务活动费用，200 000 元摊销额需要计入单位管理费用。

该事业单位编制的会计分录如下：

财务会计：

借：业务活动费用　　300 000

　　单位管理费用　　200 000

　贷：无形资产累计摊销　　500 000

预算会计：无。

（二）无形资产的后续支出

无形资产的后续支出有两种情况：一是符合无形资产确认条件的后续支出，计入无形资产价值；二是不符合无形资产确认条件的后续支出，确认为当期费用。

1. 符合无形资产确认条件的后续支出

为增加无形资产的使用效能对其进行升级改造或扩展其功能时，需要暂停对无形资产进行摊销的，按照无形资产的账面价值，借记“在建工程”科目，按照无形资产已摊销金额，借记“无形资产累计摊销”科目，按照无形资产的账面余额，贷记本科目。

无形资产后续支出符合无形资产确认条件的，按照支出的金额，借记本科目或“在建工程”科目，贷记“财政拨款收入”“银行存款”等科目。暂停摊销的无形资产升级改造或扩展功能等完成交付使用时，按照在建工程成本，借记本科目，贷记“在建工程”科目。

2. 不符合无形资产确认条件的后续支出

为保证无形资产正常使用发生的日常维护等支出，借记“业务活动费用”“单位管理费用”“经营费用”等科目，贷记“财政拨款收入”“银行存款”等科目。

（四）无形资产的处置

1. 出售、转让无形资产

报经批准出售、转让无形资产，按照被出售、转让无形资产的账面价值，借记“资产处置费用”科目，按照无形资产已计提的摊销，借记“无形资产累计摊销”科目，按照无形资产的账面余额，贷记本科目；同时，按照收到的价款，借记“银行存款”等科目，按照处置过程中发生的相关费用，贷记“银行存款”等科目，按照其差额，贷记“应缴财政款”（按照规定应上缴无形资产转让净收入的）或“其他收入”（按照规定将无形资产转让收入纳入本单位预算管理的）科目。

2. 对外捐赠无形资产

报经批准对外捐赠无形资产，按照无形资产已计提的摊销，借记“无形资产累计摊销”科目，按照被处置无形资产的账面余额，贷记本科目，按照捐赠过程中发生的归属于捐出方的相关费用，贷记“银行存款”等科目，按照其差额，借记“资产处置费用”科目。

3. 无偿调出无形资产

报经批准无偿调出无形资产，按照无形资产已计提的摊销，借记“无形资产累计摊销”科目，按照被处置无形资产的账面余额，贷记本科目，按照其差额，借记“无偿调拨净资产”科目；同时，按照无偿调出过程中发生的归属于调出方的相关费用，借记“资产处置费用”科目，贷记“银行存款”等科目。

4. 置换换出无形资产

报经批准置换换出无形资产，参照“库存物品”科目中置换换入库存物品的规定进行账务处理。

5. 核销无形资产

无形资产预期不能为单位带来服务潜力或经济利益，按照规定报经批准核销时，按照待核销无形资产的账面价值，借记“资产处置费用”科目，按照已计提的摊销，借记“无形资产累计摊销”科目，按照无形资产的账面余额，贷记本科目。

无形资产处置时涉及增值税业务的，相关账务处理参见“应交增值税”科目。

【例 2-52】 经批准，某事业单位向甲公司出售一项专利权，该专利权成本为 600 000 元，已提摊销 350 000 元。实际出售价格为 200 000 元，其间发生税费等支出 8 000 元，差额部分全部上缴财政。

该事业单位编制的会计分录如下：

财务会计：

借：资产处置费用	250 000	
无形资产累计摊销	350 000	
贷：无形资产		600 000
借：银行存款	200 000	
贷：应缴财政款		192 000
银行存款		8 000
借：应缴财政款	192 000	
贷：银行存款		192 000

预算会计：无。

【例 2-53】　某事业单位向本地的希望小学捐赠一套教学软件。该软件成本为 40 000 元，已提摊销 20 000 元。

该事业单位编制的会计分录如下：

财务会计：

借：资产处置费用　　20 000

　　无形资产累计摊销　　20 000

　贷：无形资产　　40 000

预算会计：无。

【例 2-54】　某行政单位收到上级主管部门的通知，从单位无偿调出一项专利权。该专利权成本为 100 000 元，已提摊销 50 000 元。在无偿调出过程中，由该行政单位承担相关费用 800 元，以现金形式支付。

该行政单位编制的会计分录如下：

财务会计：

借：无偿调拨净资产　　50 000

　　无形资产累计摊销　　50 000

　贷：无形资产　　100 000

借：资产处置费用　　800

　贷：库存现金　　800

预算会计：

借：其他支出　　800

　贷：资金结存——货币资金　　800

第十节　其他资产

本节其他资产主要包括“公共基础设施”“政府储备物资”“文物文化资产”“保障性住房”“受托代理资产”“长期待摊费用”“待处理财产损溢”等科目。

政府单位管理公用资产是指政府单位为满足公共需求而控制的资产，包括公共基础设施、政府储备物资、文物资源、保障性住房、公益性林木资产等。

政府单位管理公用资产与政府单位占用和使用资产是不同的，它们的差异在于前者有满足公共需求的特性，即这类资产直接为社会公众提供服务，而不是为政府单位自身的日常运行服务。

目前，在实际工作中存在一些公用资产由政府单位多层次管理或多部门管理的情况，因此政府单位管理公用资产需要明确会计主体，即由谁来记录和报告相关资产。

一、公共基础设施

公共基础设施是指政府会计主体为满足社会公共需求而控制的，同时具有以下特征的有形资产：① 是一个有形资产系统或网络的组成部分；② 具有特定用途；③ 一般不可移动。公共基础设施主要包括市政基础设施（如城市道路、桥梁、隧道、公交场站、路灯、广场、公园绿地、室外公共健身器材，以及环卫、排水、供水、供电、供气、供热、污水处理、垃圾处理系统等）、交通基础设施（如公路、航道、港口等）、水利基础设施（如大坝、堤防、水闸、泵站、渠道等）和其他公共基础设施。

（一）确认与计量

根据《政府会计准则第5号——公共基础设施》的规定，公共基础设施同时满足下列条件的，应当予以确认：①与该公共基础设施相关的服务潜力很可能实现或经济利益很可能流入政府会计主体；②该公共基础设施的成本或价值能够可靠地计量。

公共基础设施在取得时，应当按照成本进行初始计量。政府会计主体自行建造的公共基础设施，其成本包括完成批准的建设内容所发生的全部必要支出，包括建筑安装工程投资支出、设备投资支出、待摊投资支出和其他投资支出。

（二）科目设置

1.“公共基础设施”科目

为了核算公共基础设施业务，单位应设置“公共基础设施”总账科目。本科目核算单位控制的公共基础设施的原值。同时，本科目应当按照公共基础设施的类别、项目等进行明细核算。本科目期末借方余额，反映公共基础设施的原值。

单位应当根据行业主管部门对公共基础设施的分类规定，制定适合于本单位管理的公共基础设施目录、分类方法，作为进行公共基础设施核算的依据。

2.“公共基础设施累计折旧（摊销）”科目

为了核算公共基础设施折旧或摊销业务，单位应设置“公共基础设施累计折旧（摊销）”总账科目。本科目核算单位计提的公共基础设施累计折旧和累计摊销。同时，本科目应当按照所对应公共基础设施的明细分类进行明细核算。

（三）账务处理

1. 公共基础设施的取得

公共基础设施在取得时，应当按照其成本入账。

（1）自行建造的公共基础设施完工交付使用时，按照在建工程的成本，借记本科目，贷记“在建工程”科目。已交付使用但尚未办理竣工决算手续的公共基础设施，按照估计价值入账，待办理竣工决算后再按照实际成本调整原来的暂估价值。

（2）接受其他单位无偿调入的公共基础设施，按照确定的成本，借记本科目，按照发生的归属于调入方的相关费用，贷记“财政拨款收入”“银行存款”等科目，按照其差额，贷记“无偿调拨净资产”科目。无偿调入的公共基础设施成本无法可靠取得的，按照发生的相关税费、运输费等金额，借记“其他费用”科目，贷记“财政拨款收入”“银行存款”等科目。

（3）接受捐赠的公共基础设施，按照确定的成本，借记本科目，按照发生的相关费用，贷记“财政拨款收入”“银行存款”等科目，按照其差额，贷记“捐赠收入”科目。接受捐赠的公共基础设施成本无法可靠取得的，按照发生的相关税费等金额，借记“其他费用”科目，贷记“财政拨款收入”“银行存款”等科目。

（4）外购的公共基础设施，按照确定的成本，借记本科目，贷记“财政拨款收入”“银行存款”等科目。

（5）对于成本无法可靠取得的公共基础设施，单位应当设置备查簿进行登记，待成本能够可靠确定后按照规定及时入账。

【例 2-55】 某行政单位发生以下公共基础设施业务，并编制相应的会计分录。

（1）某项在建工程竣工并确认为公共基础设施。据竣工决算，该工程的建设成本为 50 000 000 元。

财务会计：

借：公共基础设施 50 000 000

　贷：在建工程 50 000 000

预算会计：无。

（2）从外单位无偿调入一项公共基础设施，调出单位的账面价值为 6 000 000 元，调入单位通过国库集中支付方式支付相关费用 600 000 元。

财务会计：

借：公共基础设施 6 600 000

　贷：财政拨款收入 600 000

　　无偿调拨净资产 6 000 000

预算会计：

借：其他支出 600 000

　贷：财政拨款预算收入 600 000

（3）外购某项公共基础设施并交付使用，采购价为 8 000 000 元，通过国库集中支付方式支付采购款项。

财务会计：

借：公共基础设施 8 000 000

　贷：财政拨款收入 8 000 000

预算会计：

借：行政支出 8 000 000

　贷：财政拨款预算收入 8 000 000

2. 公共基础设施折旧（摊销）的计提

根据《政府会计准则第 5 号——公共基础设施》的规定，政府会计主体应当对公共基础设施计提折旧，但政府会计主体持续进行良好的维护使得其性能得到永久维持的公共基础设施和确认为公共基础设施的单独计价入账的土地使用权除外。公共基础设施应计提的折旧总额为其成本，计提公共基础设施折旧时不考虑预计净残值。政府会计主体应当对暂估入账的公共基础设施计提折旧，实际成本确定后不需要调整原已计提的折旧额。

公共基础设施应当按月计提折旧，并计入当期费用。当月增加的公共基础设施，当月开始计提折旧；当月减少的公共基础设施，当月不再计提折旧。

按月计提公共基础设施折旧时，按照应计提的折旧额，借记“业务活动费用”科目，贷记本科目。按月对确认为公共基础设施的单独计价入账的土地使用权进行摊销时，按照应计提的摊销额，借记“业务活动费用”科目，贷记本科目。

【例 2-56】 2024 年 4 月 5 日，某行政单位计提公共基础设施折旧（摊销）300 000 元。该行政单位编制的会计分录如下：

财务会计：

借：业务活动费用　　300 000

　贷：公共基础设施累计折旧（摊销）　　300 000

预算会计：无。

3. 公共基础设施的后续支出

公共基础设施的后续支出是指公共基础设施在使用过程中发生的改建、扩建支出及日常维修支出等。公共基础设施的后续支出按是否计入公共基础设施成本，可分为计入公共基础设施成本的后续支出和不计入公共基础设施成本的后续支出。

通常情况下，为增加公共基础设施使用效能或延长其使用年限而发生的改建、扩建等后续支出，应当计入公共基础设施成本；为保证公共基础设施正常使用而发生的日常维修、养护等后续支出，应当计入当期费用，不计入公共基础设施成本。

（1）资本性后续支出。

将公共基础设施转入改建、扩建时，按照公共基础设施的账面价值，借记“在建工程”科目，按照公共基础设施已计提的折旧，借记“公共基础设施累计折旧（摊销）”科目，按照公共基础设施的账面余额，贷记本科目。

为增加公共基础设施使用效能或延长其使用年限而发生的改建、扩建等后续支出，借记“在建工程”科目，贷记“财政拨款收入”“银行存款”等科目。公共基础设施改建、扩建完成，竣工验收交付使用时，按照在建工程成本，借记本科目，贷记“在建工程”科目。

（2）非资本性后续支出。

为保证公共基础设施正常使用而发生的日常维修等支出，借记“业务活动费用”等科目，贷记“财政拨款收入”“银行存款”等科目。

4. 公共基础设施的处置

根据《政府会计准则第 5 号——公共基础设施》的规定，政府会计主体按规定报经批准无偿调出、对外捐赠公共基础设施的，应当将公共基础设施的账面价值予以转销，无偿调出、对外捐赠中发生的归属于调出方、捐出方的相关费用应当计入当期费用。

按照规定报经批准处置公共基础设施，分别以下情况处理：

（1）报经批准对外捐赠公共基础设施，按照公共基础设施已计提的折旧或摊销，借记“公共基础设施累计折旧（摊销）”科目，按照被处置公共基础设施的账面余额，贷记本科目，按照捐赠过程中发生的归属于捐出方的相关费用，贷记“银行存款”等科目，按照其差额，借记“资产处置费用”科目。

（2）报经批准无偿调出公共基础设施，按照公共基础设施已计提的折旧或摊销，借记“公共基础设施累计折旧（摊销）”科目，按照被处置公共基础设施的账面余额，贷记本科目，按照其差额，借记“无偿调拨净资产”科目；同时，按照无偿调出过程中发生的归属于调出方的相关费用，借记“资产处置费用”科目，贷记“银行存款”等科目。

【例 2-57】　某行政单位按规定报经批准后，发生以下公共基础设施处置业务，并编制相应的会计分录。

（1）无偿向外单位调出某一市政设施，该设施的账面余额为 5 000 000 元，已计提折旧 2 000 000 元。在无偿调出过程中，发生由调出方承担的相关费用 8 000 元，以国库集中支付方式支付。

财务会计：

借：无偿调拨净资产	3 000 000	
公共基础设施累计折旧（摊销）	2 000 000	
贷：公共基础设施		5 000 000
借：资产处置费用	8 000	
贷：财政拨款收入		8 000

预算会计：

借：其他支出	8 000	
贷：财政拨款预算收入		8 000

（2）向其他城市捐赠一批公共基础设施，该批设施的账面余额为 800 000 元，已计提折旧 400 000 元。在捐赠过程中，发生由捐出方承担的相关费用 5 000 元，以国库集中支付方式支付。

财务会计：

借：资产处置费用	405 000	
公共基础设施累计折旧（摊销）	400 000	
贷：财政拨款收入		5 000
公共基础设施		800 000

预算会计：

借：其他支出	5 000	
贷：财政拨款预算收入		5 000

二、政府储备物资

政府储备物资是指政府会计主体为满足实施国家安全与发展战略、进行抗灾救灾、应对公共突发事件等特定公共需求而控制的，同时具有下列特征的有形资产：① 在应对可能发生的特定事件或情形时动用；② 其购入、存储保管、更新（轮换）、动用等由政府及相关部门发布的专门管理制度规范。政府储备物资包括战略及能源物资、抢险抗灾救灾物资、农产品、医药物资和其他重要商品物资，通常情况下由政府会计主体委托承储单位存储。

（一）确认与计量

政府储备物资同时满足下列条件的，应当予以确认：① 与该政府储备物资相关的服务潜力很可能实现或经济利益很可能流入政府会计主体；② 该政府储备物资的成本或价值能够可靠地计量。

政府储备物资在取得时，应当按照成本进行初始计量。政府会计主体购入的政府储备物资，其成本包括购买价款和政府会计主体承担的相关税费、运输费、装卸费、保险费、检测费及使政府储备物资达到目前场所和状态所发生的归属于政府储备物资成本的其他支出。

（二）科目设置

为了核算政府储备物资业务，单位应设置“政府储备物资”总账科目。本科目核算单位控制的政府储备物资的成本。同时，本科目应当按照政府储备物资的种类、品种、存放地点等进行明细核算。单位根据需要，可在本科目下设置“在库”“发出”等明细科目进行明细核算。本科目期末借方余额，反映政府储备物资的成本。

（三）账务处理

1. 政府储备物资的取得

政府储备物资取得时，应当按照其成本入账。

（1）购入的政府储备物资验收入库，按照确定的成本，借记本科目，贷记“财政拨款收入”“应付账款”“银行存款”等科目。

（2）涉及委托加工政府储备物资业务的，相关账务处理参照“加工物品”科目。

（3）接受捐赠的政府储备物资验收入库，按照确定的成本，借记本科目，按照单位承担的相关税费、运输费等，贷记“财政拨款收入”“银行存款”等科目，按照其差额，贷记“捐赠收入”科目。

（4）接受无偿调入的政府储备物资验收入库，按照确定的成本，借记本科目，按照单位承担的相关税费、运输费等，贷记“财政拨款收入”“银行存款”等科目，按照其差额，贷记“无偿调拨净资产”科目。

2. 政府储备物资的发出

政府储备物资发出时，分别以下情况处理：

（1）因动用而发出无须收回的政府储备物资的，按照发出物资的账面余额，借记“业务活动费用”科目，贷记本科目。

（2）因动用而发出需要收回或预期可能收回的政府储备物资的，在发出物资时，按照发出物资的账面余额，借记本科目（发出），贷记本科目（在库）；按照规定的质量验收标准收回物资时，按照收回物资的原账面余额，借记本科目（在库），按照未收回物资的原账面余额，借记“业务活动费用”科目，按照物资发出时登记在本科目所属“发出”明细科目中的余额，贷记本科目（发出）。

（3）因行政管理主体变动等而将政府储备物资调拨给其他主体的，按照无偿调出政府储备物资的账面余额，借记“无偿调拨净资产”科目，贷记本科目。

（4）对外销售政府储备物资并将销售收入纳入单位预算统一管理的，发出物资时，按照发出物资的账面余额，借记“业务活动费用”科目，贷记本科目；实现销售收入时，按照确认的收入金额，借记“银行存款”“应收账款”等科目，贷记“事业收入”等科目。

对外销售政府储备物资并按照规定将销售净收入上缴财政的，发出物资时，按照发出物资的账面余额，借记“资产处置费用”科目，贷记本科目；取得销售价款时，按照实际收到的款项金额，借记“银行存款”等科目，按照发生的相关税费，贷记“银行存款”等科目，按照销售价款大于所承担的相关税费后的差额，贷记“应缴财政款”科目。

三、文物资源

扫一扫

《政府会计准则第11号——文物资源》及其应用指南

文物资源是指按照《中华人民共和国文物保护法》等有关法律、行政法规规定，被认定为文物的有形资产，以及考古发掘品、尚未被认定为文物的古籍和按照文物征集尚未入藏的征集物。文物资源的确认、计量和列报，适用《政府会计准则第11号——文物资源》（以下简称“11号准则”）。下列各项适用其他相关政府会计准则：① 博物馆、纪念馆、公共图书馆等用于提供公共文化服务，且未被认定为文物的建筑物、场地、设备等，适用《政府会计准则第 3 号——固定资产》等其他政府会计准则；② 公共图书馆的普通馆藏文献等，适用《政府会计准则第 3 号——固定资产》等其他政府会计准则。

（一）确认与计量

通常情况下，对于购买、调拨、接受捐赠、依法接收、指定保管等方式取得的文物资源，政府会计主体应当在取得时对其予以确认。对于考古发掘取得的发掘品，政府会计主体应当在其数量、形态稳定时予以确认，通常不晚于提交考古发掘报告之日；对于考古发现的古遗址、古墓葬等，政府会计主体应当将文物行政部门发布文物认定公告之日作为确认时点。因文物认定等将现有其他相关资产重分类为文物资源的，政府会计主体应当在相关文物认定手续办理完毕时将其确认为文物资源。

政府会计主体应当至少在每年年末对借入但尚未归还的文物资源进行核查，根据核查结果将其作为受托代理资产予以确认。

政府会计主体应当按照成本对文物资源进行初始计量；对于成本无法可靠取得的文物资源，应当按照名义金额计量。

（二）科目设置

政府会计主体应当将《政府会计制度——行政事业单位会计科目和报表》中的“文物文化资产”科目修改为“文物资源”科目（以下简称“本科目”）。

本科目应当按照文物资源的类型、计量属性等进行明细核算。政府会计主体应当根据文物资源的类型设置“可移动文物”“不可移动文物”“其他藏品”一级明细科目。根据文物资源的计量属性设置“成本”“名义金额”二级明细科目。对于可移动文物和其他藏品，根据文物资源的入藏状态，设置“待入藏”“馆藏”“借出”三级明细科目。对于认定为不可移动文物的公共基础设施，其三级及以下明细科目设置可参照公共基础设施有关规定执行。政府会计主体可以根据实际情况在本科目下自行增设明细科目。

本科目“成本”明细科目的期末借方余额，反映以成本计量的文物资源成本；“名义金额”明细科目的期末借方余额，反映以名义金额计量的文物资源数量。

“固定资产”科目下的原“文物和陈列品”明细科目调整为“陈列品”明细科目。

（三）账务处理

1. 新旧衔接账务处理

（1）关于新旧会计科目衔接的账务处理。

政府会计主体在 11 号准则首次执行日，应当将原“文物文化资产”科目余额转入本科目中，并做新旧衔接账务处理。

对于已在本科目核算且属于 11 号准则适用范围的资产，政府会计主体无须对其账面价值进行调整。

对于已在本科目核算，但不属于 11 号准则适用范围的资产，政府会计主体应当在首次执行日按照该资产的账面价值，在财务会计中借记“固定资产”等科目，贷记本科目。

（2）关于新旧衔接时相关资产重分类为文物资源的账务处理。

对于按照 11 号准则规定应当确认为文物资源，但已确认为固定资产等其他资产的，政府会计主体应当在首次执行日按照该资产的账面价值，在财务会计中借记本科目，按照相关科目的账面余额，借记“固定资产累计折旧”等科目（如有），贷记“固定资产”

等科目。资产原账面价值为零的，在转销原资产相关科目余额的同时，按照名义金额在财务会计中借记本科目，贷记“累计盈余”科目。对于按照名义金额计量的文物资源，政府会计主体可根据实际管理情况确定文物资源的实物数量单位，如处、件、件/套（下同）。

（3）关于存量未入账文物资源的账务处理。

对于属于11号准则适用范围，但尚未入账的存量文物资源，政府会计主体应当在首次执行日按照有关原始凭据注明的金额确定其初始入账成本，没有相关凭据可供取得的，按照名义金额入账，在财务会计中借记本科目，贷记“累计盈余”科目。

（4）关于已借入但未入账文物资源的账务处理。

对于已借入但未入账的文物资源，政府会计主体应当在首次执行日按照该文物资源在借出方的账面价值，在财务会计中借记“受托代理资产”科目，贷记“受托代理负债”科目。

2. 初始确认的账务处理

（1）征集购买的文物资源的账务处理。

政府会计主体通过征集购买方式取得的文物资源，应当按照购买价款，在财务会计中借记本科目，贷记“财政拨款收入”“银行存款”等科目；在预算会计中借记“行政支出”“事业支出”等科目，贷记“财政拨款预算收入”“资金结存”等科目。

文物资源在取得后直接入藏的，政府会计主体应当在财务会计中将其记入本科目下的“馆藏”明细科目；取得后暂未入藏的，政府会计主体应当将其记入本科目下的“待入藏”明细科目，待办理完成入藏手续后由本科目下的“待入藏”明细科目转入“馆藏”明细科目。

政府会计主体通过其他方式取得文物资源且尚未入藏的，参照上述规定进行账务处理。

（2）调入、依法接收、指定保管的文物资源的账务处理。

政府会计主体通过调入、依法接收、指定保管等方式取得的文物资源，应当按照确定的成本或名义金额，在财务会计中借记本科目，贷记“无偿调拨净资产”科目。

（3）考古发掘、接受捐赠的文物资源的账务处理。

政府会计主体对于考古发掘、接受捐赠等方式取得的文物资源，应当按照名义金额入账，在财务会计中借记本科目，贷记“累计盈余”“捐赠收入”等科目。

（4）其他资产重分类为文物资源的账务处理。

其他资产重分类为文物资源的，政府会计主体应当在财务会计中按照该资产的账面价值，借记本科目，按照相关资产科目余额，借记“固定资产累计折旧”等科目（如有），贷记“固定资产”等科目。资产原账面价值为零的，在转销原资产相关科目余额的同时，按照名义金额在财务会计中借记本科目，贷记“累计盈余”科目。

（5）盘盈的文物资源的账务处理。

文物资源发生盘盈的，政府会计主体应当按照确定的成本或名义金额，在财务会计中借记本科目，贷记“待处理财产损溢”科目。

按照规定报经批准处理后，对于属于本年度取得的文物资源，政府会计主体应当按照当年新取得文物资源的情形进行账务处理，在财务会计中借记“待处理财产损溢”科目，贷记“捐赠收入”“无偿调拨净资产”“累计盈余”等科目；对于属于以前年度取得的文物资源，政府会计主体应当按照前期差错进行账务处理，在财务会计中借记“待处理财产损溢”科目，贷记“以前年度盈余调整”科目。

（6）为取得文物资源发生的相关支出的账务处理。

为取得文物资源发生的相关支出，包括文物资源入藏前发生的保险费、运输费、装卸费、专业人员服务费，以及按规定向捐赠人支付的物质奖励等，政府会计主体应当在财务会计中按照实际发生的费用，借记“业务活动费用”等科目，贷记“财政拨款收入”“银行存款”等科目；在预算会计中按照实际支付的金额，借记“行政支出”“事业支出”等科目，贷记“财政拨款预算收入”“资金结存”等科目。

【例 2-58】 经批准，某省属博物馆通过竞拍方式，以 3 000 000 元的价格拍得一项文物资源，同时向拍卖行支付 10%的佣金，支付运输费等费用 80 000 元。文物资源的价款及佣金、运输费等费用已通过国库集中支付方式支付。

该事业单位编制的会计分录如下：

财务会计：

借：文物资源	3 380 000	
贷：财政拨款收入		3 380 000

预算会计：

借：事业支出	3 380 000	
贷：财政拨款预算收入		3 380 000

【例 2-59】 某文化事业单位接受上级主管部门调入的一项文物资源，相关凭证注明的价值为 2 000 000 元，同时由该文化事业单位支付运输费等费用 10 000 元，款项已通过国库集中支付方式支付。

该文化事业单位编制的会计分录如下：

财务会计：

借：文物资源	2 010 000	
贷：无偿调拨净资产		2 000 000
财政拨款收入		10 000

预算会计：

借：其他支出	10 000	
贷：财政拨款预算收入		10 000

【例 2-60】 某文化事业单位接受个人捐赠的一项文物资源，经评估，该项资产的价值为 1 500 000 元，同时由该文化事业单位支付资产评估费和运输费等费用 100 000 元，款项已通过国库集中支付方式支付。

该文化事业单位编制的会计分录如下：

财务会计：

借：文物资源	1 600 000	
贷：捐赠收入		1 500 000
财政拨款收入		100 000

预算会计：

借：其他支出　　100 000
　贷：财政拨款预算收入　　100 000

3. 文物资源保护、利用的账务处理

（1）文物资源本体修复修缮支出的账务处理。

对于文物资源本体的修复修缮等相关保护支出，政府会计主体应当在财务会计中按照实际发生的费用，借记“业务活动费用”科目，贷记“财政拨款收入”“银行存款”“库存物品”等科目；在预算会计中按照实际支付的金额，借记“行政支出”“事业支出”等科目，贷记“财政拨款预算收入”“资金结存”等科目。

（2）文物资源借出和借入的账务处理。

政府会计主体将已入藏的文物资源借给外单位的，应当至少在每年年末核查尚未收回的文物资源，按照账面价值，在财务会计中借记本科目下的“借出”明细科目，贷记本科目下的“馆藏”明细科目；在借出的文物资源收回时做相反会计分录。

政府会计主体从外单位借入文物资源的，应当至少在每年年末核查尚未归还的文物资源，按照该文物资源在借出方的账面价值，在财务会计中借记“受托代理资产”科目，贷记“受托代理负债”科目；在归还借入的文物资源时做相反会计分录。

4. 文物资源调出、撤销退出的账务处理

政府会计主体发生文物资源调出、撤销退出等情形的，应当分以下情况进行账务处理：

（1）文物资源调出的账务处理。

报经批准无偿调出文物资源的，政府会计主体应当在财务会计中按照调出的文物资源的账面价值，借记“无偿调拨净资产”科目，贷记本科目；按照无偿调出过程中发生的归属于调出方的相关支出，借记“资产处置费用”科目，贷记“财政拨款收入”“银行存款”等科目。同时，政府会计主体应当在预算会计中按照实际支付的金额，借记“其他支出”科目，贷记“财政拨款预算收入”“资金结存”等科目。

（2）文物资源被依法拆除或发生毁损、丢失的账务处理。

文物资源报经文物行政部门批准被依法拆除或因不可抗力等因素毁损、丢失的，政府会计主体应当在按照规定程序核查处理后确认文物资源灭失时，按照该文物资源的账面价值，在财务会计中借记“待处理财产损溢”科目，贷记本科目。文物资源报经批准予以核销时，政府会计主体应当在财务会计中借记“资产处置费用”科目，贷记“待处理财产损溢”科目。

政府会计主体在按照规定程序核查处理过程中依法取得净收入的，应当按照收到的金额在财务会计中借记“银行存款”等科目，贷记“其他收入”科目；在预算会计中借记“资金结存”等科目，贷记“其他预算收入”科目。政府会计主体发生净支出的，按照实际支出净额在财务会计中借记“资产处置费用”科目，贷记“银行存款”等科目；在预算会计中借记“其他支出”科目，贷记“资金结存”等科目。

（3）文物资源重分类为其他资产的账务处理。

文物资源撤销退出后仍作为其他资产进行管理的，政府会计主体应当按照该文物资源的账面价值，在财务会计中借记“固定资产”等科目，贷记本科目。

【例 2-61】　经批准，某行政单位向其他单位无偿调拨一项文物资源，账面价值为 2 000 000 元。其间，发生归属于该行政单位的相关费用 50 000 元，款项已通过国库集中支付方式支付。

该行政单位编制的会计分录如下：

财务会计：

借：无偿调拨净资产　　2 000 000

　贷：文物资源　　2 000 000

借：资产处置费用　　50 000

　贷：财政拨款收入　　50 000

预算会计：

借：其他支出　　50 000

　贷：财政拨款预算收入　　50 000

四、保障性住房

保障性住房是指政府为中低收入住房困难家庭所提供的限定标准、限定价格或租金的住房，此类住房区别于完全由市场形成价格的商品房。保障性住房主要由廉租住房、经济适用住房、政策性租赁住房、定向安置房等构成。

（一）科目设置

1.“保障性住房”科目

为了核算保障性住房业务，单位应设置“保障性住房”总账科目。本科目核算单位为满足社会公共需求而控制的保障性住房的原值。同时，本科目应当按照保障性住房的类别、项目等进行明细核算。本科目期末借方余额，反映保障性住房的原值。

2.“保障性住房累计折旧”科目

为了核算保障性住房折旧业务，单位应设置“保障性住房累计折旧”总账科目。本科目核算单位计提的保障性住房的累计折旧。同时，本科目应当按照所对应保障性住房的类别进行明细核算。本科目期末贷方余额，反映单位计提的保障性住房累计折旧数。

（二）账务处理

1. 保障性住房的取得

保障性住房在取得时，应当按照其成本入账。

（1）外购的保障性住房，其成本包括购买价款、相关税费及可归属于该项资产达到预定用途前所发生的其他支出。外购的保障性住房，按照确定的成本，借记本科目，贷记“财政拨款收入”“银行存款”等科目。

（2）自行建造的保障性住房交付使用时，按照在建工程成本，借记本科目，贷记“在建工程”科目。已交付使用但尚未办理竣工决算手续的保障性住房，按照估计价值入账，待办理竣工决算后再按照实际成本调整原来的暂估价值。

（3）接受其他单位无偿调入的保障性住房，其成本按照该项资产在调出方的账面价值加上归属于调入方的相关费用确定。无偿调入的保障性住房，按照确定的成本，借记本科目，按照发生的归属于调入方的相关费用，贷记“财政拨款收入”“银行存款”等科目，按照其差额，贷记“无偿调拨净资产”科目。

（4）接受捐赠、融资租赁取得的保障性住房，参照“固定资产”科目相关规定进行账务处理。

2. 保障性住房折旧的计提

单位应当参照《政府会计准则第 3 号——固定资产》及其应用指南的相关规定，按月对其控制的保障性住房计提折旧。按月计提保障性住房折旧时，按照应计提的折旧额，借记“业务活动费用”科目，贷记“保障性住房累计折旧”科目。

3. 保障性住房的后续支出

与保障性住房有关的后续支出，参照“固定资产”科目相关规定进行账务处理。

4. 保障性住房的出租

按照规定出租保障性住房并将出租收入上缴同级财政，按照收取的租金金额，借记“银行存款”等科目，贷记“应缴财政款”科目。

5. 保障性住房的处置

按照规定报经批准处置保障性住房，应当分别以下情况处理：

（1）报经批准无偿调出保障性住房，按照保障性住房已计提的折旧，借记“保障性住房累计折旧”科目，按照被处置保障性住房的账面余额，贷记本科目，按照其差额，借记“无偿调拨净资产”科目；同时，按照无偿调出过程中发生的归属于调出方的相关费用，借记“资产处置费用”科目，贷记“银行存款”等科目。

（2）报经批准出售保障性住房，按照被出售保障性住房的账面价值，借记“资产处置费用”科目，按照保障性住房已计提的折旧，借记“保障性住房累计折旧”科目，按照保障性住房的账面余额，贷记本科目；同时，按照收到的价款，借记“银行存款”等科目，按照出售过程中发生的相关费用，贷记“银行存款”等科目，按照其差额，贷记“应缴财政款”科目。

五、受托代理资产

（一）科目设置

为了核算受托代理资产业务，单位应设置“受托代理资产”总账科目。本科目核算单位接受委托方委托管理的各项资产，包括受托指定转赠的物资、受托存储保管的物资等的成本。单位管理的罚没物资也应当通过本科目核算。单位收到的受托代理资产为现金和银行存款的，不通过本科目核算，应当通过“库存现金”“银行存款”科目进行核算。本科目应当按照资产的种类和委托人进行明细核算；属于转赠资产的，还应当按照受赠人进行明细核算。本科目期末借方余额，反映单位受托代理实物资产的成本。

（二）账务处理

1. 受托转赠物资

（1）接受委托人委托需要转赠给受赠人的物资，其成本按照有关凭据注明的金额确定。接受委托转赠的物资验收入库，按照确定的成本，借记本科目，贷记“受托代理负债”科目。受托协议约定由受托方承担相关税费、运输费等的，还应当按照实际支付的相关税费、运输费等金额，借记“其他费用”科目，贷记“银行存款”等科目。

（2）将受托转赠物资交付受赠人时，按照转赠物资的成本，借记“受托代理负债”科目，贷记本科目。

（3）转赠物资的委托人取消了对捐赠物资的转赠要求，且不再收回捐赠物资的，应当将转赠物资转为单位的存货、固定资产等。按照转赠物资的成本，借记“受托代理负债”科目，贷记本科目；同时，借记“库存物品”“固定资产”等科目，贷记“其他收入”科目。

【例 2-62】 某行政单位接受一批委托转赠设备，按照有关凭证注明的金额，该批设备的成本为 300 000 元。数日后，该行政单位按照委托人的要求，将该批设备转赠给指定受赠人。

该行政单位编制的会计分录如下：

① 在收到转赠设备时

财务会计：

借：受托代理资产	300 000	
贷：受托代理负债		300 000

预算会计：无。

② 将设备转赠给指定受赠人时

财务会计：

借：受托代理负债	300 000	
贷：受托代理资产		300 000

预算会计：无。

2. 受托存储保管物资

（1）接受委托人委托存储保管的物资，其成本按照有关凭据注明的金额确定。接受委托存储保管的物资验收入库，按照确定的成本，借记本科目，贷记“受托代理负债”科目。

（2）发生由受托单位承担的与受托存储保管的物资相关的运输费、保管费等费用时，按照实际发生的费用金额，借记“其他费用”等科目，贷记“银行存款”等科目。

（3）根据委托人要求交付或发出受托存储保管的物资时，按照发出物资的成本，借记“受托代理负债”科目，贷记本科目。

3. 罚没物资

（1）取得罚没物资时，其成本按照有关凭据注明的金额确定。罚没物资验收（入库），按照确定的成本，借记本科目，贷记“受托代理负债”科目。罚没物资成本无法可靠确定的，单位应当设置备查簿进行登记。

（2）按照规定处置或移交罚没物资时，按照罚没物资的成本，借记“受托代理负债”科目，贷记本科目。处置时取得款项的，按照实际取得的款项金额，借记“银行存款”等科目，贷记“应缴财政款”等科目。

单位受托代理的其他实物资产，参照本科目有关受托转赠物资、受托存储保管物资的规定进行账务处理。

【例 2-63】 按照有关规定，某行政单位取得一批罚没物资，相关凭证上注明的金额为 30 000 元。数月后，该行政单位按规定将这批罚没物资移交其他政府部门。

该行政单位编制的会计分录如下：

① 取得罚没物资时

财务会计：

借：受托代理资产	30 000	
贷：受托代理负债		30 000

预算会计：无。

② 移交罚没物资时

财务会计：

借：受托代理负债　　30 000

　贷：受托代理资产　　30 000

预算会计：无。

六、长期待摊费用

（一）科目设置

为了核算长期待摊费用业务，单位应设置“长期待摊费用”总账科目。本科目核算单位已经支出，但应由本期和以后各期负担的分摊期限在 1 年以上（不含 1 年）的各项费用，如以经营租赁方式租入的固定资产发生的改良支出等。本科目应当按照费用项目进行明细核算。本科目期末借方余额，反映单位尚未摊销完毕的长期待摊费用。

（二）账务处理

1. 发生长期待摊费用

发生长期待摊费用时，按照支出金额，借记本科目，贷记“财政拨款收入”“银行存款”等科目。

2. 摊销长期待摊费用

按照受益期间摊销长期待摊费用时，按照摊销金额，借记“业务活动费用”“单位管理费用”“经营费用”等科目，贷记本科目。

3. 转销长期待摊费用

如果某项长期待摊费用已经不能使单位受益，应当将其摊余金额一次全部转入当期费用。按照摊销金额，借记“业务活动费用”“单位管理费用”“经营费用”等科目，贷记本科目。

七、待处理财产损溢

（一）科目设置

为了核算待处理财产损溢业务，单位应设置“待处理财产损溢”总账科目。本科目核算单位在资产清查过程中查明的各种资产盘盈、盘亏和报废、毁损的价值。同时，本科目应当按照待处理的资产项目进行明细核算；对于在资产处理过程中取得收入或发生相关费用的项目，还应当设置“待处理财产价值”“处理净收入”明细科目，进行明细核算。单位资产清查中查明的资产盘盈、盘亏、报废和毁损，一般应当先记入本科目，按照规定报经批准后及时进行账务处理。年末结账前一般应处理完毕。本科目期末如为借方余额，反映尚未处理完毕的各种资产的净损失；期末如为贷方余额，反映尚未处理完毕的各种资产的净溢余。年末，经批准处理后，本科目一般应无余额。

（二）账务处理

1. 账款核对时发现的库存现金短缺或溢余

（1）每日账款核对中发现现金短缺或溢余，属于现金短缺，按照实际短缺的金额，借记本科目，贷记“库存现金”科目；属于现金溢余，按照实际溢余的金额，借记“库存现金”科目，贷记本科目。

（2）如为现金短缺，属于应由责任人赔偿或向有关人员追回的，借记“其他应收款”科目，贷记本科目；属于无法查明原因的，报经批准核销时，借记“资产处置费用”科目，贷记本科目。

（3）如为现金溢余，属于应支付给有关人员或单位的，借记本科目，贷记“其他应付款”科目；属于无法查明原因的，报经批准后，借记本科目，贷记“其他收入”科目。

2. 资产清查过程中发现的各类资产盘盈、盘亏或报废、毁损

（1）盘盈的各类资产。

① 转入待处理资产时，按照确定的成本，借记“库存物品”“固定资产”“无形资产”“公共基础设施”“政府储备物资”“文物资源”“保障性住房”等科目，贷记本科目。

② 按照规定报经批准后处理时，对于盘盈的流动资产，借记本科目，贷记“单位管理费用”（事业单位）或“业务活动费用”（行政单位）科目。对于盘盈的非流动资产，如属于本年度取得的，按照当年新取得相关资产进行账务处理；如属于以前年度取得的，按照前期差错处理，借记本科目，贷记“以前年度盈余调整”科目。

（2）盘亏或报废、毁损的各类资产。

① 转入待处理资产时，借记本科目（待处理财产价值），属于盘亏、报废、毁损固定资产、无形资产、公共基础设施、保障性住房的，还应借记“固定资产累计折旧”“无形资产累计摊销”“公共基础设施累计折旧（摊销）”“保障性住房累计折旧”科目，贷记“库存物品”“固定资产”“无形资产”“公共基础设施”“政府储备物资”“文物资源”“保障性住房”“在建工程”等科目。涉及增值税业务的，相关账务处理参见“应交增值税”科目。报经批准处理时，借记“资产处置费用”科目，贷记本科目（待处理财产价值）。

② 处理报废、毁损实物资产过程中取得的残值或残值变价收入、保险理赔和过失人赔偿等，借记“库存现金”“银行存款”“库存物品”“其他应收款”等科目，贷记本科目（处理净收入）；处理报废、毁损实物资产过程中发生的相关费用，借记本科目（处理净收入），贷记“库存现金”“银行存款”等科目。

处理收支结清，如果处理收入大于相关费用，按照处理收入减去相关费用后的净收入，借记本科目（处理净收入），贷记“应缴财政款”等科目；如果处理收入小于相关费用，按照相关费用减去处理收入后的净支出，借记“资产处置费用”科目，贷记本科目（处理净收入）。

思政园地

会计人员职业道德规范的应用

一、“坚持诚信，守法奉公”是对会计人员的自律要求

体现“坚持诚信，守法奉公”会计职业道德要求的有：实话实说；表里如一；“一”就是“一”，“二”就是“二”；“是”就是“是”，“不是”就是“不是”；说话算话；对

秘密“守口如瓶”“缄舌闭口”；严于律己、心存敬畏；学法知法守法；公私分明、克己奉公、一心为公；常在河边走，就是不湿鞋；理万金分文不沾；打铁还需自身硬；宁可清贫自乐，不可浊富多忧；出淤泥而不染，濯清涟而不妖；等等。

违背“坚持诚信，守法奉公”会计职业道德要求的有：说双关话；表里不一；弄虚作假；欺上瞒下；文过饰非；歪曲事实；说话不算话；对秘密“口无遮拦”“信口开河”；常在河边走，哪有不湿鞋；不贪白不贪；徇私舞弊；化公为私；挪用公款、贪污受贿；千里之堤，溃于蚁穴；等等。

【案例】 张某为一家私营企业的经理，最近接到一个30万元的订单，但由于时间紧迫，一时凑不齐30万元货款，无法准时进货。于是，张某求助其在某事业单位担任财务主管的表妹李某。李某了解到具体情况之后，私自挪用单位闲置的存款30万元，解了表哥张某的燃眉之急。半个月之后，李某又将表哥张某返还的30万元存入单位的银行账户。对于李某的上述操作，单位毫无察觉。李某暗自窃喜，因为自己既帮助了表哥张某，又没有损害单位的利益，真是“一举两得”。请从会计职业道德的角度分析评价李某的行为。

【分析】 会计人员职业道德规范中“坚持诚信，守法奉公”的基本要求包括：① 牢固树立诚信理念，以诚立身、以信立业，严于律己、心存敬畏；② 学法知法守法，公私分明、克己奉公，树立良好职业形象，维护会计行业声誉。

会计人员应当严格划分公与私的界线，公就是公，私就是私，绝不化公为私，克制自己的私心，一心为公，不徇私，不贪图不义之财，不占单位一点便宜，不利用职务之便挪用公款、贪污受贿，也不与违法、违规的单位领导和同事同流合污。

李某的行为属于利用职务之便挪用公款、公私不分的行为，违背了“坚持诚信，守法奉公”的会计职业道德要求。

二、“坚持准则，守责敬业”是对会计人员的履职要求

体现“坚持准则，守责敬业”会计职业道德要求的有：立场坚定；坚守原则、坚持准则；实事求是、一切从实际出发、不偏不倚；为人不做亏心事，半夜敲门心不惊；干一行爱一行；安心工作，心甘情愿；严肃认真，一丝不苟；忠于职守，尽职尽责；对工作极端负责；等等。

违背“坚持准则，守责敬业”会计职业道德要求的有：打准则“擦边球”；钻准则漏洞；跟着感觉走；先入为主；看领导脸色办事；当一天和尚撞一天钟；马马虎虎；得过且过；推一步走一步；拖拖拉拉；推诿扯皮；这山望着那山高；“都是熟人不会错”；等等。

【案例】 甲公司为中标一项政府工程，拟向建设单位有关人员支付好处费10万元。甲公司经营部经理刘某持董事长的批示到财务部领取该笔款项，财务部经理李某严格按照会计准则办事，拒绝拨付该笔款项，并诚恳地向董事长和经营部经理刘某讲明利害关系。最终甲公司董事长收回了该项批示。请从会计职业道德的角度分析评价财务部经理李某的行为。

【分析】 会计人员职业道德规范中“坚持准则，守责敬业”的基本要求包括：① 严格执行准则制度，保证会计信息真实完整；② 勤勉尽责、爱岗敬业，忠于职守、敢于斗争，自觉抵制会计造假行为，维护国家财经纪律和经济秩序。

财务部经理李某严格按照会计准则办事，拒绝拨付该笔款项，并诚恳地向董事长和经

营部经理刘某讲明利害关系，体现了“坚持准则，守责敬业”的会计职业道德要求。

三、“坚持学习，守正创新”是对会计人员的发展要求

体现“坚持学习，守正创新”会计职业道德要求的有：“曲”不离口，“拳”不离手；勤学多思、勤问苦练；努力学习、锐意进取；学而不厌；活到老学到老；与时俱进、开拓创新；等等。

违背“坚持学习，守正创新”会计职业道德要求的有：三天打鱼，两天晒网；一曝十寒；困而不学；不求甚解；朽木不雕；不学无术；临时抱佛脚；凡事差不多就行，何必那么认真呢；等等。

【案例】 某事业单位为提升会计人员职业技能水平，每月安排会计人员参加至少两次会计理论与实务的培训。由于该单位近期业务增多，国家会计政策变动较大，导致会计人员工作非常繁忙，因此该单位会计主管张某向领导王某提出：会计部门中的部分人员可以申请不参加或少参加学习，以节省时间来完成会计日常工作。请指出该单位会计主管张某的建议是否合理，并说明原因及提出解决方案。

【分析】 会计人员职业道德规范中“坚持学习，守正创新”的基本要求包括：① 始终秉持专业精神，勤于学习、锐意进取，持续提升会计专业能力；② 不断适应新形势新要求，与时俱进、开拓创新，努力推动会计事业高质量发展。

该单位会计主管张某的建议不合理，违背了“坚持学习，守正创新”的会计职业道德要求。会计人员不能因工作繁忙而不参加或少参加学习。对于“该单位近期业务增多，国家会计政策变动较大，导致会计人员工作非常繁忙”这一情况，该单位会计人员更应当参加会计理论与实务的培训。可以采取的解决方案是：招聘新的会计人员，增加会计部门的人员配置，避免会计人员高强度工作，保证每个会计人员都能通过接受培训等各种方式不断提升会计专业能力，从而保证会计人员做好会计工作。

扫一扫

会计与法同行——
新会计法修正出台

思考题

1. 适用于事业单位的资产类会计科目有哪些？
2. 什么是长期股权投资？长期股权投资成本法和权益法有何区别？
3. 什么是折旧和摊销？政府单位计提折旧和摊销的资产各有哪些？
4. 什么是公共基础设施和政府储备物资？这两类资产与固定资产和存货有什么区别？

本章同步练习

一、单项选择题

1. 单位不可以使用现金进行交易的情况是（　　）。

A. 支付职工工资　　B. 支付个人劳务报酬

C. 取得财政拨款收入　　D. 预支出差人员必须随身携带的差旅费

2. 在事业单位，短期投资主要是（　　）。

A. 股票交易　　B. 基金投资　　C. 国债投资　　D. 期权交易

3. 单位使用已恢复的以前年度财政直接支付额度时，应贷记（　　）。

A. “零余额账户用款额度”科目　　B. “财政零余额账户用款额度”科目

C. “财政直接支付额度”科目　　D. “财政应返还额度”科目

4. 单位使用已恢复的以前年度财政授权支付额度时，应贷记（　　）。

A. “零余额账户用款额度”科目　　B. “单位零余额账户用款额度”科目

C. “财政授权支付额度”科目　　D. “财政应返还额度”科目

5. 单位购买材料验收入库时，应将（　　）。

A. 购买价款作为实际成本

B. 运杂费作为实际成本

C. 购买价款加运杂费等采购费用作为实际成本

D. 购买价款加运杂费再加差旅费作为实际成本

6. 单位无偿调入的材料，其实际成本的确定方式是（　　）。

A. 按照调出方账面价值加上相关税费、运输费等入账

B. 按照有关凭据注明的金额加上相关税费、运输费等入账

C. 按照评估价值加上相关税费、运输费等入账

D. 按照同类材料的市场价格加上相关税费、运输费等入账

7. 事业单位专业活动用材料盘亏，按照确定的入账成本，贷记“库存物品”科目，借记（　　）。

A. “其他费用”科目　　B. “资产处置费用”科目

C. “其他支出”科目　　D. “待处理财产损溢”科目

8. 下列不属于事业单位长期股权投资取得方式的是（　　）。

A. 以银行存款购买　　B. 以财政授权支付方式购买

C. 以固定资产置换取得　　D. 接受捐赠取得

9. 虽然单位价值未达到固定资产标准，但耐用时间超过1年（不含1年）的（　　）。

A. 大批同类物资，也作为固定资产核算

B. 资产，也作为固定资产核算

C. 设备，也作为固定资产核算

D. 图书，也作为固定资产核算

10. 固定资产是指使用年限超过1年（不含1年）、单位价值在规定标准以上，并在

使用过程中（ ）。

A. 大部分能够利用的资产　　B. 完全维持原有物质形态的资产

C. 基本能够使用的资产　　D. 基本保持原有物质形态的资产

11. 某公立大学医学部通过接受捐赠取得一台基因检测设备，其实际成本的确定方式不包括（ ）。

A. 按照捐赠方原账面价值加上相关税费、运输费等入账

B. 按照有关凭据注明的金额加上相关税费、运输费等入账

C. 按照名义金额入账

D. 按照评估价值加上相关税费、运输费等入账

12. 事业单位在清理报废、毁损固定资产时，发生的清理费用应计入（ ）。

A. 事业支出　　B. 经营支出

C. 业务活动费用　　D. 待处理财产损溢——处理净收入

13. 单位非现金资产报废、毁损过程中收到的残值变价收入，应先贷记( )。

A. “待处理财产损溢”科目　　B. “应缴财政款”科目

C. “资产处置费用”科目　　D. “其他收入”科目

14. 下列关于“待摊费用”科目的说法，错误的是（ ）。

A. 本科目应当按照待摊费用种类进行明细核算

B. 本科目期末借方余额，反映单位各种已支付但尚未摊销的分摊期在 1 年以内（含 1 年）的费用

C. 本科目贷方登记发生的待摊费用，借方登记摊销的各项费用

D. 摊销期限在 1 年以上的租入固定资产改良支出和其他费用，应当通过“长期待摊费用”科目核算，不通过本科目核算

15. 下列关于“受托代理资产”科目的说法，错误的是（ ）。

A. 本科目应当按照资产的种类和委托人进行明细核算；属于转赠资产的，还应当按照受赠人进行明细核算

B. 本科目期末贷方余额，反映单位受托代理资产中实物资产的成本

C. 本科目借方登记受托代理资产的增加数，贷方登记受托代理资产的减少数

D. 单位收到的受托代理资产为现金和银行存款的，不通过本科目核算，应当通过“库存现金”“银行存款”科目进行核算

二、多项选择题

1. 事业单位的资产类科目包括（ ）。

A. 财政应返还额度　　B. 短期投资

C. 长期投资　　D. 存货

E. 固定资产

2. 行政单位的资产类科目包括（ ）。

A. 库存物品　　B. 短期投资　　C. 应收票据

D. 其他应收款　　E. 应收股利

3. 单位接受捐赠、无偿调入的材料，其实际成本的确定方式包括（ ）。

A. 按照有关凭据注明的金额加上相关税费、运输费等入账

B. 按照评估价值加上相关税费、运输费等入账
C. 按照同类材料的市场价格加上相关税费、运输费等入账
D. 按照名义金额入账
E. 按照调出方账面价值加上相关税费、运输费等入账

4. 引起事业单位固定资产减少的因素有（　　）。
A. 出售　　B. 报废、毁损　　C. 对外捐赠
D. 投资转出　　E. 融资租入

5. 下列关于单位无形资产的说法，正确的有（　　）。
A. 无形资产具有可辨认性
B. 与无形资产相关的服务潜力很可能实现或经济利益很可能流入单位
C. 自创商誉及内部产生的品牌价值，应确认为无形资产
D. 委托软件公司开发的软件，视同外购无形资产确定其成本
E. 所有的无形资产都应进行摊销

6. 下列关于单位研发支出的说法，正确的有（　　）。
A. 单位自行研究开发无形资产项目的支出，应当区分研究阶段支出与开发阶段支出
B. 研究阶段的支出，应当于发生时计入当期费用
C. 开发阶段的支出，应当于发生时计入当期费用
D. 自行开发的无形资产，其成本包括自该项目进入开发阶段后至达到预定用途前所发生的支出总额
E. 无法区分研究阶段支出和开发阶段支出，但已申请取得无形资产的，应当将依法取得时发生的注册费、聘请律师费等费用确认为无形资产

7. 下列情况，会涉及"待处理财产损溢"科目使用的有（　　）。
A. 置换换出库存物品　　B. 固定资产盘盈
C. 转让无形资产　　D. 核销无形资产
E. 库存现金盘亏

8. 下列项目，应通过"其他应收款"科目核算的有（　　）。
A. 备用金
B. 职工预借的差旅费
C. 保证金
D. 已偿还银行尚未报销的本单位公务卡欠款

9. 下列关于待处理财产损溢的账务处理的说法，正确的有（　　）。
A. 清查库存现金时发现现金短缺或溢余，属于现金短缺，按照实际短缺的金额，借记本科目，贷记"库存现金"科目；属于现金溢余，按照实际溢余的金额，借记"库存现金"科目，贷记本科目
B. 固定资产盘盈时，按照确定的成本，借记"固定资产"科目，贷记本科目
C. 处理毁损、报废实物资产过程中取得的残值或残值变价收入、保险理赔和过失人赔偿等，借记"库存现金""银行存款""库存物品""其他应收款"等科目，贷记本科目（处理净收入）
D. 处理毁损、报废实物资产过程中发生的相关费用，借记本科目（处理净收入），

贷记“库存现金”“银行存款”等科目

10. 下列关于“库存物品”科目的说法，正确的有（　　）。

A. 库存物品在取得时，应当按照其实际成本入账

B. 本科目期末借方余额，反映单位存货的实际成本

C. 单位随买随用的零星办公用品，应当在购进时直接通过“库存物品”科目核算

D. 对外捐赠、无偿调出存货，转入待处理资产时，按照库存物品的账面余额，借记“待处理财产损溢”科目，贷记“库存物品”科目

三、判断题

1. 会计和出纳工作要实行分管，会计管账不管钱，出纳管钱不管账。（　　）

2. “银行存款日记账”应定期与“银行对账单”核对，至少每年核对一次。（　　）

3. 单位“银行存款日记账”账面余额与“银行对账单”余额产生差额的原因是存在未达账项。（　　）

4. 单位应当于每年年末，对收回后需要上缴财政的应收账款进行全面检查，对于账龄超过规定年限、确认无法收回的应收账款，应当按照规定报经批准后予以核销。（　　）

5. 单位无偿调入的存货，应按照调出方的账面价值加上相关税费、运输费等确定其实际成本。（　　）

6. 单位盘盈的材料，应按照评估价值确定入账价值；未经资产评估的，按照重置成本确定。（　　）

7. 单位随买随用的零星办公用品，可以在购进时直接列作费用，不纳入存货的核算范围。（　　）

8. 单位外购固定资产，支付的运杂费应记入“固定资产”科目。（　　）

9. 单位购入的构成相关硬件不可缺少组成部分的软件，应当确认为无形资产。（　　）

10. 单位一般应当按月计提固定资产折旧。当月增加的固定资产，当月提折旧；当月减少的固定资产，当月照提折旧，从下月起不提折旧。（　　）

四、业务题

1. 某行政单位 2024 年 12 月发生以下经济业务：

（1）6 日，基建部门将一幢竣工的办公楼，向单位财务办理移交手续，单位财务凭“固定资产移交清册”及相关手续入账，造价为 8 600 000 元。

（2）9 日，根据预算计划，经批准，购入一套投影设备，价值 200 000 元，设备不需要安装。款项已通过国库集中支付方式支付，设备已验收交付使用。

（3）16 日，收到国外友好单位捐赠的一辆汽车，价值 500 000 元，另以银行存款支付运输费 8 000 元。

（4）26 日，经批准出售 5 台电脑，售价合计 18 000 元，款项已存入银行，另以银行存款支付运输费 300 元。该批电脑账面原价合计 30 000 元，已提折旧 19 000 元。

要求：根据上述业务编制相应的会计分录。

2. 某事业单位2024年12月发生以下经济业务：

（1）6日，购入一台不需要安装的办公设备，价款为20 000元，由银行转账支付，同时用库存现金支付运输费200元，设备已验收入库。

（2）7日，以财政事业经费购入一台不需要安装的专用设备，价款合计8 000元，款项通过国库集中支付方式支付。

（3）9日，以国库集中支付方式支付了为开展某专项业务活动而购买的一台专用设备价款，合计100 000元。

（4）16日，接受外单位捐赠的一台设备，市场估值为200 000元，同时开出转账支票支付相关税费和运输费1 500元，设备已验收入库。

（5）26日，旧钢炉报废，账面原值50 000元（已提折旧35 000元），残值变价收入2 000元已存入银行，用库存现金支付清理费用600元。

要求：根据上述业务编制相应的会计分录。

3. 某行政单位发生有关存货业务如下：

（1）与甲公司签订购货协议，支付采购款10 000元，款项以国库集中支付方式支付，但货物尚未验收入库。

（2）上述货物经核验无误后入库保管。

（3）因工作需要，领用库存物品1 000元。

（4）领用一批甲材料，并委托A公司加工生产乙材料，相关凭证表明甲材料的账面价值为5 000元。

（5）乙材料加工完成，支付A公司加工费1 200元，款项以银行存款支付，材料已验收入库。

（6）在清查盘点存货的过程中，发现一批库存物品已毁损，其账面价值为3 000元。经批准，予以核销处理。同时，在清理毁损物品的过程中，发生清理费用等支出500元。

要求：根据上述业务编制相应的会计分录。

4. 某事业单位2024年12月发生以下经济业务：

(1) 收到其他单位捐赠的一项专利技术，相关凭证表明其价值为20 000元。移交时发生税费等1 500元，款项已通过银行存款支付。

(2) 收到上级部门无偿调入的一套办公软件，相关凭证表明其价值为500 000元。调入过程中发生相关费用500元，以库存现金支付。

(3) 对上级主管部门无偿调入的办公软件进行技术维修，以国库集中支付方式支付其他软件公司维修费2 000元。

(4) 向贫困地区的小学捐赠一套学习软件，成本为25 000元，已提摊销10 000元。

(5) 经批准，出售某项专利权，成本为400 000元，已提摊销300 000元。实际出售价款为80 000元，其间发生税费等支出6 000元，差额部分全部上缴财政。

要求：根据上述业务编制相应的会计分录。

第三章

负债的核算

学习目标

1. 了解政府会计中负债的概念、分类。
2. 掌握政府会计中负债的确认和计量。
3. 掌握政府会计中负债的账务处理。

扫一扫

负债类账务处理

第一节 负债概述

一、负债的概念与确认

（一）负债的概念

在政府会计中，负债是指政府会计主体过去的经济业务或事项形成的、预期会导致经济资源流出政府会计主体的现时义务。

现时义务是指政府会计主体在现行条件下已承担的义务。未来发生的经济业务或事项形成的义务不属于现时义务，不应当确认为负债。

（二）负债的确认

符合负债定义的义务，在同时满足以下条件时，确认为负债：① 履行该义务很可能导致含有服务潜力或经济利益的经济资源流出政府会计主体；② 该义务的金额能够可靠地计量。

二、负债的分类

政府会计主体的负债按照流动性，分为流动负债和非流动负债。流动负债是指预计在1年内（含1年）偿还的负债，包括应付及预收款项、应付职工薪酬、应缴款项等。非流动负债是指流动负债以外的负债，包括长期应付款、应付政府债券和政府依法担保形成的债务等。

政府会计主体的负债包括偿还时间与金额基本确定的负债和由或有事项形成的预计负债。偿还时间与金额基本确定的负债按照政府会计主体的业务性质及风险程度，分为融资活动形成的举借债务及其应付利息、运营活动形成的应付及预收款项和暂收性负债。

三、负债的计量属性

负债的计量属性主要包括历史成本、现值和公允价值。其中，在历史成本计量下，负债按照因承担现时义务而实际收到的款项或资产的金额，或者承担现时义务的合同金额，或者按照为偿还负债预期需要支付的现金计量；在现值计量下，负债按照预计期限内需要偿还的未来净现金流出量的折现金额计量；在公允价值计量下，负债按照市场参与者在计量日发生的有序交易中，转移负债所需支付的价格计量。

小贴士

政府会计主体在对负债进行计量时，一般应当采用历史成本。采用现值、公允价值计量的，应当保证所确定的负债金额能够持续、可靠计量。

第二节 流动负债

流动负债是指预计在 1 年内（含 1 年）偿还的负债，包括短期借款、应交增值税、其他应交税费、应缴财政款、应付职工薪酬、应付票据、应付账款、应付政府补贴款、应付利息、预收账款、其他应付款、预提费用等。

一、短期借款

短期借款是指事业单位经批准向银行或其他金融机构等借入的期限在 1 年内（含 1 年）的各种借款。

（一）科目设置

为了核算短期借款业务，事业单位应设置“短期借款”总账科目。本科目应当按照债权人和借款种类进行明细核算。本科目期末贷方余额，反映事业单位尚未偿还的短期借款本金。

（二）账务处理

（1）借入各种短期借款时，按照实际借入的金额，借记“银行存款”科目，贷记本科目。

（2）银行承兑汇票到期，本单位无力支付票款的，按照应付票据的账面余额，借记“应付票据”科目，贷记本科目。

（3）归还短期借款时，借记本科目，贷记“银行存款”科目。

在短期借款业务中，如果涉及纳入部门预算管理的现金收支，在进行财务会计核算的同时，还要进行预算会计核算。预算会计的具体核算参见本书预算会计核算部分的内容。

【例 3-1】 某事业单位 2024 年发生以下借款业务，并编制相应的会计分录。

（1）1 月 1 日，经批准从银行借入一笔 6 个月期的借款，金额为 600 000 元，年利率为 6%，到期一次还本付息。

财务会计：

借：银行存款　　600 000

　贷：短期借款　　600 000

预算会计：

借：资金结存——货币资金　　600 000

　贷：债务预算收入　　600 000

(2) 6个月后，该事业单位如期偿还本金并支付利息。

财务会计：

借：短期借款　　600 000

　　其他费用　　18 000

　贷：银行存款　　618 000

预算会计：

借：债务还本支出　　600 000

　　其他支出　　18 000

　贷：资金结存——货币资金　　618 000

二、应交增值税

增值税是以商品、应税劳务和应税服务在流转过程中产生的增值额为计税依据而征收的一种流转税。应交增值税是指单位按照税法规定计算应交纳的增值税。

（一）科目设置

为了核算增值税业务，单位应设置“应交增值税”总账科目。

属于增值税一般纳税人的单位，应当在本科目下设置“应交税金”“未交税金”“预交税金”“待抵扣进项税额”“待认证进项税额”“待转销项税额”“简易计税”“转让金融商品应交增值税”“代扣代交增值税”等明细科目。

(1)“应交税金”明细账内应当设置“进项税额”“已交税金”“转出未交增值税”“减免税款”“销项税额”“进项税额转出”“转出多交增值税”等专栏。其中：

①“进项税额”专栏，记录单位购进货物、加工修理修配劳务、服务、无形资产或不动产而支付或负担的、准予从当期销项税额中抵扣的增值税额。

②“已交税金”专栏，记录单位当月已交纳的应交增值税额。

③“转出未交增值税”和“转出多交增值税”专栏，分别记录一般纳税人月度终了转出当月应交未交或多交的增值税额。

④“减免税款”专栏，记录单位按照现行增值税制度规定准予减免的增值税额。

⑤“销项税额”专栏，记录单位销售货物、加工修理修配劳务、服务、无形资产或不动产应收取的增值税额。

⑥“进项税额转出”专栏，记录单位购进货物、加工修理修配劳务、服务、无形资产或不动产等发生非正常损失及其他原因而不应从销项税额中抵扣、按照规定转出的进项税额。

(2)“未交税金”明细科目，核算单位月度终了从“应交税金”或“预交税金”明细科目转入当月应交未交、多交或预缴的增值税额，以及当月交纳以前期间未交的增值税额。

(3)“预交税金”明细科目，核算单位转让不动产、提供不动产经营租赁服务等，以及其他按照现行增值税制度规定应预缴的增值税额。

(4)“待抵扣进项税额”明细科目，核算单位已取得增值税扣税凭证并经税务机关认证，按照现行增值税制度规定准予以后期间从销项税额中抵扣的进项税额。

(5)“待认证进项税额”明细科目，核算单位由于未经税务机关认证而不得从当期销项税额中抵扣的进项税额。包括：一般纳税人已取得增值税扣税凭证并按规定准予从销项税额中抵扣，但尚未经税务机关认证的进项税额；一般纳税人已申请稽核，但尚未取得稽核相符结果的海关缴款书进项税额。

(6)“待转销项税额”明细科目，核算单位销售货物、加工修理修配劳务、服务、无形资产或不动产，已确认相关收入（或利得）但尚未发生增值税纳税义务而需要于以后期间确认为销项税额的增值税额。

(7)“简易计税”明细科目，核算单位采用简易计税方法发生的增值税计提、扣减、预缴、缴纳等业务。

(8)“转让金融商品应交增值税”明细科目，核算单位转让金融商品发生的增值税额。

(9)“代扣代交增值税”明细科目，核算单位购进在境内未设经营机构的境外单位或个人在境内的应税行为代扣代缴的增值税额。

属于增值税小规模纳税人的单位只需在本科目下设置“转让金融商品应交增值税”“代扣代交增值税”明细科目。

本科目期末贷方余额，反映单位应交未交的增值税；期末如为借方余额，反映单位尚未抵扣或多交的增值税。

(二) 账务处理

下面简要说明应交增值税的账务处理，如不特别说明，其中的“单位”指增值税一般纳税人。

1. 单位取得资产或接受服务等业务

(1) 采购等业务进项税额允许抵扣。

单位购买用于增值税应税项目的资产或服务等时，按照应计入相关成本费用或资产的金额，借记“业务活动费用”“在途物品”“库存物品”“工程物资”“在建工程”“固定资产”“无形资产”等科目，按照当月已认证的可抵扣增值税额，借记本科目（应交税金——进项税额），按照当月未认证的可抵扣增值税额，借记本科目（待认证进项税额），按照应付或实际支付的金额，贷记“应付账款”“应付票据”“银行存款”等科目。发生退货的，如原增值税专用发票已做认证，应根据税务机关开具的红字增值税专用发票做相反的会计分录；如原增值税专用发票未做认证，应将发票退回并做相反的会计分录。

小规模纳税人购买资产或服务等时不能抵扣增值税，发生的增值税计入资产成本或相关成本费用。

(2) 采购等业务进项税额不得抵扣。

单位购进资产或服务等，用于简易计税方法计税项目、免征增值税项目、集体福利或个人消费等，其进项税额按照现行增值税制度规定不得从销项税额中抵扣的，取得增值税专用发票时，应按照增值税专用发票注明的金额，借记相关成本费用或资产科目，按照待认证的增值税进项税额，借记本科目（待认证进项税额），按照实际支付或应付的金额，贷记“银行存款”“应付账款”等科目。经税务机关认证为不可抵扣进项税额时，借记本科目（应交税金——进项税额）科目，贷记本科目（待认证进项税额），同时，将进项税额转出，借记相关成本费用科目，贷记本科目（应交税金——进项税额转出）。

（3）购进不动产或不动产在建工程按照规定进项税额分年抵扣。

单位取得应税项目为不动产或不动产在建工程，其进项税额按照现行增值税制度规定自取得之日起分2年从销项税额中抵扣的，应当按照取得成本，借记“固定资产”“在建工程”等科目，按照当期可抵扣的增值税额，借记本科目（应交税金——进项税额），按照以后期间可抵扣的增值税额，借记本科目（待抵扣进项税额），按照应付或实际支付的金额，贷记“应付账款”“应付票据”“银行存款”等科目。尚未抵扣的进项税额待以后期间允许抵扣时，按照允许抵扣的金额，借记本科目（应交税金——进项税额），贷记本科目（待抵扣进项税额）。

（4）进项税额抵扣情况发生改变。

单位因发生非正常损失或改变用途等，原已计入进项税额、待抵扣进项税额或待认证进项税额，但按照现行增值税制度规定不得从销项税额中抵扣的，借记“待处理财产损溢”“固定资产”“无形资产”等科目，贷记本科目（应交税金——进项税额转出）、本科目（待抵扣进项税额）或本科目（待认证进项税额）；原不得抵扣且未抵扣进项税额的固定资产、无形资产等，因改变用途等用于允许抵扣进项税额的应税项目的，应按照允许抵扣的进项税额，借记本科目（应交税金——进项税额），贷记“固定资产”“无形资产”等科目。固定资产、无形资产等经上述调整后，应按照调整后的账面价值在剩余尚可使用年限内计提折旧或摊销。

单位购进时已全额计入进项税额的货物或服务等转用于不动产在建工程的，对于结转以后期间的进项税额，应借记本科目（待抵扣进项税额），贷记本科目（应交税金——进项税额转出）。

（5）购买方作为扣缴义务人。

按照现行增值税制度规定，境外单位或个人在境内发生应税行为，在境内未设有经营机构的，以购买方为增值税扣缴义务人。境内一般纳税人购进服务或资产时，按照应计入相关成本费用或资产的金额，借记“业务活动费用”“在途物品”“库存物品”“工程物资”“在建工程”“固定资产”“无形资产”等科目，按照可抵扣的增值税额，借记本科目（应交税金——进项税额）（小规模纳税人应借记相关成本费用或资产科目），按照应付或实际支付的金额，贷记“应付账款”“银行存款”等科目，按照应代扣代缴的增值税额，贷记本科目（代扣代交增值税）。实际缴纳代扣代缴增值税时，按照代扣代缴的增值税额，借记本科目（代扣代交增值税），贷记“银行存款”等科目。

2. 单位销售资产或提供服务等业务

（1）销售资产或提供服务业务。

单位销售货物或提供服务，应当按照应收或已收的金额，借记“应收账款”“应收票据”“银行存款”等科目，按照确认的收入金额，贷记“经营收入”“事业收入”等科目，按照现行增值税制度规定计算的销项税额（或采用简易计税方法计算的应纳增值税额），贷记本科目（应交税金——销项税额）或本科目（简易计税）（小规模纳税人应贷记本科目）。发生销售退回的，应根据按照规定开具的红字增值税专用发票做相反的会计分录。

按照《政府会计制度——行政事业单位会计科目和报表》及相关政府会计准则确认收入的时点早于按照增值税制度确认增值税纳税义务发生时点的，应将相关销项税额计入本科目（待转销项税额），待实际发生纳税义务时再转入本科目（应交税金——销项税额）或本科目（简易计税）。

按照增值税制度确认增值税纳税义务发生时点早于按照《政府会计制度——行政事业单位会计科目和报表》及相关政府会计准则确认收入的时点的，应按照应纳增值税额，借记“应收账款”科目，贷记本科目（应交税金——销项税额）或本科目（简易计税）。

（2）金融商品转让按照规定以盈亏相抵后的余额作为销售额。

金融商品实际转让月末，若产生转让收益，则按照应纳税额，借记“投资收益”科目，贷记本科目（转让金融商品应交增值税）；若产生转让损失，则按照可结转下月抵扣税额，借记本科目（转让金融商品应交增值税），贷记“投资收益”科目。交纳增值税时，应借记本科目（转让金融商品应交增值税），贷记“银行存款”等科目。年末，本科目（转让金融商品应交增值税）若有借方余额，则借记“投资收益”科目，贷记本科目（转让金融商品应交增值税）。

3. 月末转出多交增值税和未交增值税

月度终了，单位应当将当月应交未交或多交的增值税自“应交税金”明细科目转入“未交税金”明细科目。对于当月应交未交的增值税，借记本科目（应交税金——转出未交增值税），贷记本科目（未交税金）；对于当月多交的增值税，借记本科目（未交税金），贷记本科目（应交税金——转出多交增值税）。

4. 缴纳增值税

（1）缴纳当月应交增值税。

单位缴纳当月应交的增值税，借记本科目（应交税金——已交税金）（小规模纳税人借记本科目），贷记“银行存款”等科目。

（2）缴纳以前期间未交增值税。

单位缴纳以前期间未交的增值税，借记本科目（未交税金）（小规模纳税人借记本科目），贷记“银行存款”等科目。

（3）预交增值税。

单位预交增值税时，借记本科目（预交税金），贷记“银行存款”等科目。月末，单位应将“预交税金”明细科目余额转入“未交税金”明细科目，借记本科目（未交税金），贷记本科目（预交税金）。

（4）减免增值税。

对于当期直接减免的增值税，借记本科目（应交税金——减免税款），贷记“业务活动费用”“经营费用”等科目。按照现行增值税制度规定，单位初次购买增值税税控系统专用设备支付的费用及缴纳的技术维护费允许在增值税应纳税额中全额抵减的，按照规定抵减的增值税应纳税额，借记本科目（应交税金——减免税款）（小规模纳税人借记本科目），贷记“业务活动费用”“经营费用”等科目。

【例 3-2】 某事业单位为增值税一般纳税人，为开展非独立核算经营活动购入一批货物，取得的增值税专用发票上注明货款为 200 000 元（不含税价），增值税税率为 13%，价税以银行存款支付。

该事业单位编制的会计分录如下：

财务会计：

借：库存物品	200 000	
应交增值税——应交税金（进项税额）	26 000	
贷：银行存款		226 000

预算会计：

借：经营支出	226 000	
贷：资金结存——货币资金		226 000

【例 3-3】 某事业单位为增值税一般纳税人，开展非独立核算经营活动销售一批货物，不含税价为 150 000 元，销项税额为 19 500 元，价税通过银行收讫。

该事业单位编制的会计分录如下：

财务会计：

借：银行存款	169 500	
贷：经营收入		150 000
应交增值税——应交税金（销项税额）		19 500

预算会计：

借：资金结存——货币资金	169 500	
贷：经营预算收入		169 500

三、其他应交税费

其他应交税费是指单位按照税法等规定计算应交纳的除增值税以外的各种税费，包括城市维护建设税、教育费附加、地方教育附加、车船税、房产税、城镇土地使用税和企业所得税等。

（一）科目设置

为了核算其他应交税费业务，单位应设置“其他应交税费”总账科目。单位代扣代缴的个人所得税，也通过本科目核算。本科目应当按照应交纳的税费种类进行明细核算。本科目期末贷方余额，反映单位应交未交的除增值税以外的税费金额；期末如为借方余额，反映单位多交纳的除增值税以外的税费金额。

单位应交纳的印花税不需要预提应交税费，直接通过“业务活动费用”“单位管理费用”“经营费用”等科目核算，不通过本科目核算。

（二）账务处理

（1）发生城市维护建设税、教育费附加、地方教育附加、车船税、房产税、城镇土地使用税等纳税义务的，按照税法规定计算的应交税费金额，借记“业务活动费用”“单位管理费用”“经营费用”等科目，贷记本科目（应交城市维护建设税、应交教育费附加、应交地方教育附加、应交车船税、应交房产税、应交城镇土地使用税等）。

（2）按照税法规定计算应代扣代缴职工（含长期聘用人员）的个人所得税，借记

“应付职工薪酬”科目，贷记本科目（应交个人所得税）。按照税法规定计算应代扣代缴支付给职工（含长期聘用人员）以外人员劳务费的个人所得税，借记“业务活动费用”“单位管理费用”等科目，贷记本科目（应交个人所得税）。

（3）发生企业所得税纳税义务的，按照税法规定计算的应交所得税额，借记“所得税费用”科目，贷记本科目（单位应交所得税）。

单位实际交纳上述各种税费时，借记本科目（应交城市维护建设税、应交教育费附加、应交地方教育附加、应交车船税、应交房产税、应交城镇土地使用税、应交个人所得税、单位应交所得税等），贷记“财政拨款收入”“银行存款”等科目。

【例3-4】 某事业单位开展非独立核算经营活动，按照税法规定，发生应交城市维护建设税10 000元。次月，以银行存款交纳上月的其他应交税费。

该事业单位编制的会计分录如下：

（1）发生其他应交税费时

财务会计：

借：经营费用	10 000	
贷：其他应交税费——应交城市维护建设税		10 000

预算会计：无。

（2）次月，交纳其他应交税费时

财务会计：

借：其他应交税费——应交城市维护建设税	10 000	
贷：银行存款		10 000

预算会计：

借：经营支出	10 000	
贷：资金结存——货币资金		10 000

【例3-5】 某事业单位开展非独立核算经营活动，按照税法规定，计算单位应交所得税额为15 000元，以银行存款交纳。

该事业单位编制的会计分录如下：

（1）计算企业所得税时

财务会计：

借：所得税费用	15 000	
贷：其他应交税费——单位应交所得税		15 000

预算会计：无。

（2）交纳企业所得税时

财务会计：

借：其他应交税费——单位应交所得税	15 000	
贷：银行存款		15 000

预算会计：

借：非财政拨款结余	15 000	
贷：资金结存——货币资金		15 000

四、应缴财政款

应缴财政款是指单位取得或应收的按照规定应当上缴财政的款项，包括应缴国库的款项和应缴财政专户的款项。

（一）科目设置

为了核算应缴财政款业务，单位应设置“应缴财政款”总账科目。单位按照国家税法等有关规定应当缴纳的各种税费，通过“应交增值税”“其他应交税费”科目核算，不通过本科目核算。本科目应当按照应缴财政款项的类别进行明细核算。本科目期末贷方余额，反映单位应当上缴财政但尚未缴纳的款项。年终清缴后，本科目一般应无余额。

（二）账务处理

（1）单位取得或应收按照规定应缴财政的款项时，借记“银行存款”“应收账款”等科目，贷记本科目。

（2）单位处置资产取得应缴财政的处置净收入时，借记“待处理财产损溢”（处理净收入）等科目，贷记本科目。

（3）单位上缴应缴财政的款项时，按照实际上缴的金额，借记本科目，贷记“银行存款”科目。

单位的应缴财政款资金不是单位的预算资金，因此预算会计不对该类业务进行会计核算。

【例 3-6】 某行政单位经批准出租闲置的办公用房数间，所收取的租金需要全额上缴国库。2024 年 4 月 1 日，该行政单位收到租金 50 000 元，款项已存入银行。次日，将该笔租金上缴。

该行政单位编制的会计分录如下：

（1）收到租金时

财务会计：

借：银行存款	50 000	
贷：应缴财政款		50 000

预算会计：无。

（2）次日，上缴租金时

财务会计：

借：应缴财政款	50 000	
贷：银行存款		50 000

预算会计：无。

五、应付职工薪酬

应付职工薪酬是指单位按照有关规定应付给职工（含长期聘用人员）及为职工支付的各种薪酬，包括基本工资、国家统一规定的津贴补贴、规范津贴补贴（绩效工资）、改革性补贴、社会保险费（如职工基本养老保险费、职业年金、基本医疗保险费等）、住房公积金等。

（一）科目设置

为了核算应付职工薪酬业务，单位应设置“应付职工薪酬”总账科目。本科目应当根据国家有关规定按照“基本工资”（含离退休费）、“国家统一规定的津贴补贴”“规范津贴补贴（绩效工资）”“改革性补贴”“社会保险费”“住房公积金”“其他个人收入”等进行明细核算。其中，“社会保险费”“住房公积金”明细科目核算内容包括单位从职工工资中代扣代缴的社会保险费、住房公积金，以及单位为职工计算缴纳的社会保险费、住房公积金。本科目期末贷方余额，反映单位应付未付的职工薪酬。

（二）账务处理

1. 计提职工薪酬

单位计算确认当期应付职工薪酬（含单位为职工计算缴纳的社会保险费、住房公积金）时，计提从事专业及其辅助活动人员的职工薪酬，借记“业务活动费用”“单位管理费用”科目，贷记本科目。计提应由在建工程、加工物品、自行研发无形资产负担的职工薪酬，借记“在建工程”“加工物品”“研发支出”等科目，贷记本科目。计提从事专业及其辅助活动之外的经营活动人员的职工薪酬，借记“经营费用”科目，贷记本科目。事业单位因解除与职工的劳动关系而给予的补偿，借记“单位管理费用”等科目，贷记本科目。

2. 支付职工薪酬

单位向职工支付工资、津贴补贴等薪酬时，按照实际支付的金额，借记本科目，贷记“财政拨款收入”“银行存款”等科目。

3. 代扣相关款项

单位按照税法规定代扣职工个人所得税时，借记本科目（基本工资），贷记“其他应交税费——应交个人所得税”科目。从应付职工薪酬中代扣为职工垫付的水电费、房租等费用时，按照实际扣除的金额，借记本科目（基本工资），贷记“其他应收款”等科目。从应付职工薪酬中代扣社会保险费和住房公积金，按照代扣的金额，借记本科目（基本工资），贷记本科目（社会保险费、住房公积金）。

4. 缴纳职工社会保险费和住房公积金

单位按照国家有关规定缴纳职工社会保险费和住房公积金时，按照实际支付的金额，借记本科目（社会保险费、住房公积金），贷记“财政拨款收入”“银行存款”等科目。

5. 支付其他款项

从应付职工薪酬中支付的其他款项，借记本科目，贷记“银行存款”等科目。

【例 3-7】 某事业单位计算当月应付给专业活动人员的薪酬总额为 8 000 000 元，其中基本工资 4 000 000 元、国家统一规定的津贴补贴 2 000 000 元、单位为职工计算缴纳的社会保险费 800 000 元和住房公积金 1 200 000 元；需要从职工工资中代扣社会保险费 500 000 元、住房公积金 1 200 000 元，应代扣个人所得税 350 000 元。数日后，该事业单位通过国库集中支付方式向职工支付薪酬，向相关机构缴纳社会保险费、住房公积金和个人所得税。

该事业单位编制的会计分录如下：

(1) 计算应付职工薪酬时

财务会计：

借：业务活动费用　　8 000 000
　贷：应付职工薪酬——基本工资　　4 000 000
　　　　　　　　　——国家统一规定的津贴补贴　　2 000 000
　　　　　　　　　——社会保险费　　800 000
　　　　　　　　　——住房公积金　　1 200 000

预算会计：无。

(2) 代扣款项时

财务会计：

借：应付职工薪酬——基本工资　　2 050 000
　贷：应付职工薪酬——社会保险费　　500 000
　　　　　　　　　——住房公积金　　1 200 000
　　　其他应交税费——应交个人所得税　　350 000

预算会计：无。

(3) 发放工资、缴纳款项时

财务会计：

借：应付职工薪酬——基本工资　　1 950 000
　　　　　　　　——国家统一规定的津贴补贴　　2 000 000
　　　　　　　　——社会保险费　　1 300 000
　　　　　　　　——住房公积金　　2 400 000
　　其他应交税费——应交个人所得税　　350 000
　贷：财政拨款收入　　8 000 000

预算会计：

借：事业支出　　8 000 000
　贷：财政拨款预算收入　　8 000 000

六、应付票据

应付票据是指事业单位因购买材料、物资等而开出、承兑的商业汇票，包括银行承兑汇票和商业承兑汇票。

(一) 科目设置

为了核算应付票据业务，事业单位应设置“应付票据”总账科目。本科目应当按照债权人进行明细核算。本科目期末贷方余额，反映事业单位开出、承兑的尚未到期的应付票据金额。

小贴士

单位应当设置“应付票据备查簿”，详细登记每一应付票据的种类、号数、出票日期、到期日、票面金额、交易合同号、收款人姓名或单位名称，以及付款日期和金额等。应付票据到期结清票款后，应当在备查簿内逐笔注销。

（二）账务处理

事业单位开出、承兑商业汇票时，借记“库存物品”“固定资产”等科目，贷记本科目。涉及增值税业务的，相关账务处理参见“应交增值税”科目。以商业汇票抵付应付账款时，借记“应付账款”科目，贷记本科目。支付银行承兑汇票的手续费时，借记“业务活动费用”“经营费用”等科目，贷记“银行存款”等科目。

商业汇票到期时，应当分别以下情况处理：

（1）收到银行支付到期票据的付款通知时，借记本科目，贷记“银行存款”科目。

（2）银行承兑汇票到期，单位无力支付票款的，按照应付票据账面余额，借记本科目，贷记“短期借款”科目。

（3）商业承兑汇票到期，单位无力支付票款的，按照应付票据账面余额，借记本科目，贷记“应付账款”科目。

【例 3-8】 某事业单位开展非独立核算经营活动，用商业承兑汇票结算方式购入一批材料，取得的增值税专用发票上注明金额为 800 000 元（不含税价），增值税税率为 13%。该事业单位开出一张期限为 6 个月的商业承兑汇票，年利率为 6%。

该事业单位编制的会计分录如下：

财务会计：

借：库存物品	800 000	
应交增值税——应交税金（进项税额）	104 000	
贷：应付票据		904 000

预算会计：无。

七、应付账款

应付账款是指单位因购买物资、接受服务、开展工程建设等而应付的偿还期限在 1 年内（含 1 年）的款项。

（一）科目设置

为了核算应付账款业务，单位应设置“应付账款”总账科目。本科目应当按照债权人进行明细核算。对于建设项目，还应设置“应付器材款”“应付工程款”等明细科目，并按照具体项目进行明细核算。本科目期末贷方余额，反映单位尚未支付的应付账款金额。

（二）账务处理

（1）单位收到所购材料、物资、设备或服务及确认完成工程进度但尚未付款时，根据发票及账单等有关凭证，按照应付未付款项的金额，借记“库存物品”“固定资产”“在建工程”等科目，贷记本科目。涉及增值税业务的，相关账务处理参见“应交增值税”科目。

（2）单位偿付应付账款时，按照实际支付的金额，借记本科目，贷记“财政拨款收入”“银行存款”等科目。

（3）事业单位开出、承兑商业汇票抵付应付账款时，借记本科目，贷记“应付票据”科目。

（4）单位无法偿付或债权人豁免偿还的应付账款，应当按照规定报经批准后进行账务处理。经批准核销时，借记本科目，贷记“其他收入”科目。核销的应付账款应在备查簿中保留登记。

【例 3-9】 某事业单位为开展专业业务活动采购一批材料，价税合计 200 000 元（不考虑增值税），材料已验收入库，款项尚未支付。数日后，该事业单位以银行存款支付上述款项。

该事业单位编制的会计分录如下：

（1）购入材料尚未支付款项时

财务会计：

借：库存物品	200 000	
贷：应付账款		200 000

预算会计：无。

（2）数日后，支付款项时

财务会计：

借：应付账款	200 000	
贷：银行存款		200 000

预算会计：

借：事业支出	200 000	
贷：资金结存——货币资金		200 000

八、应付政府补贴款

应付政府补贴款是指负责发放政府补贴的行政单位，按照规定应当支付给政府补贴接受者的各种政府补贴款。

（一）科目设置

为了核算应付政府补贴款业务，行政单位应设置“应付政府补贴款”总账科目。本科目应当按照应支付的政府补贴种类进行明细核算。行政单位还应当根据需要按照补贴接受者进行明细核算，或者建立备查簿对补贴接受者予以登记。本科目期末贷方余额，反映行政单位应付未付的政府补贴金额。

（二）账务处理

行政单位发生应付政府补贴时，按照依规定计算确定的应付政府补贴金额，借记“业务活动费用”科目，贷记本科目。支付应付政府补贴款时，按照支付金额，借记本科目，贷记“银行存款”等科目。

【例 3-10】 某行政单位负责给当地农民发放政府补贴，经计算，应付政府补贴金额为 180 000 元。次日，通过国库集中支付方式支付。

该行政单位编制的会计分录如下：

（1）计算应付政府补贴金额时

财务会计：

借：业务活动费用	180 000	
贷：应付政府补贴款		180 000

预算会计：无。

(2) 次日，发放政府补贴时

财务会计：

借：应付政府补贴款　　180 000

　贷：财政拨款收入　　180 000

预算会计：

借：行政支出　　180 000

　贷：财政拨款预算收入　　180 000

九、应付利息

应付利息是指事业单位按照合同约定应支付的借款利息，包括短期借款、分期付息到期还本的长期借款等应支付的利息。

(一) 科目设置

为了核算应付利息业务，事业单位应设置“应付利息”总账科目。本科目应当按照债权人等进行明细核算。本科目期末贷方余额，反映事业单位应付未付的利息金额。

(二) 账务处理

(1) 为建造固定资产、公共基础设施等借入的专门借款的利息，属于建设期间发生的，按期计提利息费用时，按照计算确定的金额，借记“在建工程”科目，贷记本科目；不属于建设期间发生的，按期计提利息费用时，按照计算确定的金额，借记“其他费用”科目，贷记本科目。

(2) 对于其他借款，按期计提利息费用时，按照计算确定的金额，借记“其他费用”科目，贷记本科目。

(3) 实际支付应付利息时，按照支付的金额，借记本科目，贷记“银行存款”等科目。

【例 3-11】 经批准，某事业单位为保障单位基本建设项目的资金需要，向商业银行借入一笔 10 年期的借款 5 000 000 元，年利率为 4%，到期还本，每年年底付息。该建设项目建设周期为 3 年，3 年后工程顺利竣工。

该事业单位编制的会计分录如下：

(1) 工程建设期间，每年计提利息时

财务会计：

借：在建工程　　200 000

　贷：应付利息　　200 000

预算会计：无。

(2) 工程完工后，每年计提利息时

财务会计：

借：其他费用　　200 000

　贷：应付利息　　200 000

预算会计：无。

(3) 每年实际支付利息时

财务会计：

借：应付利息　200 000
　贷：银行存款　200 000
预算会计：
借：其他支出　200 000
　贷：资金结存——货币资金　200 000

十、预收账款

预收账款是指事业单位预先收取但尚未结算的款项。

（一）科目设置

为了核算预收账款业务，事业单位应设置“预收账款”总账科目。本科目应当按照债权人进行明细核算。本科目期末贷方余额，反映事业单位预收但尚未结算的款项金额。

（二）账务处理

（1）从付款方预收款项时，按照实际预收的金额，借记“银行存款”等科目，贷记本科目。

（2）确认有关收入时，按照预收账款的账面余额，借记本科目，按照应确认的收入金额，贷记“事业收入”“经营收入”等科目，按照付款方补付或退回付款方的金额，借记或贷记“银行存款”等科目。涉及增值税业务的，相关账务处理参见“应交增值税”科目。

（3）无法偿付或债权人豁免偿还的预收账款，应当按照规定报经批准后进行账务处理。经批准核销时，借记本科目，贷记“其他收入”科目。核销的预收账款应在备查簿中保留登记。

【例 3-12】　某事业单位开展非独立核算经营活动，收到付款方预付的货款 80 000 元，已存入银行。数月后，合同完成，经结算，该事业单位应确认收入 200 000 元（不考虑增值税），付款方通过银行转账方式支付剩余 120 000 元。

该事业单位编制的会计分录如下：
（1）收到预付款项时
财务会计：
借：银行存款　80 000
　贷：预收账款　80 000
预算会计：
借：资金结存——货币资金　80 000
　贷：经营预算收入　80 000
（2）数月后，结算时
财务会计：
借：预收账款　80 000
　　银行存款　120 000
　贷：经营收入　200 000
预算会计：
借：资金结存——货币资金　120 000

贷：经营预算收入　　120 000

十一、其他应付款

其他应付款是指单位除应交增值税、其他应交税费、应缴财政款、应付职工薪酬、应付票据、应付账款、应付政府补贴款、应付利息、预收账款以外，其他各项偿还期限在1年内（含1年）的应付及暂收款项，如收取的押金、存入保证金、已经报销但尚未偿还银行的本单位公务卡欠款等。

（一）科目设置

为了核算其他应付款业务，单位应设置“其他应付款”总账科目。同级政府财政部门预拨的下期预算款和没有纳入预算的暂付款项，以及采用实拨资金方式通过本单位转拨给下属单位的财政拨款，也通过本科目核算。本科目应当按照其他应付款的类别及债权人等进行明细核算。本科目期末贷方余额，反映单位尚未支付的其他应付款金额。

（二）账务处理

（1）发生其他应付及暂收款项时，借记“银行存款”等科目，贷记本科目。支付（或退回）其他应付及暂收款项时，借记本科目，贷记“银行存款”等科目。将暂收款项转为收入时，借记本科目，贷记“事业收入”等科目。

（2）收到同级政府财政部门预拨的下期预算款和没有纳入预算的暂付款项，按照实际收到的金额，借记“银行存款”等科目，贷记本科目；待到下一预算期或批准纳入预算时，借记本科目，贷记“财政拨款收入”科目。

采用实拨资金方式通过本单位转拨给下属单位的财政拨款，按照实际收到的金额，借记“银行存款”科目，贷记本科目；向下属单位转拨财政拨款时，按照转拨的金额，借记本科目，贷记“银行存款”科目。

（3）本单位公务卡持卡人报销时，按照审核报销的金额，借记“业务活动费用”“单位管理费用”等科目，贷记本科目；偿还公务卡欠款时，借记本科目，贷记“银行存款”等科目。

（4）涉及质保金形成其他应付款的，相关账务处理参见“固定资产”科目。

（5）无法偿付或债权人豁免偿还的其他应付款，应当按照规定报经批准后进行账务处理。经批准核销时，借记本科目，贷记“其他收入”科目。核销的其他应付款应在备查簿中保留登记。

根据《政府会计准则制度解释第1号》的规定，对于应当纳入下一年度部门预算管理的暂收款项，单位在收到款项时，借记“银行存款”等科目，贷记“其他应付款”科目；本年度不做预算会计处理。待下一年年初，单位应当按照上年暂收的款项金额，借记“其他应付款”科目，贷记有关收入科目；同时，在预算会计中，按照暂收款项的金额，借记“资金结存”科目，贷记有关预算收入科目。

【例3-13】　某行政单位公务卡持卡人报销差旅费，审核报销金额为16 000元。数日后，该行政单位以银行存款偿还该项公务卡欠款。

该行政单位编制的会计分录如下：

（1）报销时

财务会计：

借：业务活动费用　　16 000
　贷：其他应付款　　16 000
预算会计：无。
(2) 偿还公务卡欠款时
财务会计：
借：其他应付款　　16 000
　贷：银行存款　　16 000
预算会计：
借：行政支出　　16 000
　贷：资金结存——货币资金　　16 000

十二、预提费用

预提费用是指单位预先提取的已经发生但尚未支付的费用，如预提租金费用等。

(一) 科目设置

为了核算预提费用业务，单位应设置“预提费用”总账科目。事业单位按规定从科研项目收入中提取的项目间接费用或管理费，也通过本科目核算。事业单位计提的借款利息费用，通过“应付利息”“长期借款”科目核算，不通过本科目核算。本科目应当按照预提费用的种类进行明细核算。对于提取的项目间接费用或管理费，应当在本科目下设置“项目间接费用或管理费”明细科目，并按项目进行明细核算。本科目期末贷方余额，反映单位已预提但尚未支付的各项费用。

(二) 账务处理

1. 项目间接费用或管理费

按规定从科研项目收入中提取项目间接费用或管理费时，按照提取的金额，借记“单位管理费用”科目，贷记本科目（项目间接费用或管理费）。实际使用计提的项目间接费用或管理费时，按照实际支付的金额，借记本科目（项目间接费用或管理费），贷记“银行存款”“库存现金”等科目。

事业单位使用预提的项目间接费用或管理费购买固定资产、无形资产、库存物品等时，按照购买固定资产、无形资产、库存物品等的成本，借记“固定资产”“无形资产”“库存物品”等科目，贷记“财政拨款收入”“银行存款”等科目；同时，按照相同的金额，借记本科目（项目间接费用或管理费），贷记“累计盈余”科目。

【例 3-14】　某事业单位按规定从某科研项目收入中计提项目管理费 20 000 元。在项目日常管理中，该事业单位实际使用该项目管理费 6 000 元，款项以银行存款支付。

该事业单位编制的会计分录如下：
(1) 计提项目管理费时
财务会计：
借：单位管理费用　　20 000
　贷：预提费用——项目间接费用或管理费　　20 000
预算会计：
借：非财政拨款结转——项目间接费用或管理费　　20 000

贷：非财政拨款结余——项目间接费用或管理费　　20 000

(2) 使用项目管理费时

财务会计：

借：预提费用——项目间接费用或管理费　　6 000

　贷：银行存款　　6 000

预算会计：

借：事业支出　　6 000

　贷：资金结存——货币资金　　6 000

小贴士

根据《政府会计准则制度解释第 2 号》的规定，单位按规定从财政科研项目中计提项目间接费用或管理费的，应当按照以下规定进行账务处理：

(1) 从财政科研项目中计提项目间接费用或管理费时，按照计提的金额，借记“业务活动费用”“单位管理费用”等科目，贷记“预提费用——项目间接费用或管理费”科目；预算会计不做处理。

(2) 使用计提的项目间接费用或管理费时，在财务会计下，按照实际支付的金额，借记“预提费用——项目间接费用或管理费”科目，贷记“银行存款”“零余额账户用款额度”“财政拨款收入”等科目。使用计提的项目间接费用或管理费购买固定资产、无形资产的，按照固定资产、无形资产的成本金额，借记“固定资产”“无形资产”科目，贷记“银行存款”“零余额账户用款额度”“财政拨款收入”等科目；同时，按照相同的金额，借记“预提费用——项目间接费用或管理费”科目，贷记“累计盈余”科目。

同时，在预算会计下，按照实际支付的金额，借记“事业支出”等支出科目下的“财政拨款支出”明细科目，贷记“资金结存”“财政拨款预算收入”科目。

2. 其他预提费用

按期预提租金等费用时，按照预提的金额，借记“业务活动费用”“单位管理费用”“经营费用”等科目，贷记本科目。实际支付款项时，按照支付金额，借记本科目，贷记“银行存款”等科目。

【例 3-15】　某事业单位在开展专业业务活动中租入办公用房数间，每月预提租金 15 000 元。次月，将租金以银行存款支付给出租方。

该事业单位编制的会计分录如下：

(1) 预提租金时

财务会计：

借：业务活动费用　　15 000

　贷：预提费用　　15 000

预算会计：无。

(2) 支付租金时

财务会计：

借：预提费用　　15 000

　贷：银行存款　　15 000

预算会计：

借：事业支出　　15 000

　贷：资金结存——货币资金　　15 000

第三节 非流动负债

非流动负债是指流动负债以外的负债，包括长期借款、长期应付款、预计负债、受托代理负债等。

一、长期借款

长期借款是指事业单位经批准向银行或其他金融机构等借入的期限超过1年（不含1年）的各种借款本息。

（一）科目设置

为了核算长期借款业务，事业单位应设置“长期借款”总账科目。本科目应当设置“本金”和“应计利息”明细科目，并按照贷款单位和贷款种类进行明细核算。对于建设项目借款，还应按照具体项目进行明细核算。本科目期末贷方余额，反映事业单位尚未偿还的长期借款本息金额。

（二）账务处理

(1) 借入各项长期借款时，按照实际借入的金额，借记“银行存款”科目，贷记本科目（本金）。

(2) 为建造固定资产、公共基础设施等应支付的专门借款利息，按期计提利息时，分别以下情况处理：① 属于工程项目建设期间发生的利息，计入工程成本，按照计算确定的应支付的利息金额，借记“在建工程”科目，贷记“应付利息”科目；② 属于工程项目完工交付使用后发生的利息，计入当期费用，按照计算确定的应支付的利息金额，借记“其他费用”科目，贷记“应付利息”科目。

(3) 按期计提其他长期借款的利息时，按照计算确定的应支付的利息金额，借记“其他费用”科目，贷记“应付利息”科目（分期付息、到期还本借款的利息）或本科目（应计利息）（到期一次还本付息借款的利息）。

(4) 到期归还长期借款本金、利息时，借记本科目（本金、应计利息），贷记“银行存款”科目。

【例3-16】 某事业单位为开展事业活动取得长期借款1 000 000元，期限为3年，年利率为5%，到期一次还本付息。

该事业单位编制的会计分录如下：

(1) 取得长期借款时

财务会计：

借：银行存款	1 000 000	
贷：长期借款——本金		1 000 000

预算会计：

借：资金结存——货币资金	1 000 000	
贷：债务预算收入		1 000 000

(2) 按年分期计提利息时

财务会计：

借：其他费用	50 000	
贷：长期借款——应计利息		50 000

预算会计：无。

(3) 到期还本付息时

财务会计：

借：长期借款——本金	1 000 000	
——应计利息	150 000	
贷：银行存款		1 150 000

预算会计：

借：债务还本支出	1 000 000	
其他支出	150 000	
贷：资金结存——货币资金		1 150 000

二、长期应付款

长期应付款是指单位发生的偿还期限超过1年（不含1年）的应付款项，如以融资租赁方式取得固定资产应付的租赁费等。

（一）科目设置

为了核算长期应付款业务，单位应设置“长期应付款”总账科目。本科目应当按照长期应付款的类别及债权人进行明细核算。本科目期末贷方余额，反映单位尚未支付的长期应付款金额。

（二）账务处理

(1) 发生长期应付款时，借记“固定资产”“在建工程”等科目，贷记本科目。支付长期应付款时，按照实际支付的金额，借记本科目，贷记“财政拨款收入”“银行存款”等科目。涉及增值税业务的，相关账务处理参见“应交增值税”科目。

(2) 无法偿付或债权人豁免偿还的长期应付款，应当按照规定报经批准后进行账务处理。经批准核销时，借记本科目，贷记“其他收入”科目。核销的长期应付款应在备查簿中保留登记。

(3) 涉及质保金形成长期应付款的，相关账务处理参见“固定资产”部分内容。

【例3-17】 某事业单位年初通过融资租赁方式租入一台专业活动用设备。根据租赁合同，租期为5年，每年租金为400 000元。在租入设备的过程中，发生运输费10 000元，以银行存款支付。该事业单位每年年底以银行存款支付租金。

该事业单位编制的会计分录如下：

（1）年初，租入设备时

财务会计：

借：固定资产	2 010 000	
贷：长期应付款		2 000 000
银行存款		10 000

预算会计：

借：事业支出	10 000	
贷：资金结存——货币资金		10 000

（2）每年年底支付租金时

财务会计：

借：长期应付款	400 000	
贷：银行存款		400 000

预算会计：

借：事业支出	400 000	
贷：资金结存——货币资金		400 000

三、预计负债

预计负债是指单位因或有事项所产生的现时义务而确认的负债，如对未决诉讼等确认的负债。

或有事项是指过去的交易或事项形成的，其结果须由未来某些事项的发生或不发生才能决定的不确定事项。常见的或有事项主要有未决诉讼或仲裁、债务担保、产品质量保证、承诺、亏损合同、重组义务、环境污染整治等。

（一）科目设置

为了核算预计负债业务，单位应设置“预计负债”总账科目。本科目应当按照预计负债的项目进行明细核算。本科目期末贷方余额，反映单位已确认但尚未支付的预计负债金额。

（二）账务处理

（1）确认预计负债时，按照预计的金额，借记“业务活动费用”“经营费用”“其他费用”等科目，贷记本科目。

（2）实际偿付预计负债时，按照偿付的金额，借记本科目，贷记“银行存款”等科目。

（3）根据确凿证据需要对已确认的预计负债账面余额进行调整的，按照调整增加的金额，借记有关科目，贷记本科目；按照调整减少的金额，借记本科目，贷记有关科目。

四、受托代理负债

受托代理负债是指单位接受委托取得受托代理资产时形成的负债。

（一）科目设置

为了核算受托代理负债业务，单位应设置“受托代理负债”总账科目。本科目期末贷方余额，反映单位尚未交付或发出受托代理资产形成的受托代理负债金额。

（二）账务处理

本科目的账务处理参见“受托代理资产”“库存现金”“银行存款”等科目。

思政园地

会计职业道德管理相关规定

一、增强会计人员诚信意识

（一）强化会计职业道德约束

引导会计人员自觉遵纪守法、勤勉尽责、参与管理、强化服务，不断提高专业胜任能力；督促会计人员坚持客观公正、诚实守信、廉洁自律，不做假账，不断提高职业操守。

（二）加强会计诚信教育

采取多种形式，广泛开展会计诚信教育，将会计职业道德作为会计人员继续教育的必修内容，大力弘扬会计诚信理念，不断提升会计人员诚信素养。要充分发挥新闻媒体对会计诚信建设的宣传教育、舆论监督等作用，大力发掘、宣传会计诚信典型，深入剖析违反会计诚信的典型案例。引导财会类专业开设会计职业道德课程，努力增强会计后备人员的诚信意识。鼓励用人单位建立会计人员信用管理制度，将会计人员遵守会计职业道德情况作为考核评价、岗位聘用的重要依据，强化会计人员诚信责任。

二、加强会计人员信用档案建设

（一）建立严重失信会计人员“黑名单”制度

将有提供虚假财务会计报告，做假账，隐匿或故意销毁会计凭证、会计账簿、财务会计报告，贪污，挪用公款，职务侵占等与会计职务有关违法行为的会计人员，作为严重失信会计人员列入“黑名单”，纳入全国信用信息共享平台，通过“信用中国”网站等途径，向社会公开披露相关信息。

（二）建立会计人员信用信息管理制度

研究制定会计人员信用信息管理办法，规范会计人员信用评价、信用信息采集、信用信息综合利用、激励惩戒措施等，探索建立会计人员信息纠错、信用修复、分级管理等制度，建立健全会计人员信用信息体系。

（三）完善会计人员信用信息管理系统

以会计专业技术资格管理为抓手，有序采集会计人员信息，记录会计人员从业情况和信用情况，建立和完善会计人员信用档案，构建全国统一的会计人员信用信息平台。

三、强化会计职业道德管理的组织实施

（一）加强组织领导

按照国家关于加强社会诚信建设的有关文件精神，在信用信息公开和共享的基础上，建立跨地区、跨部门、跨领域的联合激励与惩戒机制，形成政府部门协同联动、行业组织自律管理、信用服务机构积极参与、社会舆论广泛监督的共同治理格局，建设部际联席会

议制度，共同推动会计人员诚信建设工作的有效开展。

（二）广泛宣传动员

财政部门及其他有关部门、会计行业组织要充分利用报纸、广播、电视、网络等渠道，加大对会计人员诚信建设工作的宣传力度，教育引导会计人员和会计后备人员不断增强会计诚信意识。要积极引导社会各方依法依规利用会计人员信用信息，褒扬会计诚信，惩戒会计失信，扩大会计人员信用信息的影响力和警示力，使全社会形成崇尚会计诚信、践行会计诚信的社会风尚。

（三）褒奖守信会计人员

将会计人员信用信息作为先进会计工作者评选、会计职称考试或评审、高端会计人才选拔等资格资质审查的重要依据。鼓励用人单位依法使用会计人员信用信息，优先聘用、培养、晋升具有良好信用记录的会计人员。

四、建立健全会计职业联合惩戒机制

建立健全失信会计人员联合惩戒机制，明确联合惩戒对象、信息共享与联合惩戒的实施方式及联合惩戒措施。联合惩戒对象主要指在会计工作中违反《中华人民共和国会计法》《中华人民共和国公司法》《中华人民共和国证券法》及其他法律、法规、规章和规范性文件，违背诚实信用原则，经财政部门及相关部门依法认定的存在严重违法失信行为的会计人员。信息共享与联合惩戒的实施方式是指认定联合惩戒对象名单的相关部门和单位通过全国信用信息共享平台将会计领域违法失信当事人的相关信息推送给财政部，并及时更新。

联合惩戒措施主要包括以下几个方面：

（1）罚款、限制从事会计工作、追究刑事责任等惩戒措施。对于严重失信会计人员，依法取消其已经取得的会计专业技术资格。会计人员有违反《中华人民共和国会计法》《中华人民共和国公司法》《中华人民共和国证券法》等违法会计行为，依法给予罚款、限制从事会计工作等惩戒措施；属于国家工作人员的，还应当由其所在单位或有关单位依法给予撤职直至开除的行政处分；构成犯罪的，依法追究刑事责任，不得再从事会计工作。

（2）记入会计从业人员信用档案。对会计领域违法失信当事人，将其违法失信记录记入会计人员信用档案。

（3）将会计领域违法失信当事人信息通过财政部网站、“信用中国”网站予以发布，同时协调相关互联网新闻信息服务单位向社会公布。

（4）实行行业惩戒。支持行业协会商会按照行业标准、行规、行约等，视情节轻重对失信会员实行警告、行业内通报批评、公开谴责、不予接纳、劝退等惩戒措施。

（5）限制取得相关从业任职资格，限制获得认证证书。对会计领域违法失信当事人，限制其取得相关从业任职资格，限制其获得认证证书。

（6）依法限制参与评先、评优或取得荣誉称号。对会计领域违法失信当事人，限制其参与评先、评优或取得各类荣誉称号；已获得相关荣誉称号的予以撤销。

（7）依法限制担任金融机构董事、监事、高级管理人员。

（8）依法限制担任国有企业法定代表人、董事、监事。

（9）限制登记为事业单位法定代表人。对会计领域违法失信当事人，限制其登记为事业单位法定代表人。

（10）作为招录（聘）为公务员或事业单位工作人员及业绩考核、干部选任的参考。

《中华人民共和国会计法》
修改前后对照表（2024 年）

思考题

1. 单位的负债都有哪些种类？
2. 应缴财政款与应交税费有何区别？
3. 应付职工薪酬具体包括哪些项目？
4. 事业单位在核算应付利息时，计入在建工程的成本与其他费用是如何区分的？
5. 什么是预计负债？如何确认预计负债的发生？

本章同步练习

一、单项选择题

1. 政府会计制度中负债类科目不包括（　　）。

A. 应交税费　　B. 应缴财政款
C. 应付职工薪酬　　D. 短期借款

2. 下列不涉及事业单位负债类科目核算的是（　　）。

A. 赊购货物 1 万元　　B. 借入银行存款 30 万元
C. 正在筹划的对慈善机构的捐款　　D. 收到应缴入国库的款项

3. 下列不属于单位应缴财政款的是（　　）。

A. 罚没物资　　B. 罚没物资的变价收入
C. 代收的行政事业性收费　　D. 应缴财政专户的款项

4. 单位代扣代缴的个人所得税通过（　　）科目核算。

A. 应交税费　　B. 应交所得税
C. 其他应交税费　　D. 应交增值税

5. 事业单位为借入款项实际支付的利息应记入（　　）。

A. “业务活动费用”科目　　B. “单位管理费用”科目
C. “其他费用”科目　　D. “经营费用”科目

6. 行政单位发生应付政府补贴时，应贷记“应付政府补贴款”科目，借记（　　）。

A. “单位管理费用”科目　　B. “业务活动费用”科目
C. “事业支出”科目　　D. “行政支出”科目

7. 事业单位按照合同约定预先收取但尚未结算的款项，可以记入（　　）科目。
A. 预付账款　　B. 应付账款　　C. 预收账款　　D. 待摊费用
8. 事业单位融资租入固定资产，应付的租金列为（　　）。
A. 应付账款　　B. 应付票据　　C. 长期应付款　　D. 事业支出
9. 单位收到经物价部门批准收取的行政事业性收费时，应贷记（　　）科目。
A. 应缴财政款　　B. 应缴财政专户款
C. 其他应收款　　D. 其他应付款
10. 单位依法收取的罚没收入应记入（　　）科目。
A. 事业收入　　B. 其他收入
C. 应缴财政款　　D. 应缴财政专户款

二、多项选择题

1. 下列属于应缴财政款的有（　　）。
A. 代收的行政性收费　　B. 罚没收入
C. 应缴财政专户款　　D. 无主财物的变价收入
E. 应交税费
2. 单位为了核算应当缴纳的各种税费，须设置（　　）总账科目。
A. 应交税费　　B. 应交增值税
C. 其他应交税费　　D. 应交所得税
E. 印花税
3. 一般情况下，下列单位所购材料入账价值应按实际支付的含税价格计算的有（　　）。
A. 行政单位购入的材料
B. 确认为增值税小规模纳税人的事业单位购入的非自用材料
C. 确认为增值税小规模纳税人的事业单位购入的自用材料
D. 确认为增值税一般纳税人的事业单位购入的非经营用材料
E. 确认为增值税一般纳税人的事业单位购入的经营用材料
4. 单位其他应付款是指除（　　）等以外的各项偿还期在1年内（含1年）的应付及暂收款项。
A. 应付票据　　B. 应付账款　　C. 预收账款
D. 预付账款　　E. 应付职工薪酬
5. 下列属于行政单位负债类科目的有（　　）。
A. 长期借款　　B. 长期应付款
C. 应缴财政款　　D. 预收账款
E. 应付票据

三、判断题

1. 应缴财政款是指单位取得或应收的按照规定应当上缴国库的款项。（　　）
2. 其他应交税费核算的内容包括增值税、城市维护建设税、教育费附加、房产税、车船税和企业所得税。（　　）
3. 事业单位若不能如期支付到期的银行承兑汇票，应将“应付票据”账面余额转入

“短期借款”科目。 (　　)

4. 应付账款应当在单位收到所购物资或服务、完成工程时确认。 (　　)

5. 受托代理负债应当在单位收到受托代理资产并产生受托代理义务时确认。 (　　)

6. 短期借款和长期借款都应以借款合同或协议进行确认，以实际发生的借款金额进行计量。 (　　)

四、业务题

1. 某行政单位在职职工薪酬采用国库集中支付方式支付。2024 年 10 月 1 日，计算出本月应付在职职工薪酬 187 500 元，其中在职职工工资 150 000 元、在职职工地方津贴补贴 20 000 元、在职职工其他个人收入 17 500 元。10 月 5 日，该行政单位支付在职职工薪酬 164 500 元，代扣代缴在职职工住房公积金 15 000 元、各类保险费 3 000 元、个人所得税 5 000 元，承担在职职工住房公积金 15 000 元、各类保险费 4 000 元。

要求：根据上述业务编制相应的会计分录。

2. 某事业单位 2024 年 8 月发生以下经济业务：

(1) 用于专业业务活动及其辅助活动的公务用车发生应交车船税 50 000 元，月底以银行存款交纳。

(2) 采购一批办公用的材料，采购价为 350 000 元。材料已验收入库，款项尚未支付。

(3) 购入一台设备，价税合计 333 000 元。设备已验收入库，单位付给供货方一张金额为 333 000 元的银行承兑汇票。

(4) 计算应付职工薪酬，共计 55 000 元。数日后，通过国库集中支付方式支付上述职工薪酬。

(5) 在开展非独立核算经营活动过程中，收到甲公司预付的购货款 12 000 元。数日后，向甲公司提供货物，并收到甲公司支付的剩余货款 38 000 元。

要求：根据上述业务编制相应的会计分录。

第四章

收入与预算收入的核算

学习目标

1. 熟悉政府会计中收入与预算收入的概念、分类及确认。
2. 掌握行政单位和事业单位收入与预算收入的区别和联系。
3. 掌握行政单位和事业单位收入与预算收入的内容。
4. 掌握单位各项收入与预算收入业务的会计核算。

扫一扫

收入与预算收入类账务处理

第一节 收入与预算收入概述

在政府会计中，收入属于财务会计要素，预算收入属于预算会计要素。收入与预算收入在基本概念、具体种类、确认和计量方法方面有一定的联系，但也存在明显的区别。

一、收入与预算收入的概念

（一）收入的概念

收入是指报告期内导致政府会计主体净资产增加的、含有服务潜力或经济利益的经济资源的流入。

（二）预算收入的概念

预算收入是指政府会计主体在预算年度内依法取得的并纳入预算管理的现金流入。

二、收入与预算收入的分类

（一）收入的分类

单位的收入按照不同的来源渠道和资金性质，分为财政拨款收入、非同级财政拨款收入、事业收入、上级补助收入、附属单位上缴收入、经营收入、投资收益、捐赠收入、利息收入、租金收入、其他收入。

（二）预算收入的分类

单位的预算收入按照不同的来源渠道和资金性质，分为财政拨款预算收入、非同级财政拨款预算收入、事业预算收入、上级补助预算收入、附属单位上缴预算收入、经营预算收入、债务预算收入、投资预算收益、其他预算收入。

三、收入与预算收入的确认

（一）收入的确认

单位的收入应当按照权责发生制进行核算。收入的确认应当同时满足以下条件：① 与收入相关的含有服务潜力或经济利益的经济资源很可能流入政府会计主体；② 含有服务潜力或经济利益的经济资源流入会导致政府会计主体资产增加或负债减少；③ 流入金额能够可靠地计量。符合收入定义和收入确认条件的项目，应当列入收入费用表。

（二）预算收入的确认

单位的预算收入应当按照收付实现制进行核算。预算收入一般在实际收到时予以确认，以实际收到的金额计量。符合预算收入定义及其确认条件的项目，应当列入预算收入支出表。

第二节 行政事业单位共用收入与预算收入

行政单位和事业单位共用的收入科目包括财政拨款收入、非同级财政拨款收入、捐赠收入、利息收入、租金收入和其他收入。

行政单位和事业单位共用的预算收入科目包括财政拨款预算收入、非同级财政拨款预算收入和其他预算收入。

一、财政拨款收入和财政拨款预算收入

财政拨款收入和财政拨款预算收入是指单位从同级政府财政部门取得的各类财政拨款。

（一）财政拨款收入

1. 科目设置

为了核算财政拨款收入业务，单位应设置“财政拨款收入”总账科目。同级政府财政部门预拨的下期预算款和没有纳入预算的暂付款项，以及采用实拨资金方式通过本单位转拨给下属单位的财政拨款，通过“其他应付款”科目核算，不通过本科目核算。本科目可按照一般公共预算财政拨款、政府性基金预算财政拨款等拨款种类进行明细核算。期末结转后，本科目应无余额。

2. 账务处理

（1）在国库集中支付方式下，单位应当根据收到的国库集中支付凭证及相关原始凭证，按照凭证上的国库集中支付入账金额，借记“库存物品”“固定资产”“业务活动费用”“单位管理费用”“应付职工薪酬”等科目，贷记本科目（使用本年度预算指标）或“财政应返还额度”科目（使用以前年度预算指标）。涉及增值税业务的，相关账务处理参见“应交增值税”科目。

年末，根据本年度财政部门批准的本年度预算指标数大于当年实际支付数的差额中允许结转使用的金额，借记“财政应返还额度”科目，贷记本科目。

（2）按规定从本单位零余额账户向实有资金账户划转资金时，应当根据收到的国库集中支付凭证及实有资金账户入账凭证，按照凭证入账金额，借记“银行存款”科目，贷记本科目（使用本年度预算指标）或“财政应返还额度”科目（使用以前年度预算指标）。

（3）实拨资金方式下收到财政拨款收入时，按照实际收到的金额，借记“银行存款”等科目，贷记本科目。

（4）因差错更正或购货退回等发生财政资金退回的，属于以前年度支付的款项，按照退回金额，借记“财政应返还额度”科目，贷记“以前年度盈余调整”“库存物品”等科目；属于本年度支付的款项，按照退回金额，借记本科目（支付时使用本年度预算指标）或“财政应返还额度”科目（支付时使用以前年度预算指标），贷记“业务活动费用”“库存物品”等科目。

（5）期末，将本科目本期发生额转入本期盈余，借记本科目，贷记“本期盈余”科目。

（二）财政拨款预算收入

1. 科目设置

为了核算财政拨款预算收入业务，单位应设置“财政拨款预算收入”总账科目。本科目应当设置“基本支出”和“项目支出”两个明细科目，并按照《政府收支分类科目》中“支出功能分类科目”的项级科目进行明细核算；同时，在“基本支出”明细科目下按照“人员经费”和“日常公用经费”进行明细核算，在“项目支出”明细科目下按照具体项目进行明细核算。有一般公共预算财政拨款、政府性基金预算财政拨款等两种或两种以上财政拨款的单位，还应当按照财政拨款的种类进行明细核算。年末结转后，本科目应无余额。

2. 账务处理

（1）在国库集中支付方式下，单位应当根据收到的国库集中支付凭证及相关原始凭证，按照凭证上的国库集中支付入账金额，借记“行政支出”“事业支出”等科目，贷记本科目（使用本年度预算指标）或“资金结存——财政应返还额度”科目（使用以前年度预算指标）。

年末，根据财政部门批准的本年度预算指标数大于当年实际支付数的差额中允许结转使用的金额，借记“资金结存——财政应返还额度”科目，贷记本科目。

（2）按规定从本单位零余额账户向实有资金账户划转资金时，应当根据收到的国库集中支付凭证及实有资金账户入账凭证，按照凭证入账金额，借记“资金结存——货币资金”科目，贷记本科目（使用本年度预算指标）或“资金结存——财政应返还额度”科目（使用以前年度预算指标）。

（3）因差错更正或购货退回等发生财政资金退回的，属于以前年度支付的款项，按照退回金额，借记“资金结存——财政应返还额度”科目，贷记“财政拨款结转——年初余额调整”等科目；属于本年度支付的款项，按照退回金额，借记本科目（支付时使用本年度预算指标）或“资金结存——财政应返还额度”科目（支付时使用以前年度预算指标），贷记“行政支出”“事业支出”等科目。

（4）年末，将本科目本年发生额转入财政拨款结转，借记本科目，贷记“财政拨款结转——本年收支结转”科目。

【例 4-1】 某行政单位 2024 年 5 月 2 日收到代理银行转来的国库集中支付凭证，财政国库集中支付水费 5 000 元。

该行政单位编制的会计分录如下：

财务会计：

借：业务活动费用　　5 000

　贷：财政拨款收入　　5 000

预算会计：

借：行政支出　　5 000

　贷：财政拨款预算收入　　5 000

【例 4-2】 某事业单位 2024 年 4 月 9 日收到代理银行转来的国库集中支付凭证，财政国库集中支付办公设备采购款 25 000 元。同时，这批设备已经交付使用。

该事业单位编制的会计分录如下：

财务会计：

借：固定资产　　25 000

　贷：财政拨款收入　　25 000

预算会计：

借：事业支出　　25 000

　贷：财政拨款预算收入　　25 000

【例 4-3】 某事业单位从本单位零余额账户向实有资金账户划转资金，2024 年 4 月 9 日收到的国库集中支付凭证及实有资金账户入账凭证表明，同级政府财政部门拨入某专项经费 300 000 元。

该事业单位编制的会计分录如下：

财务会计：

借：银行存款　　300 000

　贷：财政拨款收入　　300 000

预算会计：

借：资金结存——货币资金　　300 000

　贷：财政拨款预算收入　　300 000

【例 4-4】 某行政单位当年通过国库集中支付采购的一批货物在入库后发现有质量问题，货物已退回。该行政单位应当根据收到的财政资金退回通知书及相关原始凭证，退回相关货款 90 000 元。

该行政单位编制的会计分录如下：

财务会计：

借：财政拨款收入　　90 000

　贷：库存物品　　90 000

预算会计：

借：财政拨款预算收入　　90 000

　贷：行政支出　　90 000

【例 4-5】 2024 年年末，某行政单位进行年终结算。经核算，财政拨款预算收入科目贷方余额为 800 000 元；财政拨款收入科目贷方余额为 800 000 元。

该行政单位编制年终结转的会计分录如下：

财务会计：

借：财政拨款收入	800 000	
贷：本期盈余		800 000

预算会计：

借：财政拨款预算收入	800 000	
贷：财政拨款结转——本年收支结转		800 000

二、非同级财政拨款收入和非同级财政拨款预算收入

非同级财政拨款收入是指单位从非同级政府财政部门取得的经费拨款，包括从同级政府其他部门取得的横向转拨财政款、从上级或下级政府财政部门取得的经费拨款等。

非同级财政拨款预算收入是指单位从非同级政府财政部门取得的财政拨款，包括本级横向转拨财政款和非本级财政拨款。

（一）非同级财政拨款收入

1. 科目设置

为了核算非同级财政拨款收入业务，单位应设置“非同级财政拨款收入”总账科目。事业单位因开展科研及其辅助活动从非同级政府财政部门取得的经费拨款，应当通过“事业收入——非同级财政拨款”科目核算，不通过本科目核算。本科目应当按照本级横向转拨财政款和非本级财政拨款进行明细核算，并按照收入来源进行明细核算。期末结转后，本科目应无余额。

2. 账务处理

（1）确认非同级财政拨款收入时，按照应收或实际收到的金额，借记“其他应收款”“银行存款”等科目，贷记本科目。

（2）期末，将本科目本期发生额转入本期盈余，借记本科目，贷记“本期盈余”科目。

（二）非同级财政拨款预算收入

1. 科目设置

为了核算非同级财政拨款预算收入业务，单位应设置“非同级财政拨款预算收入”总账科目。对于因开展科研及其辅助活动从非同级政府财政部门取得的经费拨款，应当通过“事业预算收入——非同级财政拨款”科目核算，不通过本科目核算。本科目应当按照非同级财政拨款预算收入的类别、来源、《政府收支分类科目》中“支出功能分类科目”的项级科目等进行明细核算。非同级财政拨款预算收入中如有专项资金收入，还应按照具体项目进行明细核算。年末结转后，本科目应无余额。

2. 账务处理

（1）取得非同级财政拨款预算收入时，按照实际收到的金额，借记“资金结存——货币资金”科目，贷记本科目。

（2）年末，将本科目本年发生额中的专项资金收入转入非财政拨款结转，借记本科

目下各专项资金收入明细科目，贷记“非财政拨款结转——本年收支结转”科目；将本科目本年发生额中的非专项资金收入转入其他结余，借记本科目下各非专项资金收入明细科目，贷记“其他结余”科目。

【例 4-6】 2024 年 4 月 25 日，某部属高校收到开户银行的到账通知，收到所在地某省级财政部门拨付本单位的一笔经费 50 000 000 元。该笔经费用于该省与该部属高校的共建发展。

该部属高校编制的会计分录如下：

财务会计：

借：银行存款	50 000 000	
贷：非同级财政拨款收入		50 000 000

预算会计：

借：资金结存——货币资金	50 000 000	
贷：非同级财政拨款预算收入		50 000 000

【例 4-7】 2023 年年末，某事业单位进行年终结算。本年度非同级财政拨款预算收入科目贷方余额为 30 000 000 元，其中专项收入明细科目余额为 20 000 000 元、非专项收入明细科目余额为 10 000 000 元；同时，非同级财政拨款收入科目贷方余额为 30 000 000 元。

该事业单位编制年终结转的会计分录如下：

财务会计：

借：非同级财政拨款收入	30 000 000	
贷：本期盈余		30 000 000

预算会计：

借：非同级财政拨款预算收入——专项收入	20 000 000	
贷：非财政拨款结转——本年收支结转		20 000 000
借：非同级财政拨款预算收入——非专项收入	10 000 000	
贷：其他结余		10 000 000

三、捐赠收入、利息收入、租金收入、其他收入和其他预算收入

（一）捐赠收入

捐赠收入是指单位接受其他单位或个人捐赠取得的收入。

1. 科目设置

为了核算捐赠收入业务，单位应设置“捐赠收入”总账科目。本科目应当按照捐赠资产的用途和捐赠单位等进行明细核算。期末结转后，本科目应无余额。

2. 账务处理

（1）接受捐赠的货币资金，按照实际收到的金额，借记“银行存款”“库存现金”等科目，贷记本科目。

（2）接受捐赠的存货、固定资产等非现金资产，按照确定的成本，借记“库存物品”“固定资产”等科目，按照发生的相关税费、运输费等，贷记“银行存款”等科目，按照其差额，贷记本科目。

（3）接受捐赠的资产按照名义金额入账的，按照名义金额，借记“库存物品”“固定

资产”等科目，贷记本科目；同时，按照发生的相关税费、运输费等，借记“其他费用”科目，贷记“银行存款”等科目。

（4）期末，将本科目本期发生额转入本期盈余，借记本科目，贷记“本期盈余”科目。

（二）利息收入

利息收入是指单位取得的银行存款利息收入。

1. 科目设置

为了核算利息收入业务，单位应设置“利息收入”总账科目。期末结转后，本科目应无余额。

2. 账务处理

（1）取得银行存款利息时，按照实际收到的金额，借记“银行存款”科目，贷记本科目。

（2）期末，将本科目本期发生额转入本期盈余，借记本科目，贷记“本期盈余”科目。

（三）租金收入

租金收入是指单位经批准利用国有资产出租取得并按照规定纳入本单位预算管理的租金收入。

1. 科目设置

为了核算租金收入业务，单位应设置“租金收入”总账科目。本科目应当按照出租国有资产类别和收入来源等进行明细核算。期末结转后，本科目应无余额。

2. 账务处理

（1）国有资产出租收入，应当在租赁期内各个期间按照直线法予以确认。

① 采用预收租金方式的，预收租金时，按照收到的金额，借记“银行存款”等科目，贷记“预收账款”科目；分期确认租金收入时，按照各期租金金额，借记“预收账款”科目，贷记本科目。

② 采用后付租金方式的，每期确认租金收入时，按照各期租金金额，借记“应收账款”科目，贷记本科目；收到租金时，按照实际收到的金额，借记“银行存款”等科目，贷记“应收账款”科目。

③ 采用分期收取租金方式的，每期收取租金时，按照租金金额，借记“银行存款”等科目，贷记本科目。

涉及增值税业务的，相关账务处理参见“应交增值税”科目。

（2）期末，将本科目本期发生额转入本期盈余，借记本科目，贷记“本期盈余”科目。

（四）其他收入

其他收入是指单位取得的除财政拨款收入、事业收入、上级补助收入、附属单位上缴收入、经营收入、非同级财政拨款收入、投资收益、捐赠收入、利息收入、租金收入以外的各项收入，包括现金盘盈收入、按照规定纳入单位预算管理的科技成果转化收入、行政单位收回已核销的其他应收款、无法偿付的应付及预收款项、置换换出资产评估增值等。

1. 科目设置

为了核算其他收入业务，单位应设置“其他收入”总账科目。本科目应当按照其他收入的类别、来源等进行明细核算。期末结转后，本科目应无余额。

2. 账务处理

（1）现金盘盈收入。

每日现金账款核对中发现的现金溢余，属于无法查明原因的部分，报经批准后，借记“待处理财产损溢”科目，贷记本科目。

（2）科技成果转化收入。

单位科技成果转化所取得的收入，按照规定留归本单位的，按照所取得收入扣除相关费用之后的净收益，借记“银行存款”等科目，贷记本科目。

（3）收回已核销的其他应收款。

行政单位已核销的其他应收款在以后期间收回的，按照实际收回的金额，借记“银行存款”等科目，贷记本科目。

（4）无法偿付的应付及预收款项。

无法偿付或债权人豁免偿还的应付账款、预收账款、其他应付款及长期应付款，借记“应付账款”“预收账款”“其他应付款”“长期应付款”等科目，贷记本科目。

（5）置换换出资产评估增值。

资产置换过程中，换出资产评估增值的，按照评估价值高于资产账面价值或账面余额的金额，借记有关科目，贷记本科目。具体账务处理参见“库存物品”等科目。

以未入账的无形资产取得的长期股权投资，按照评估价值加相关税费作为投资成本，借记“长期股权投资”科目，按照发生的相关税费，贷记“银行存款”“其他应交税费”等科目，按照其差额，贷记本科目。

（6）确认（1）至（5）以外的其他收入时，按照应收或实际收到的金额，借记“其他应收款”“银行存款”“库存现金”等科目，贷记本科目。涉及增值税业务的，相关账务处理参见“应交增值税”科目。

（7）期末，将本科目本期发生额转入本期盈余，借记本科目，贷记“本期盈余”科目。

（五）其他预算收入

其他预算收入是指单位除财政拨款预算收入、事业预算收入、上级补助预算收入、附属单位上缴预算收入、经营预算收入、债务预算收入、非同级财政拨款预算收入、投资预算收益以外的纳入部门预算管理的现金流入，包括捐赠预算收入、利息预算收入、租金预算收入、现金盘盈收入等。

1. 科目设置

为了核算其他预算收入业务，单位应设置“其他预算收入”总账科目。本科目应当按照其他收入类别、《政府收支分类科目》中“支出功能分类科目”的项级科目等进行明细核算。其他预算收入中如有专项资金收入，还应按照具体项目进行明细核算。单位发生的捐赠预算收入、利息预算收入、租金预算收入金额较大或业务较多的，可单独设置“6603 捐赠预算收入”“6604 利息预算收入”“6605 租金预算收入”等科目。年末结转后，本科目应无余额。

2. 账务处理

（1）接受捐赠现金资产、收到银行存款利息、收到资产承租人支付的租金时，按照实际收到的金额，借记“资金结存——货币资金”科目，贷记本科目。

（2）每日现金账款核对中如发现现金溢余，按照溢余的现金金额，借记“资金结存——货币资金”科目，贷记本科目。经核实，属于应支付给有关个人和单位的部分，按照实际支付的金额，借记本科目，贷记“资金结存——货币资金”科目。

（3）收到其他预算收入时，按照收到的金额，借记“资金结存——货币资金”科目，贷记本科目。

（4）年末，将本科目本年发生额中的专项资金收入转入非财政拨款结转，借记本科目下各专项资金收入明细科目，贷记“非财政拨款结转——本年收支结转”科目；将本科目本年发生额中的非专项资金收入转入其他结余，借记本科目下各非专项资金收入明细科目，贷记“其他结余”科目。

【例 4-8】 某省属医院接受乙公司捐赠的用于公共疫情防控的款项 800 000 元，现已到账。（注：该单位不单设“捐赠预算收入”总账科目）

该省属医院编制的会计分录如下：

财务会计：

借：银行存款	800 000	
贷：捐赠收入		800 000

预算会计：

借：资金结存——货币资金	800 000	
贷：其他预算收入——捐赠预算收入		800 000

【例 4-9】 某省属高校收到开户银行的到账通知书，本期银行存款利息 30 000 元，记入单位的银行账户。（注：该单位不单设“利息预算收入”总账科目）

该省属高校编制的会计分录如下：

财务会计：

借：银行存款	30 000	
贷：利息收入		30 000

预算会计：

借：资金结存——货币资金	30 000	
贷：其他预算收入——利息预算收入		30 000

【例 4-10】 某省属高校经同级政府财政部门批准，将房屋出租所取得的租金收入纳入单位预算管理。当月，取得房屋租金收入 500 000 元，现已存入银行账户。（注：该单位不单设“租金预算收入”总账科目）

该省属高校编制的会计分录如下：

财务会计：

借：银行存款	500 000	
贷：租金收入		500 000

预算会计：

借：资金结存——货币资金	500 000	

贷：其他预算收入——租金预算收入　　500 000

【例 4-11】 某事业单位盘盈现金 800 元。认真核查后，确属无法查明原因。经批准，作为单位的其他预算收入。

该事业单位编制的会计分录如下：

财务会计：

借：库存现金　　800

贷：其他收入　　800

预算会计：

借：资金结存——货币资金　　800

贷：其他预算收入——现金盘盈收入　　800

【例 4-12】 2023 年年末，某事业单位进行年终结算。经核算，其他预算收入科目贷方余额为 600 000 元，其中专项资金明细科目余额为 400 000 元、非专项资金明细科目余额为 200 000 元；同时，其他收入科目贷方余额为 600 000 元。

该事业单位编制年终结转的会计分录如下：

财务会计：

借：其他收入　　600 000

贷：本期盈余　　600 000

预算会计：

借：其他预算收入——专项收入　　400 000

贷：非财政拨款结转——本年收支结转　　400 000

借：其他预算收入——非专项收入　　200 000

贷：其他结余　　200 000

第三节　事业单位特有收入与预算收入

事业单位特有收入科目包括事业收入、上级补助收入、附属单位上缴收入、经营收入、投资收益。

事业单位特有预算收入科目包括事业预算收入、上级补助预算收入、附属单位上缴预算收入、经营预算收入、投资预算收益、债务预算收入。

一、事业收入和事业预算收入

事业收入是指事业单位开展专业业务活动及其辅助活动实现的收入，不包括从同级政府财政部门取得的各类财政拨款。

事业预算收入是指事业单位开展专业业务活动及其辅助活动取得的现金流入。事业单位因开展科研及其辅助活动从非同级政府财政部门取得的经费拨款，也属于事业预算收入。

（一）事业收入

1. 科目设置

由于不同行业的事业单位开展的专业业务活动及其辅助活动的具体内容不尽相同，因此不同行业事业单位的事业收入的种类也存在差异，如高等学校与医院的事业收入种类不同。

为了核算事业收入业务，事业单位应设置“事业收入”总账科目。本科目应当按照事业收入的类别、来源等进行明细核算。对于因开展科研及其辅助活动从非同级政府财政部门取得的经费拨款，应当在本科目下单设“非同级财政拨款”明细科目进行核算。期末结转后，本科目应无余额。

2. 账务处理

（1）采用财政专户返还方式管理的事业收入。

实现应上缴财政专户的事业收入时，按照实际收到或应收的金额，借记“银行存款”“应收账款”等科目，贷记“应缴财政款”科目。向财政专户上缴款项时，按照实际上缴的款项金额，借记“应缴财政款”科目，贷记“银行存款”等科目。收到从财政专户返还的事业收入时，按照实际收到的返还金额，借记“银行存款”等科目，贷记本科目。

（2）采用预收款方式确认的事业收入。

实际收到预收款项时，按照收到的款项金额，借记“银行存款”等科目，贷记“预收账款”科目。以合同完成进度确认事业收入时，按照基于合同完成进度计算的金额，借记“预收账款”科目，贷记本科目。

（3）采用应收款方式确认的事业收入。

根据合同完成进度计算本期应收的款项，借记“应收账款”科目，贷记本科目。实际收到款项时，借记“银行存款”等科目，贷记“应收账款”科目。

（4）其他方式下确认的事业收入。

按照实际收到的金额，借记“银行存款”“库存现金”等科目，贷记本科目。

上述（2）至（4）中涉及增值税业务的，相关账务处理参见“应交增值税”科目。

（5）期末结转事业收入。

期末，将本科目本期发生额转入本期盈余，借记本科目，贷记“本期盈余”科目。

（二）事业预算收入

1. 科目设置

为了核算事业预算收入业务，事业单位应设置“事业预算收入”总账科目。本科目应当按照事业预算收入类别、项目、来源、《政府收支分类科目》中“支出功能分类科目”的项级科目等进行明细核算。对于因开展科研及其辅助活动从非同级政府财政部门取得的经费拨款，应当在本科目下单设“非同级财政拨款”明细科目进行明细核算；事业预算收入中如有专项资金收入，还应按照具体项目进行明细核算。年末结转后，本科目应无余额。

2. 账务处理

（1）采用财政专户返还方式管理的事业预算收入，收到从财政专户返还的事业预算收入时，按照实际收到的返还金额，借记“资金结存——货币资金”科目，贷记本科目。

（2）收到其他事业预算收入时，按照实际收到的款项金额，借记“资金结存——货币资金”科目，贷记本科目。

（3）年末，将本科目本年发生额中的专项资金收入转入非财政拨款结转，借记本科目下各专项资金收入明细科目，贷记“非财政拨款结转——本年收支结转”科目；将本科目本年发生额中的非专项资金收入转入其他结余，借记本科目下各非专项资金收入明细科目，贷记“其他结余”科目。

【例4-13】 2024年1月，某事业单位收到从财政专户返还的事业预算收入300 000元，款项已存入单位的银行账户。

该事业单位编制的会计分录如下：

财务会计：

借：银行存款 300 000

　贷：事业收入 300 000

预算会计：

借：资金结存——货币资金 300 000

　贷：事业预算收入 300 000

【例4-14】 2024年3月，某事业单位开展专业业务活动收到服务费500 000元，款项已存入单位的银行账户。

该事业单位编制的会计分录如下：

财务会计：

借：银行存款 500 000

　贷：事业收入 500 000

预算会计：

借：资金结存——货币资金 500 000

　贷：事业预算收入 500 000

【例4-15】 2024年5月，某事业单位开展专业业务活动，从付款方预收一笔事业服务费800 000元，款项已存入单位的银行账户。

该事业单位编制的会计分录如下：

财务会计：

借：银行存款 800 000

　贷：预收账款 800 000

预算会计：

借：资金结存——货币资金 800 000

　贷：事业预算收入 800 000

【例4-16】 2024年年末，某事业单位进行年终结算。经核算，事业预算收入科目贷方余额为30 000 000元，其中专项收入明细科目余额为15 000 000元、非专项收入明细科目余额为15 000 000元；同时，事业收入科目贷方余额为50 000 000元。

该事业单位编制年终结转的会计分录如下：

财务会计：

借：事业收入 50 000 000

　贷：本期盈余 50 000 000

预算会计：

借：事业预算收入——专项收入　　15 000 000

　贷：非财政拨款结转——本年收支结转　　15 000 000

借：事业预算收入——非专项收入　　15 000 000

　贷：其他结余　　15 000 000

二、上级补助收入和上级补助预算收入

上级补助收入是指事业单位从主管部门和上级单位取得的非财政拨款收入。

上级补助预算收入是指事业单位从主管部门和上级单位取得的非财政补助现金流入。

小贴士

上级补助收入不同于财政补助收入。财政补助收入来源于同级政府财政部门，资金性质为财政资金；上级补助收入来源于主管部门或上级单位，资金性质为非财政资金，如主管部门或上级单位自身组织的收入或集中下级单位的收入等。另外，财政补助收入属于事业单位的常规性收入，是事业单位开展业务活动的基本保证；上级补助收入属于事业单位的非常规性收入，主管部门或上级单位一般根据自身的资金情况和事业单位的需要，向事业单位拨付上级补助资金。

（一）上级补助收入

1. 科目设置

为了核算上级补助收入业务，事业单位应设置“上级补助收入”总账科目。本科目应当按照发放补助单位、补助项目等进行明细核算。期末结转后，本科目应无余额。

2. 账务处理

（1）确认上级补助收入时，按照应收或实际收到的金额，借记“其他应收款”“银行存款”等科目，贷记本科目。实际收到应收的上级补助款时，按照实际收到的金额，借记“银行存款”等科目，贷记“其他应收款”科目。

（2）期末，将本科目本期发生额转入本期盈余，借记本科目，贷记“本期盈余”科目。

（二）上级补助预算收入

1. 科目设置

为了核算上级补助预算收入业务，事业单位应设置“上级补助预算收入”总账科目。本科目应当按照发放补助单位、补助项目、《政府收支分类科目》中“支出功能分类科目”的项级科目等进行明细核算。上级补助预算收入中如有专项资金收入，还应按照具体项目进行明细核算。年末结转后，本科目应无余额。

2. 账务处理

（1）收到上级补助预算收入时，按照实际收到的金额，借记“资金结存——货币资金”科目，贷记本科目。

（2）年末，将本科目本年发生额中的专项资金收入转入非财政拨款结转，借记本科

目下各专项资金收入明细科目，贷记“非财政拨款结转——本年收支结转”科目；将本科目本年发生额中的非专项资金收入转入其他结余，借记本科目下各非专项资金收入明细科目，贷记“其他结余”科目。

【例 4-17】 2024 年 3 月 15 日，某事业单位收到上级单位拨来的非财政补助 200 000 元，款项已到账。

该事业单位编制的会计分录如下：

财务会计：

借：银行存款	200 000	
贷：上级补助收入		200 000

预算会计：

借：资金结存——货币资金	200 000	
贷：上级补助预算收入		200 000

【例 4-18】 2024 年年末，某事业单位进行年终结算。经核算，上级补助预算收入科目贷方余额为 800 000 元，其中专项收入明细科目余额为 500 000 元、非专项收入明细科目余额为 300 000 元；同时，上级补助收入科目贷方余额为 800 000 元。

该事业单位编制年终结转的会计分录如下：

财务会计：

借：上级补助收入	800 000	
贷：本期盈余		800 000

预算会计：

借：上级补助预算收入——专项收入	500 000	
贷：非财政拨款结转——本年收支结转		500 000
借：上级补助预算收入——非专项收入	300 000	
贷：其他结余		300 000

三、附属单位上缴收入和附属单位上缴预算收入

附属单位上缴收入是指事业单位取得的附属独立核算单位按照有关规定上缴的收入。

附属单位上缴预算收入是指事业单位取得的附属独立核算单位根据有关规定上缴的现金流入。

事业单位的附属独立核算单位可能是事业单位，也可能是企业。事业单位的附属独立核算单位通常按规定的标准或比例向事业单位上缴款项，从而形成事业单位的附属单位上缴收入。事业单位的附属单位上缴收入包括附属的事业单位上缴的收入和附属的企业上缴的利润等。

（一）附属单位上缴收入

1. 科目设置

为了核算附属单位上缴收入业务，事业单位应设置“附属单位上缴收入”总账科目。本科目应当按照附属单位、缴款项目等进行明细核算。期末结转后，本科目应无余额。

2. 账务处理

（1）确认附属单位上缴收入时，按照应收或实际收到的金额，借记“其他应收款”

“银行存款”等科目，贷记本科目。实际收到应收的附属单位上缴款时，按照实际收到的金额，借记“银行存款”等科目，贷记“其他应收款”科目。

（2）期末，将本科目本期发生额转入本期盈余，借记本科目，贷记“本期盈余”科目。

（二）附属单位上缴预算收入

1. 科目设置

为了核算附属单位上缴预算收入业务，事业单位应设置“附属单位上缴预算收入”总账科目。本科目应当按照附属单位、缴款项目、《政府收支分类科目》中“支出功能分类科目”的项级科目等进行明细核算。附属单位上缴预算收入中如有专项资金收入，还应按照具体项目进行明细核算。年末结转后，本科目应无余额。

2. 账务处理

（1）收到附属单位缴来款项时，按照实际收到的金额，借记“资金结存——货币资金”科目，贷记本科目。

（2）年末，将本科目本年发生额中的专项资金收入转入非财政拨款结转，借记本科目下各专项资金收入明细科目，贷记“非财政拨款结转——本年收支结转”科目；将本科目本年发生额中的非专项资金收入转入其他结余，借记本科目下各非专项资金收入明细科目，贷记“其他结余”科目。

【例 4-19】 某事业单位收到下属单位（属于独立核算的事业法人）上缴收入 800 000 元，款项已到账。

该事业单位编制的会计分录如下：

财务会计：

借：银行存款	800 000	
贷：附属单位上缴收入		800 000

预算会计：

借：资金结存——货币资金	800 000	
贷：附属单位上缴预算收入		800 000

【例 4-20】 2024 年年末，某事业单位进行年终结算。经核算，附属单位上缴预算收入科目贷方余额为 500 000 元，均为非专项收入；附属单位上缴收入科目贷方余额为 600 000 元。

该事业单位编制年终结转的会计分录如下：

财务会计：

借：附属单位上缴收入	600 000	
贷：本期盈余		600 000

预算会计：

借：附属单位上缴预算收入——非专项收入	500 000	
贷：其他结余		500 000

四、经营收入和经营预算收入

经营收入是指事业单位在专业业务活动及其辅助活动之外开展非独立核算经营活动取得的收入。

经营预算收入是指事业单位在专业业务活动及其辅助活动之外开展非独立核算经营活动取得的现金流入。

（一）经营收入

1. 科目设置

为了核算经营收入业务，事业单位应设置“经营收入”总账科目。本科目应当按照经营活动类别、项目和收入来源等进行明细核算。期末结转后，本科目应无余额。

2. 账务处理

经营收入应当在提供服务或发出存货，同时收讫价款或取得索取价款的凭据时，按照实际收到或应收的金额予以确认。

（1）实现经营收入时，按照确定的收入金额，借记“银行存款”“应收账款”“应收票据”等科目，贷记本科目。涉及增值税业务的，相关账务处理参见“应交增值税”科目。

（2）期末，将本科目本期发生额转入本期盈余，借记本科目，贷记“本期盈余”科目。

（二）经营预算收入

1. 科目设置

为了核算经营预算收入业务，事业单位应设置“经营预算收入”总账科目。本科目应当按照经营活动类别、项目、《政府收支分类科目》中“支出功能分类科目”的项级科目等进行明细核算。年末结转后，本科目应无余额。

2. 账务处理

（1）收到经营预算收入时，按照实际收到的金额，借记“资金结存——货币资金”科目，贷记本科目。

（2）年末，将本科目本年发生额转入经营结余，借记本科目，贷记“经营结余”科目。

【例 4-21】 某事业单位开展一项非独立核算的经营活动，取得经营收入 20 000 元，款项已存入单位的银行账户。不考虑增值税业务。

该事业单位编制的会计分录如下：

财务会计：

借：银行存款　　20 000

　贷：经营收入　　20 000

预算会计：

借：资金结存——货币资金　　20 000

　贷：经营预算收入　　20 000

【例 4-22】 2024 年年末，某事业单位进行年终结算。经核算，经营预算收入科目贷方余额为 5 000 000 元，经营收入科目贷方余额为 6 000 000 元。

该事业单位编制年终结转的会计分录如下：

财务会计：

借：经营收入　　6 000 000

　贷：本期盈余　　6 000 000

预算会计：

借：经营预算收入　　5 000 000

　贷：经营结余　　5 000 000

五、投资收益和投资预算收益

投资收益是指事业单位股权投资和债券投资所实现的收益或发生的损失。

投资预算收益是指事业单位取得的按照规定纳入部门预算管理的属于投资收益性质的现金流入，包括股权投资收益、出售或收回债券投资所取得的收益和债券投资利息收入。

（一）投资收益

1. 科目设置

为了核算投资收益业务，事业单位应设置“投资收益”总账科目。本科目应当按照投资的种类等进行明细核算。期末结转后，本科目应无余额。

2. 账务处理

（1）收到短期投资持有期间的利息，按照实际收到的金额，借记“银行存款”科目，贷记“投资收益”科目。

（2）出售或到期收回短期债券本息，按照实际收到的金额，借记“银行存款”科目，按照出售或收回短期投资的成本，贷记“短期投资”科目，按照其差额，贷记或借记本科目。涉及增值税业务的，相关账务处理参见“应交增值税”科目。

（3）持有的分期付息、一次还本的长期债券投资，按期确认利息收入时，按照计算确定的应收未收利息，借记“应收利息”科目，贷记本科目；持有的到期一次还本付息的长期债券投资，按期确认利息收入时，按照计算确定的应收未收利息，借记“长期债券投资——应计利息”科目，贷记本科目。

（4）出售长期债券投资或到期收回长期债券投资本息，按照实际收到的金额，借记“银行存款”等科目，按照债券初始投资成本和已计未收利息金额，贷记“长期债券投资——成本、应计利息”科目（到期一次还本付息债券）或“长期债券投资”“应收利息”科目（分期付息债券），按照其差额，贷记或借记本科目。涉及增值税业务的，相关账务处理参见“应交增值税”科目。

（5）采用成本法核算的长期股权投资持有期间，被投资单位宣告分派现金股利或利润时，按照宣告分派的现金股利或利润中属于单位应享有的份额，借记“应收股利”科目，贷记本科目。采用权益法核算的长期股权投资持有期间，按照应享有或应分担的被投资单位实现的净损益的份额，借记或贷记“长期股权投资——损益调整”科目，贷记或借记本科目；被投资单位发生净亏损，但以后年度又实现净利润的，单位在其收益分享额弥补未确认的亏损分担额等后，恢复确认投资收益，借记“长期股权投资——损益调整”科目，贷记本科目。

（6）按照规定处置长期股权投资时，有关投资收益的账务处理参见“长期股权投资”科目。

（7）期末，将本科目本期发生额转入本期盈余，借记或贷记本科目，贷记或借记“本期盈余”科目。

（二）投资预算收益

1. 科目设置

为了核算投资预算收益业务，事业单位应设置“投资预算收益”总账科目。本科目应当按照《政府收支分类科目》中“支出功能分类科目”的项级科目等进行明细核算。年末结转后，本科目应无余额。

2. 账务处理

（1）出售或到期收回本年度取得的短期、长期债券，按照实际取得的价款或实际收到的本息金额，借记“资金结存——货币资金”科目，按照取得债券时“投资支出”科目的发生额，贷记“投资支出”科目，按照其差额，贷记或借记本科目。

出售或到期收回以前年度取得的短期、长期债券，按照实际取得的价款或实际收到的本息金额，借记“资金结存——货币资金”科目，按照取得债券时“投资支出”科目的发生额，贷记“其他结余”科目，按照其差额，贷记或借记本科目。

（2）持有的短期投资及分期付息、一次还本的长期债券投资收到利息时，按照实际收到的金额，借记“资金结存——货币资金”科目，贷记本科目。

（3）持有长期股权投资取得被投资单位分派的现金股利或利润时，按照实际收到的金额，借记“资金结存——货币资金”科目，贷记本科目。

（4）出售、转让以非货币性资产取得的长期股权投资时，按照实际取得的价款扣减支付的相关费用和应缴财政款后的余额（按照规定纳入单位预算管理的），借记“资金结存——货币资金”科目，贷记本科目。

（5）年末，将本科目本年发生额转入其他结余，借记或贷记本科目，贷记或借记“其他结余”科目。

【例 4-23】 某事业单位拥有一家独立出资设立的出版公司，收到出版公司的利润分红 500 000 元，款项已到账。（注：按照权益法，该笔利润分红在出版公司实现盈利时就已经确认应收股利）

该事业单位编制的会计分录如下：

财务会计：

借：银行存款	500 000	
贷：应收股利		500 000

预算会计：

借：资金结存——货币资金	500 000	
贷：投资预算收益		500 000

【例 4-24】 2024 年年末，某事业单位进行年终结算。经核算，投资预算收益科目贷方余额为 200 000 元，投资收益科目贷方余额为 300 000 元。

该事业单位编制年终结转的会计分录如下：

财务会计：

借：投资收益	300 000	
贷：本期盈余		300 000

预算会计：

借：投资预算收益	200 000	

贷：其他结余　　200 000

六、债务预算收入

债务预算收入是指事业单位按照规定从银行和其他金融机构等借入的、纳入部门预算管理的、不以财政资金为偿还来源的债务本金。

（一）科目设置

为了核算债务预算收入业务，事业单位应设置“债务预算收入”总账科目。本科目应当按照贷款单位、贷款种类、《政府收支分类科目》中“支出功能分类科目”的项级科目等进行明细核算。债务预算收入中如有专项资金收入，还应按照具体项目进行明细核算。年末结转后，本科目应无余额。

（二）账务处理

（1）借入各项短期或长期借款时，按照实际借入的金额，借记“资金结存——货币资金”科目，贷记本科目。

（2）年末，将本科目本年发生额中的专项资金收入转入非财政拨款结转，借记本科目下各专项资金收入明细科目，贷记“非财政拨款结转——本年收支结转”科目；将本科目本年发生额中的非专项资金收入转入其他结余，借记本科目下各非专项资金收入明细科目，贷记“其他结余”科目。

【例 4-25】　某事业单位经批准向银行借入一笔 3 年期贷款 5 000 000 元。

该事业单位编制的会计分录如下：

财务会计：

借：银行存款　　5 000 000

　贷：长期借款　　5 000 000

预算会计：

借：资金结存——货币资金　　5 000 000

　贷：债务预算收入　　5 000 000

【例 4-26】　2024 年年末，某事业单位进行年终结算。经核算，债务预算收入科目贷方余额为 8 000 000 元，均为专项收入。

该事业单位编制年终结转的会计分录如下：

财务会计：无。

预算会计：

借：债务预算收入——专项收入　　8 000 000

　贷：非财政拨款结转——本年收支结转　　8 000 000

思政园地

会计职业道德案例分析（一）

一、国有银行财务人员的“发财梦”

王某，23 岁，大学毕业后进入某市国有银行国债服务部，担任柜台出纳，兼任金库保管员。5 月 11 日，王某偷偷从金库中取出国库券 30 万元。4 个月后，王某见无人知晓，胆子大了起来，又取出 50 万元国库券，通过证券公司融资回购方法，折借人民币 89.91 万元用来炒股，没想到赔了钱。王某在无力返还单位国库券的情况下，索性于 12 月 14 日和 15 日，将金库中剩余的 14.03 万元国库券和股市上所有的 73.70 万元人民币全部取出后潜逃，用化名在该市一处民房租住隐匿。至案发前，王某共贪污国库券 94.03 万元，折合人民币 118.51 万元。案发后，当地人民检察院立案侦查，王某迫于各种压力，于次年 1 月 8 日投案自首，检察院依法提起公诉。

从以上案例可以看出，犯罪嫌疑人王某年轻，有学历，刚毕业就被安排在比较重要的岗位上工作，但其非但不勤恳敬业，反而贪欲膨胀，胆大妄为。从学校刚刚走上工作岗位就犯罪，说明其在学校缺乏会计职业道德教育，没有丝毫法治观念和会计职业道德观念，内心深处没有构筑道德防线，或者说道德防线十分脆弱，不堪一击。从会计人员职业道德规范的角度分析，其违背了“坚持诚信，守法奉公”等会计人员职业道德规范。此案例也说明了建立单位内部控制制度的重要性。

二、街道办会计 7 年的百万“额外收入”

2019 年 3 月 18 日，河北省邢台市桥西区（现信都区）纪委监委宣布对蒋琴（化名）采取留置措施。核查结果令办案人员感到意外，7 年多时间里，蒋琴通过虚增工资总额等手段，贪污公款近 160 万元。

第一次套取工资 10 元钱作为试探。2010 年 3 月起，蒋琴出任会计一职。随后的一年，儿子的出生让家庭开销迅速增多，蒋琴的个人消费需求开始得不到满足。一次领导离任前的审计让她对公款动起了心思。2011 年 7 月，桥西区审计局对街道办账目进行审计。蒋琴发现，审计人员主要核实报销票据和个人工资发放情况，对工资合计数却一瞟而过。蒋琴想，审计人员应是默认合计数由公式自动加和生成，如果保证每人工资准确，手动虚增合计数，别人可能很难发现。与蒋琴搭班的出纳年纪大，不会操作电脑网银，制表和发放多由蒋琴一人完成，这给她实施贪污提供了方便。

街道办当时聘了三名计生小组长，每人每月固定工资 300 元。2011 年 10 月，一名计生小组长因报表不及时被扣了 10 元，当月应发共计 890 元，蒋琴却仍按 900 元上报。不出蒋琴所料，单位领导并没有发现这张工资单的异常，顺利签字通过。2 个月后，没有任何人关注到单位账上这多余的 10 元钱，蒋琴决定正式套取公款。这个月，她通过虚增工资和取暖费总额骗取了 6 500 元。

有了第一次，蒋琴再也控制不住伸向公款的手。贪欲让她的胆子越来越大，手段也越来越多样。最初，蒋琴每月的“额外收入”在 2 000 元至 4 000 元不等，2015 年提高到 25 000 元。急用钱时，她还伪造临时工工资表，或者冒用已调离人员之名，再给自己“多发”一些。

买车买房、网购金额过百万元。贪污金额越来越大，蒋琴从担心、纠结变得害怕、悔恨。特别是党的十八大以后，反腐败力度不断加大，有一次街道办开展警示教育，用的就是会计贪污的案例，蒋琴听后很受触动。但这时的她已经无法停手，虚增钱数越来越多，工资总额一旦恢复正常就会被人发现；同时，她也不敢调动工作、更换岗位，换一个会计，事情就会立刻暴露。收不能收，躲无处躲，焦虑不堪的蒋琴精神压力不断加大，个人消费则持续走高。有同事注意到，蒋琴用的名牌化妆品渐渐多起来，连脚上的袜子都是几十元一双的名牌。她还用贪污款购买了一套公寓和一辆新车，美容消费 10 万余元，手机记录的网购金额更是高达 100 多万元。

2019 年，因为贪污，蒋琴被开除党籍、开除公职，还将面临法律的制裁。直到案发，蒋琴的家人才知道她这些年的所作所为。

蒋琴之所以在单位监守自盗，一方面是因为她主观上起了歹意，另一方面是因为单位财务制度不完善，给了她可乘之机。目前，仍有不少单位忙于事务管理而疏于财务管理，留下隐患。要管好国有资产，避免造成损失。“一粥一饭，当思来处不易；半丝半缕，恒念物力维艰。”

三、案例启示

目前，相关单位会计职业道德教育状况不容乐观：一是在内部培训课程设置上没有把职业道德教育放在应有的位置上，没有将职业道德教育作为一门单独的课程纳入职业能力提升中；二是仅重视专业技能培养，而忽视向会计人员灌输职业道德观念、风险意识、保密意识和责任意识等，导致部分会计人员虽然具有较高的会计专业理论和技能，但会计法治观念和会计职业道德观念相对缺乏。鉴于此，用人单位既要充分认识到会计人员学习职业道德教育课程的重要性，也要开展好会计职业道德教育。对于会计职业情感、道德观念、是非善恶判断标准，会计人员在入职时就要加强学习。开展好会计职业道德教育，能够促进会计队伍预备人员将会计职业道德要求转化为内在的会计职业道德品质，把会计人员职业道德规范变成未来执业活动中遵循的信念和标准，从而对潜在会计人员的职业道德水准起基础性保障作用。

扫一扫

加大法律责任追究力度 为防范遏制会计违法行为提供有力法治保障——新会计法系列解读之六

思考题

1. 什么是收入？什么是预算收入？收入与预算收入有什么区别和联系？

2. 行政单位与事业单位的预算收入之间的区别是什么？

3. 行政单位的预算收入会计科目有哪些？事业单位的预算收入会计科目有哪些？行政单位与事业单位共用的预算收入会计科目有哪些？

4. 行政单位的收入会计科目有哪些？事业单位的收入会计科目有哪些？行政单位与事业单位共用的收入会计科目有哪些？

5. 财政拨款收入与非同级财政拨款收入有什么区别？

6. 事业单位的上级补助收入和附属单位上缴收入有什么区别？

本章同步练习

一、单项选择题

1. 财政拨款收入是指单位从同级政府财政部门取得的各类（　　）。

A. 业务收入　B. 返还收入　C. 财政拨款　D. 预算外收入

2. 下列不属于“其他收入”科目核算内容的是（　　）。

A. 无法查明原因的现金盘盈　B. 长期债券投资的利息收入

C. 无法偿付的应付账款　D. 置换换出的资产评估增值

3. 事业单位收到从财政专户返还的款项，应计入（　　）。

A. 其他收入　B. 财政拨款收入

C. 事业收入　D. 上级补助收入

4. 事业单位短期投资持有期间取得的收益，应计入（　　）。

A. 事业收入　B. 其他收入　C. 投资收益　D. 短期投资

5. 上级补助收入是指事业单位从上级单位取得的（　　）。

A. 财政预算资金　B. 非财政补助资金

C. 返还款项　D. 其他收入

6. 公立大学附属独立核算的校办工厂将纯收入的一部分上缴学校，应计入（　　）。

A. 经营收入　B. 事业收入

C. 附属单位上缴收入　D. 其他收入

7. 单位的共同收入类科目不包括（　　）。

A. 财政拨款收入　B. 投资收益

C. 租金收入　D. 其他收入

8. 下列不属于事业单位预算收入类科目的是（　　）。

A. 其他收入　B. 投资预算收益

C. 经营预算收入　D. 事业预算收入

9. “财政拨款预算收入”科目需要按照《政府收支分类科目》中“支出功能分类科目”的（　　）科目进行明细核算。

A. 类级　B. 款级　C. 项级　D. 目级

10. “财政拨款预算收入”年末应结转至（　　）科目。

A. 本期盈余　B. 财政拨款结转

C. 非财政拨款结转　D. 累计盈余

11. “非同级财政拨款预算收入”年末余额可能转入（　　）。

A. 本年盈余分配　B. 其他结余

C. 财政拨款结转　D. 经营结余

12. “事业预算收入”科目核算事业单位开展（　　）的现金流入。

A. 非独立核算经营活动　B. 专业业务活动

C. 对外投资活动　D. 贷款活动

13. 下列科目年末余额，应转入“经营结余”的是（　　）。

A. 经营收入　　B. 经营费用

C. 经营预算收入　　D. 投资预算收益

二、多项选择题

1. 下列属于单位“其他收入”科目核算内容的有（　　）。

A. 外单位捐赠的货币资金　　B. 银行存款的利息收入

C. 无法查明原因的现金溢余　　D. 无偿调入的存货

E. 无法偿付的应付账款

2. 单位的共同收入类科目包括（　　）。

A. 财政拨款收入　　B. 上级补助收入

C. 经营收入　　D. 其他收入

E. 利息收入

3. 下列属于事业单位的收入类科目的有（　　）。

A. 财政拨款收入　　B. 上级补助收入

C. 附属单位上缴收入　　D. 经营收入

E. 捐赠收入

4. 下列属于事业单位的预算收入类科目的有（　　）。

A. 财政拨款收入　　B. 其他预算收入

C. 利息收入　　D. 事业预算收入

E. 债务预算收入

5. 下列属于行政单位的预算收入类科目的有（　　）。

A. 投资预算收益　　B. 财政拨款预算收入

C. 其他预算收入　　D. 非同级财政拨款收入

E. 附属单位上缴预算收入

三、判断题

1. “财政拨款收入”科目，年终结转后，一般无余额。（　　）

2. “其他收入”科目，年终结转后，一般无余额。（　　）

3. 年末，“非同级财政拨款预算收入”科目发生额中的专项资金收入应转入“非财政拨款结转”科目。（　　）

4. 其他预算收入主要包括捐赠预算收入、利息预算收入、租金预算收入、现金盘盈收入等。（　　）

5. 单位发生的捐赠预算收入、租金预算收入金额较大的，可单独设置“捐赠预算收入”“租金预算收入”科目进行核算。（　　）

6. “事业预算收入”科目应按照“支出功能分类科目”的款级科目进行明细核算。（　　）

7. 年末，“经营预算收入”本年发生额应全部结转至“其他结余”科目。（　　）

8. 事业单位的经营收入是独立核算的经营活动所取得的收入。（　　）

9. 年终结转时，将“其他收入”科目贷方余额全部转入“经营结余”科目。（　　）

四、业务题

1. 某行政单位发生以下经济业务：

（1）以实拨资金方式收到财政部门拨款 850 000 元。

（2）通过国库集中支付方式支付会议费 35 000 元。

（3）收到上级政府财政部门拨来的专项经费 500 000 元，款项已存入银行。

（4）在现金账款核对中发现现金溢余 50 元。因无法查明原因，报经批准后转入其他收入。

（5）年末，财政部门批准的本年度预算指标数大于当年实际支付数的差额中允许结转使用的金额为 135 000 元。

要求：根据上述业务编制相应的会计分录。

2. 某事业单位 2024 年 12 月发生的部分经济业务如下：

（1）取得存款利息收入 2 000 元，款项已存入银行。

（2）收到某企业捐赠的货币资金 300 000 元，款项已存入银行。

（3）取得租金收入 10 000 元，款项已存入银行。

（4）年终，将“捐赠收入”科目贷方余额 200 000 元结转。

（5）年终，将“利息收入”科目贷方余额 50 000 元结转。

（6）年终，将“租金收入”科目贷方余额 450 000 元结转。

要求：根据上述业务编制相应的会计分录。

3. 某行政单位发生以下经济业务：

（1）通过国库集中支付方式，支付在职职工薪酬 5 000 000 元。

（2）收到“财政授权支付额度到账通知书”，本期取得零余额账户用款额度 78 000 元。

（3）收到银行利息收入通知，本期利息收入 3 400 元已存入银行。

（4）收到出租会议室租金收入 6 000 元，款项已存入银行。

（5）出售废旧报纸和杂志，收到现金 300 元。

（6）收到上级主管部门下拨的用于完成专项任务的资金 10 万元，款项已存入银行。

（7）收回已核销的其他应收款 1 500 元，款项已存入银行。

要求：根据上述业务编制预算会计下的相应会计分录。

4. 某事业单位 2024 年 5 月发生以下经济业务：

（1）通过国库集中支付方式，支付固定资产购买价款 520 000 元，固定资产已经验收入库。

（2）收到“财政授权支付额度到账通知书”，本月取得零余额账户用款额度 740 000 元。

（3）收到上级主管单位拨入的经费拨款 50 000 元，款项已存入银行。

（4）开展专业业务活动取得事业收入 8 300 000 元，款项已存入银行。该款项应上缴财政专户管理。

（5）按规定，开展专业业务活动取得的事业收入中 60% 上缴财政专户，40% 归事业单位所有。应上缴的款项已通过银行上缴。

（6）收到附属独立核算单位上缴的款项 88 000 元，款项已存入银行。

（7）收到债券投资的利息收入 1 800 元，款项已存入银行。

要求：根据上述业务编制相应的会计分录。

第五章

费用与预算支出的核算

学习目标

1. 熟悉政府会计中费用与预算支出的概念、分类及确认。
2. 掌握行政单位和事业单位费用与预算支出的区别和联系。
3. 掌握行政单位和事业单位费用与预算支出的内容。
4. 掌握单位各项费用与预算支出业务的会计核算。

扫一扫

费用与预算支出类账务处理

第一节 费用与预算支出概述

在政府会计中，费用属于财务会计要素，预算支出属于预算会计要素。费用与预算支出在基本概念、具体种类、确认和计量方法方面有一定的联系，但也存在明显的区别。

一、费用与预算支出的概念

（一）费用的概念

费用是指报告期内导致政府会计主体净资产减少的、含有服务潜力或经济利益的经济资源的流出。

（二）预算支出的概念

预算支出是指政府会计主体在预算年度内依法发生并纳入预算管理的现金流出。

二、费用与预算支出的分类

（一）费用的分类

单位的费用按照不同的资源耗费目的和内容，分为业务活动费用、单位管理费用、经营费用、资产处置费用、上缴上级费用、对附属单位补助费用、所得税费用、其他费用。

（二）预算支出的分类

单位的预算支出按照不同的资金用途，分为行政支出、事业支出、经营支出、上缴上级支出、对附属单位补助支出、投资支出、债务还本支出、其他支出。

三、费用与预算支出的确认

（一）费用的确认

单位的费用应当按照权责发生制进行核算。费用的确认应当同时满足以下条件：① 与费用相关的含有服务潜力或经济利益的经济资源很可能流出政府会计主体；② 含有服务潜力或经济利益的经济资源流出会导致政府会计主体资产减少或负债增加；③ 流出金额能够可靠地计量。符合费用定义和费用确认条件的项目，应当列入收入费用表。

（二）预算支出的确认

单位的预算支出应当按照收付实现制进行核算。预算支出一般在实际支付时予以确认，以实际支付的金额计量。符合预算支出定义及其确认条件的项目，应当列入预算收入支出表。

第二节 行政事业单位共用费用与预算支出

行政单位和事业单位共用的费用科目包括业务活动费用、资产处置费用和其他费用等。

行政单位和事业单位共用的预算支出科目是其他支出。

一、业务活动费用

业务活动费用是指单位为实现其职能目标，依法履职或开展专业业务活动及其辅助活动所发生的各项费用。

（一）科目设置

为了核算业务活动费用业务，单位应设置“业务活动费用”总账科目。本科目应当按照项目、服务或业务类别、支付对象等进行明细核算。为了满足成本核算需要，本科目下还可按照“工资福利费用”“商品和服务费用”“对个人和家庭的补助费用”“对企业补助费用”“固定资产折旧费”“无形资产摊销费”“公共基础设施折旧（摊销）费”“保障性住房折旧费”“计提专用基金”等成本项目设置明细科目，归集能够直接计入业务活动或采用一定方法计算后计入业务活动的费用。期末结转后，本科目应无余额。

（二）账务处理

（1）为履职或开展业务活动人员计提的薪酬，按照计算确定的金额，借记本科目，贷记“应付职工薪酬”科目。

（2）为履职或开展业务活动发生的外部人员劳务费，按照计算确定的金额，借记本科目，按照代扣代缴个人所得税的金额，贷记“其他应交税费——应交个人所得税”科目，按照扣税后应付或实际支付的金额，贷记“其他应付款”“财政拨款收入”“银行存款”等科目。

（3）为履职或开展业务活动领用库存物品，以及动用发出相关政府储备物资，按照领用库存物品或发出相关政府储备物资的账面余额，借记本科目，贷记“库存物品”“政府储备物资”科目。

(4) 为履职或开展业务活动所使用的固定资产、无形资产及为所控制的公共基础设施、保障性住房计提的折旧、摊销，按照计提金额，借记本科目，贷记“固定资产累计折旧”“无形资产累计摊销”“公共基础设施累计折旧（摊销）”“保障性住房累计折旧”科目。

(5) 为履职或开展业务活动发生的城市维护建设税、教育费附加、地方教育附加、车船税、房产税、城镇土地使用税等，按照计算确定应交纳的金额，借记本科目，贷记“其他应交税费”等科目。

(6) 为履职或开展业务活动发生其他各项费用时，按照费用确认金额，借记本科目，贷记“财政拨款收入”“银行存款”“应付账款”“其他应付款”“其他应收款”等科目。

(7) 按照规定从收入中提取专用基金并计入费用的，一般按照预算会计下基于预算收入计算提取的金额，借记本科目，贷记“专用基金”科目。国家另有规定的，从其规定。

(8) 发生当年购货退回等业务，对于已计入本年业务活动费用的，按照收回或应收的金额，借记“财政拨款收入”“银行存款”“其他应收款”等科目，贷记本科目。

(9) 期末，将本科目本期发生额转入本期盈余，借记“本期盈余”科目，贷记本科目。

本科目预算会计的具体核算参见预算支出相关的核算。

【例 5-1】 某事业单位为开展专业业务活动人员计提当月薪酬 600 000 元，应代扣个人所得税 16 000 元；向外部聘任人员支付当月劳务费 12 000 元，应代扣个人所得税 900 元。数日后，将代扣个人所得税后的职工薪酬与劳务费通过国库集中支付方式转入个人银行账户。

该事业单位编制的会计分录如下：

(1) 在计提职工薪酬与劳务费时

财务会计：

借：业务活动费用	612 000	
贷：应付职工薪酬		600 000
其他应付款		12 000

预算会计：无。

(2) 在代扣个人所得税时

财务会计：

借：应付职工薪酬	16 000	
其他应付款	900	
贷：其他应交税费——应交个人所得税		16 900

预算会计：无。

(3) 支付税后职工薪酬与劳务费时

财务会计：

借：应付职工薪酬	584 000	
其他应付款	11 100	

贷：财政拨款收入 595 100

预算会计：

借：事业支出 595 100

贷：财政拨款预算收入 595 100

【例 5-2】 某事业单位为开展专业业务活动，领用一批库存物品，该批库存物品的账面余额为 5 800 元。

该事业单位编制的会计分录如下：

财务会计：

借：业务活动费用 5 800

贷：库存物品 5 800

预算会计：无。

【例 5-3】 某行政单位因救灾的需要，紧急发出一批无须收回的政府储备物资，该批政府储备物资的成本为 360 000 元。

该行政单位编制的会计分录如下：

借：业务活动费用 360 000

贷：政府储备物资 360 000

预算会计：无。

【例 5-4】 某行政单位对本月新增加的计算机计提折旧，该批计算机原价 90 000 元，按照现行制度规定，其折旧年限为 6 年。

该行政单位编制的会计分录如下：

财务会计：

借：业务活动费用 1 250

贷：固定资产累计折旧 1 250

预算会计：无。

【例 5-5】 某事业单位在开展专业业务活动过程中，发生应交城市维护建设税 14 000 元和教育费附加 6 000 元。

该事业单位编制的会计分录如下：

财务会计：

借：业务活动费用 20 000

贷：其他应交税费——应交城市维护建设税 14 000

——应交教育费附加 6 000

预算会计：无。

【例 5-6】 某事业单位月末结转“业务活动费用”科目本期发生额 1 200 000 元。

该事业单位编制的会计分录如下：

财务会计：

借：本期盈余 1 200 000

贷：业务活动费用 1 200 000

预算会计：无。

二、资产处置费用

资产处置费用是指单位经批准处置资产时发生的费用，包括转销的被处置资产价值，以及在处置过程中发生的相关费用或处置收入小于相关费用形成的净支出。资产处置的形式按照规定包括无偿调拨、出售、出让、转让、置换、对外捐赠、报废、毁损及货币性资产损失核销等。

（一）科目设置

为了核算资产处置费用业务，单位应设置“资产处置费用”总账科目。单位在资产清查中查明的资产盘亏、毁损及资产报废等，应当先通过“待处理财产损溢”科目进行核算，再将处理资产价值和处理净支出计入本科目。短期投资、长期股权投资、长期债券投资的处置，按照相关资产科目的规定进行账务处理。本科目应当按照处置资产的类别、资产处置的形式等进行明细核算。期末结转后，本科目应无余额。

（二）账务处理

1. 不通过“待处理财产损溢”科目核算的资产处置

（1）按照规定报经批准处置资产时，按照处置资产的账面价值，借记本科目［处置固定资产、无形资产、公共基础设施、保障性住房的，还应借记“固定资产累计折旧”“无形资产累计摊销”“公共基础设施累计折旧（摊销）”“保障性住房累计折旧”科目］，按照处置资产的账面余额，贷记“库存物品”“固定资产”“无形资产”“公共基础设施”“政府储备物资”“文物资源”“保障性住房”“其他应收款”“在建工程”等科目。

（2）处置资产过程中仅发生相关费用的，按照实际发生金额，借记本科目，贷记“银行存款”“库存现金”等科目。

（3）处置资产过程中取得收入的，按照取得的价款，借记“库存现金”“银行存款”等科目，按照处置资产过程中发生的相关费用，贷记“银行存款”“库存现金”等科目，按照其差额，借记本科目或贷记“应缴财政款”等科目。

涉及增值税业务的，相关账务处理参见“应交增值税”科目。

2. 通过“待处理财产损溢”科目核算的资产处置

（1）单位账款核对中发现的现金短缺，属于无法查明原因的，报经批准核销时，借记本科目，贷记“待处理财产损溢”科目。

（2）单位资产清查过程中盘亏或毁损、报废的存货、固定资产、无形资产、公共基础设施、政府储备物资、文物资源、保障性住房等，报经批准处理时，按照处理资产价值，借记本科目，贷记“待处理财产损溢——待处理财产价值”科目。处理收支结清时，处理过程中所取得收入小于所发生相关费用的，按照相关费用减去处理收入后的净支出，借记本科目，贷记“待处理财产损溢——处理净收入”科目。

期末，将本科目本期发生额转入本期盈余，借记“本期盈余”科目，贷记本科目。

本科目预算会计的具体核算参见预算支出相关的核算。

【例 5-7】 某事业单位发现现金短缺 300 元，无法查明原因。报经批准后，予以核销。该事业单位编制的会计分录如下：

（1）发现现金短缺时

财务会计：

借：待处理财产损溢 300
　贷：库存现金 300
预算会计：
借：其他支出 300
　贷：资金结存——货币资金 300
（2）经批准核销时
财务会计：
借：资产处置费用 300
　贷：待处理财产损溢 300
预算会计：无。

【例 5-8】 承【例 5-7】，经核查，该笔现金短缺是财务人员吴某个人失误所致，现要求吴某予以赔偿。

该事业单位编制的会计分录如下：
（1）要求吴某赔偿，但款项尚未支付时
财务会计：
借：其他应收款 300
　贷：待处理财产损溢 300
预算会计：无。
（2）吴某按要求支付赔偿款项时
财务会计：
借：库存现金 300
　贷：其他应收款 300
预算会计：
借：资金结存——货币资金 300
　贷：其他支出 300

【例 5-9】 某行政单位按照规定报经批准出售一项固定资产。该项固定资产的账面余额为 60 000 元，已提折旧 35 000 元。在出售过程中，取得出售收入 20 000 元，款项已存入单位的银行账户。处置净收入需要上缴财政。

该行政单位编制的会计分录如下：
财务会计：
借：资产处置费用 25 000
　　固定资产累计折旧 35 000
　贷：固定资产 60 000
借：银行存款 20 000
　贷：应缴财政款 20 000
预算会计：无。

【例 5-10】 某事业单位在资产清查过程中发现一台已毁损的设备。报经批准后，将已毁损的设备转入待处理资产，该设备的账面余额为 60 000 元，已提折旧 25 000 元。在清理设备过程中，发生相关费用 2 000 元，款项以银行存款支付。

该事业单位编制的会计分录如下：

财务会计：

借：待处理财产损溢——待处理财产价值	35 000	
固定资产累计折旧	25 000	
贷：固定资产		60 000
借：资产处置费用	35 000	
贷：待处理财产损溢——待处理财产价值		35 000
借：待处理财产损溢——处理净收入	2 000	
贷：银行存款		2 000
借：资产处置费用	2 000	
贷：待处理财产损溢——处理净收入		2 000

预算会计：

借：其他支出	2 000	
贷：资金结存——货币资金		2 000

【例 5-11】 某事业单位月末结转“资产处置费用”科目本期发生额 560 000 元。

该事业单位编制的会计分录如下：

财务会计：

借：本期盈余	560 000	
贷：资产处置费用		560 000

预算会计：无。

三、其他费用和其他支出

其他费用是指单位发生的除业务活动费用、单位管理费用、经营费用、资产处置费用、上缴上级费用、附属单位补助费用、所得税费用以外的各项费用，包括利息费用、坏账损失、罚没支出、现金资产捐赠支出及相关税费、运输费等。

其他支出是指单位除行政支出、事业支出、经营支出、上缴上级支出、对附属单位补助支出、投资支出、债务还本支出以外的各项现金流出，包括利息支出、对外捐赠现金支出、现金盘亏损失、接受捐赠（调入）和对外捐赠（调出）非现金资产发生的税费支出、资产置换过程中发生的相关税费支出、罚没支出等。

（一）其他费用

1. 科目设置

为了核算其他费用业务，单位应设置“其他费用”总账科目。本科目应当按照其他费用的类别等进行明细核算。单位发生的利息费用较多的，可以单独设置“5701 利息费用”科目。期末结转后，本科目应无余额。

2. 账务处理

（1）利息费用。

按期计算确认借款利息费用时，按照计算确定的金额，借记“在建工程”科目或本科目，贷记“应付利息”“长期借款——应计利息”科目。

（2）坏账损失。

年末，事业单位按照规定对收回后不需要上缴财政的应收账款和其他应收款计提坏账准备时，按照计提金额，借记本科目，贷记“坏账准备”科目；冲减多提的坏账准备时，按照冲减金额，借记“坏账准备”科目，贷记本科目。

（3）罚没支出。

单位发生罚没支出的，按照实际缴纳或应当缴纳的金额，借记本科目，贷记“银行存款”“库存现金”“其他应付款”等科目。

（4）现金资产捐赠。

单位对外捐赠现金资产的，按照实际捐赠的金额，借记本科目，贷记“银行存款”“库存现金”等科目。

（5）其他相关费用。

单位接受捐赠（或无偿调入）以名义金额计量的存货、固定资产、无形资产，以及成本无法可靠取得的公共基础设施、文物资源等发生的相关税费、运输费等，按照实际支付的金额，借记本科目，贷记“财政拨款收入”“银行存款”“库存现金”等科目。

单位发生的与受托代理资产相关的税费、运输费、保管费等，按照实际支付或应付的金额，借记本科目，贷记“银行存款”“库存现金”“其他应付款”等科目。

（6）期末结转。

期末，将本科目本期发生额转入本期盈余，借记“本期盈余”科目，贷记本科目。

【例 5-12】 某事业单位经批准从商业银行借入一笔为期 2 年的贷款，按规定支付当期借款利息 8 000 元。

该事业单位编制的会计分录如下：

（1）计算应付利息时

财务会计：

借：其他费用　　8 000

　贷：应付利息　　8 000

预算会计：无。

（2）实际支付利息时

财务会计：

借：应付利息　　8 000

　贷：银行存款　　8 000

预算会计：

借：其他支出　　8 000

　贷：资金结存——货币资金　　8 000

【例 5-13】 某事业单位年末按规定对不需要上缴财政的应收账款计提坏账准备 3 000 元。（注：“坏账准备”科目期初余额为零）

该事业单位编制的会计分录如下：

财务会计：

借：其他费用　　3 000

　贷：坏账准备　　3 000

预算会计：无。

【例5-14】 某事业单位接受上级主管部门无偿调入的一项固定资产，相关凭证未标明价格。经研究决定，采用名义金额计量。在调拨过程中，发生归属于该事业单位的运输费等相关费用1 000元，款项以银行存款支付。

该事业单位编制的会计分录如下：

财务会计：

借：固定资产　　1

　贷：无偿调拨净资产　　1

借：其他费用　　1 000

　贷：银行存款　　1 000

预算会计：

借：其他支出　　1 000

　贷：资金结存——货币资金　　1 000

【例5-15】 年末，某事业单位“其他费用”科目本年发生额为50 000元，该事业单位将其全数转入“本期盈余”科目。同时，“其他支出”科目本年发生额为35 000元。其中，非财政专项资金支出明细科目本年发生额为15 000元，将其转入“非财政拨款结转——本年收支结转”科目；非财政非专项资金支出明细科目本年发生额为20 000元，将其转入“其他结余”科目。

该事业单位编制的会计分录如下：

财务会计：

借：本期盈余　　50 000

　贷：其他费用　　50 000

预算会计：

借：其他结余　　20 000

　　非财政拨款结转——本年收支结转　　15 000

　贷：其他支出　　35 000

（二）其他支出

1. 科目设置

为了核算其他支出业务，单位应设置“其他支出”总账科目。本科目应当按照其他支出的类别、“财政拨款支出”“非财政专项资金支出”“其他资金支出”、《政府收支分类科目》中“支出功能分类科目”的项级科目和“部门预算支出经济分类科目”的款级科目等进行明细核算。其他支出中如有专项资金支出，还应按照具体项目进行明细核算。

有一般公共预算财政拨款、政府性基金预算财政拨款等两种或两种以上财政拨款的事业单位，还应当在“财政拨款支出”明细科目下按照财政拨款的种类进行明细核算。

单位发生利息支出、捐赠支出等其他支出金额较大或业务较多的，可单独设置“7902 利息支出”“7903 捐赠支出”等科目。

年末结转后，本科目应无余额。

2. 账务处理

（1）利息支出。

支付银行借款利息时，按照实际支付金额，借记本科目，贷记“资金结存”科目。

（2）对外捐赠现金资产。

对外捐赠现金资产时，按照捐赠金额，借记本科目，贷记“资金结存——货币资金”科目。

（3）现金盘亏损失。

每日现金账款核对中如发现现金短缺，按照短缺的现金金额，借记本科目，贷记“资金结存——货币资金”科目。经核实，属于应当由有关人员赔偿的，按照收到的赔偿金额，借记“资金结存——货币资金”科目，贷记本科目。

（4）接受捐赠（无偿调入）和对外捐赠（无偿调出）非现金资产发生的税费支出。

接受捐赠（无偿调入）非现金资产发生的归属于捐入方（调入方）的相关税费、运输费等，以及对外捐赠（无偿调出）非现金资产发生的归属于捐出方（调出方）的相关税费、运输费等，按照实际支付金额，借记本科目，贷记“资金结存”科目。

（5）资产置换过程中发生的相关税费支出。

资产置换过程中发生的相关税费，按照实际支付金额，借记本科目，贷记“资金结存”科目。

（6）其他支出。

发生罚没等其他支出时，按照实际支付金额，借记本科目，贷记“资金结存”科目。

（7）年末结转。

年末，将本科目本年发生额中的财政拨款支出转入财政拨款结转，借记“财政拨款结转——本年收支结转”科目，贷记本科目下各财政拨款支出明细科目；将本科目本年发生额中的非财政专项资金支出转入非财政拨款结转，借记“非财政拨款结转——本年收支结转”科目，贷记本科目下各非财政专项资金支出明细科目；将本科目本年发生额中的其他资金支出（非财政非专项资金支出）转入其他结余，借记“其他结余”科目，贷记本科目下各其他资金支出明细科目。

【例 5-16】 某行政单位向灾区捐赠一批库存物资，价值 35 000 元。在捐赠过程中，发生运输费等 2 000 元，以银行存款支付。

该行政单位编制的会计分录如下：

财务会计：

借：资产处置费用	37 000	
贷：银行存款		2 000
库存物品		35 000

预算会计：

借：其他支出	2 000	
贷：资金结存——货币资金		2 000

【例 5-17】 某行政单位将其闲置的一批库存物品与其他单位置换一台设备，该批库存物品的账面价值为 20 000 元。在置换过程中，发生税费等支出 500 元，款项以银行存款支付。

该行政单位编制的会计分录如下：

财务会计：

借：固定资产　20 500

　贷：银行存款　500

　　　库存物品　20 000

预算会计：

借：其他支出　500

　贷：资金结存——货币资金　500

【例 5-18】 年末，某行政单位进行年终结算。经核算，其他支出科目借方余额为 500 000 元，其中财政拨款支出明细科目余额为 50 000 元、非财政专项资金支出明细科目余额为 250 000 元、非财政非专项资金支出明细科目余额为 200 000 元；同时，其他费用科目借方余额为 650 000 元。

该行政单位编制年终结转的会计分录如下：

财务会计：

借：本期盈余　650 000

　贷：其他费用　650 000

预算会计：

借：财政拨款结转——本年收支结转　50 000

　　非财政拨款结转——本年收支结转　250 000

　　其他结余　200 000

　贷：其他支出　500 000

第三节 行政单位特有预算支出

根据预算支出的分类，行政支出是行政单位特有的预算支出。行政支出是指行政单位履行其职责实际发生的各项现金流出。

一、科目设置

为了核算行政支出业务，行政单位应设置“行政支出”总账科目。本科目应当分别按照“财政拨款支出”“非财政专项资金支出”“其他资金支出”、“基本支出”“项目支出”等进行明细核算，并按照《政府收支分类科目》中“支出功能分类科目”的项级科目进行明细核算；“基本支出”和“项目支出”明细科目下应当按照《政府收支分类科目》中“部门预算支出经济分类科目”的款级科目进行明细核算，同时在“项目支出”明细科目下按照具体项目进行明细核算。

有一般公共预算财政拨款、政府性基金预算财政拨款等两种或两种以上财政拨款的行政单位，还应当在“财政拨款支出”明细科目下按照财政拨款的种类进行明细核算。

对于预付款项，可通过在本科目下设置“待处理”明细科目进行核算，待确认具体支出项目后再转入本科目下相关明细科目。年末结账前，应将本科目“待处理”明细科目余额全部转入本科目下相关明细科目。

年末结转后，本科目应无余额。

为了全面反映行政单位各项资金的支出，便于分析和考核各项资金支出的实际发生情况及其效果，从而有针对性地加强和改善对各项资金支出的管理，行政单位有必要对行政支出按照一定的要求进行适当的分类。行政支出或事业支出明细科目表如表 5-1 所示。

表 5-1 行政支出或事业支出明细科目表

<table>
<tr><th>总账科目</th><th>二级明细科目（若有必要）</th><th>三级明细科目</th><th>四级明细科目</th><th>五级明细科目</th><th>六级明细科目</th><th>七级明细科目</th><th>八级明细科目</th></tr>
<tr><td rowspan="11">行政支出或事业支出</td><td>××（业务）支出</td><td rowspan="6">财政拨款支出</td><td rowspan="5">一般公共预算拨款支出</td><td rowspan="5">支出功能分类项级科目</td><td rowspan="2">基本支出</td><td>部门预算支出经济分类款级科目</td><td rowspan="2"></td></tr>
<tr><td>××（业务）支出</td><td>待处理</td></tr>
<tr><td rowspan="2">××（业务）支出</td><td rowspan="3">项目支出</td><td rowspan="2">××项目</td><td>部门预算支出经济分类款级科目</td></tr>
<tr><td>待处理</td></tr>
<tr><td>××（业务）支出</td><td>××项目</td><td>同上</td></tr>
<tr><td>××（业务）支出</td><td>政府性基金预算拨款支出</td><td>支出功能分类项级科目</td><td>同上</td><td>同上</td><td>同上</td></tr>
<tr><td>××（业务）支出</td><td>非财政专项资金支出</td><td rowspan="5">支出功能分类项级科目</td><td rowspan="2">基本支出</td><td>部门预算支出经济分类款级科目</td><td rowspan="2"></td><td rowspan="2"></td></tr>
<tr><td>××（业务）支出</td><td rowspan="4">其他资金支出</td><td>待处理</td></tr>
<tr><td>××（业务）支出</td><td rowspan="3">项目支出</td><td rowspan="2">××项目</td><td>部门预算支出经济分类款级科目</td><td rowspan="3"></td></tr>
<tr><td>××（业务）支出</td><td>待处理</td></tr>
<tr><td>××（业务）支出</td><td>××项目</td><td>同上</td></tr>
</table>

二、账务处理

（一）支付单位职工薪酬

向单位职工个人支付薪酬时，按照实际支付的金额，借记本科目，贷记“财政拨款预算收入”“资金结存”科目。按照规定代扣代缴个人所得税及代扣代缴或为职工缴纳职工社会保险费、住房公积金等时，按照实际缴纳的金额，借记本科目，贷记“财政拨款预算收入”“资金结存”科目。

【例 5-19】 某行政单位向在职人员支付基本工资 50 000 元、津贴补贴 30 000 元，应代扣代缴个人所得税 1 500 元。现通过国库集中支付方式向个人支付税后工资薪金和向税务机关缴纳代扣的个人所得税。

该行政单位编制的会计分录如下：

财务会计：

借：应付职工薪酬　　78 500

　贷：财政拨款收入　　78 500

借：应付职工薪酬　　1 500

　贷：其他应交税费——应交个人所得税　　1 500

借：其他应交税费——应交个人所得税　　1 500

　贷：财政拨款收入　　1 500

预算会计：

借：行政支出　　80 000

　贷：财政拨款预算收入　　80 000

（二）支付外部人员劳务费

按照实际支付给外部人员个人的金额，借记本科目，贷记“财政拨款预算收入”“资金结存”科目。按照规定代扣代缴个人所得税时，按照实际缴纳的金额，借记本科目，贷记“财政拨款预算收入”“资金结存”科目。

【例 5-20】 某行政单位通过国库集中支付方式向外部聘任人员发放当月劳务费 50 000 元，代扣外部聘任人员个人所得税 2 000 元。

该行政单位编制的会计分录如下：

(1) 计提劳务费和应交个人所得税时

财务会计：

借：业务活动费用　　50 000

　贷：其他应付款　　48 000

　　　其他应交税费——应交个人所得税　　2 000

预算会计：无。

(2) 支付税后劳务费时

财务会计：

借：其他应付款　　48 000

　贷：财政拨款收入　　48 000

预算会计：

借：行政支出　　48 000

　贷：财政拨款预算收入　　48 000

(3) 实际缴纳个人所得税时

财务会计：

借：其他应交税费——应交个人所得税　　2 000
　贷：财政拨款收入　　2 000
预算会计：
借：行政支出　　2 000
　贷：财政拨款预算收入　　2 000

（三）支付相关款项

为购买存货、固定资产、无形资产等及在建工程支付相关款项时，按照实际支付的金额，借记本科目，贷记“财政拨款预算收入”“资金结存”科目。

【例 5-21】　某行政单位通过国库集中支付方式采购了一批台式电脑，采购价为 80 000 元。该批电脑已交付使用，款项也已支付。

该行政单位编制的会计分录如下：
财务会计：
借：固定资产　　80 000
　贷：财政拨款收入　　80 000
预算会计：
借：行政支出　　80 000
　贷：财政拨款预算收入　　80 000

（四）发生预付账款

发生预付账款时，按照实际支付的金额，借记本科目，贷记“财政拨款预算收入”“资金结存”科目。对于暂付款项，在支付款项时可不做预算会计处理，待结算或报销时，按照结算或报销的金额，借记本科目，贷记“资金结存”科目。

（五）发生其他各项支出

发生其他各项支出时，按照实际支付的金额，借记本科目，贷记“财政拨款预算收入”“资金结存”科目。

【例 5-22】　某行政单位通过国库集中支付方式向物业公司支付物业费 800 000 元。

该行政单位编制的会计分录如下：
财务会计：
借：业务活动费用　　800 000
　贷：财政拨款收入　　800 000
预算会计：
借：行政支出　　800 000
　贷：财政拨款预算收入　　800 000

（六）当年支出收回

因购货退回等发生款项退回，或者发生差错更正的，属于当年支出收回的，按照收回或更正金额，借记“财政拨款预算收入”“资金结存”科目，贷记本科目。

（七）年末结转

年末，将本科目本年发生额中的财政拨款支出转入财政拨款结转，借记“财政拨款结转——本年收支结转”科目，贷记本科目下各财政拨款支出明细科目；将本科目本年发生额中的非财政专项资金支出转入非财政拨款结转，借记“非财政拨款结转——本年收支结转”科目，贷记本科目下各非财政专项资金支出明细科目；将本科目本年发生额中的其他资金支出（非财政非专项资金支出）转入其他结余，借记“其他结余”科目，贷记本科目下其他资金支出明细科目。

【例 5-23】 2024 年年末，某行政单位进行年终结算。经核算，行政支出科目借方余额为 60 000 000 元，其中财政拨款支出明细科目余额为 30 000 000 元、非财政专项资金支出明细科目余额为 20 000 000 元、非财政非专项资金支出明细科目余额为 10 000 000 元；同时，业务活动费用科目借方余额为 70 000 000 元。

该行政单位编制年终结转的会计分录如下：

财务会计：

借：本期盈余	70 000 000	
贷：业务活动费用		70 000 000

预算会计：

借：财政拨款结转——本年收支结转	30 000 000	
非财政拨款结转——本年收支结转	20 000 000	
其他结余	10 000 000	
贷：行政支出		60 000 000

第四节　事业单位特有费用与预算支出

事业单位特有费用科目包括单位管理费用、经营费用、上缴上级费用、对附属单位补助费用和所得税费用。

事业单位特有预算支出科目包括事业支出、经营支出、上缴上级支出、对附属单位补助支出、投资支出和债务还本支出。

一、单位管理费用和事业支出

单位管理费用是指事业单位本级行政及后勤管理部门开展管理活动发生的各项费用，包括单位行政及后勤管理部门发生的人员经费、公用经费、资产折旧（摊销）等费用，以及由单位统一负担的离退休人员经费、工会经费、诉讼费、中介费等。

事业支出是指事业单位开展专业业务活动及其辅助活动实际发生的各项现金流出。

（一）单位管理费用

1. 科目设置

为了核算单位管理费用业务，事业单位应设置“单位管理费用”总账科目。本科目应当按照项目、费用类别、支付对象等进行明细核算。

为了满足成本核算需要，本科目下还可按照“工资福利费用”“商品和服务费用”“对个人和家庭的补助费用”“固定资产折旧费”“无形资产摊销费”等成本项目设置明细科目，归集能够直接计入单位管理活动或采用一定方法计算后计入单位管理活动的费用。

期末结转后，本科目应无余额。

2. 账务处理

(1) 为管理活动人员计提的薪酬，按照计算确定的金额，借记本科目，贷记“应付职工薪酬”科目。

(2) 为开展管理活动发生的外部人员劳务费，按照计算确定的费用金额，借记本科目，按照代扣代缴个人所得税的金额，贷记“其他应交税费——应交个人所得税”科目，按照扣税后应付或实际支付的金额，贷记“其他应付款”“财政拨款收入”“银行存款”等科目。

(3) 开展管理活动内部领用库存物品，按照领用物品实际成本，借记本科目，贷记“库存物品”科目。

(4) 为管理活动所使用固定资产、无形资产计提的折旧、摊销，按照应提折旧、摊销额，借记本科目，贷记“固定资产累计折旧”“无形资产累计摊销”科目。

(5) 为开展管理活动发生城市维护建设税、教育费附加、地方教育附加、车船税、房产税、城镇土地使用税等，按照计算确定应交纳的金额，借记本科目，贷记“其他应交税费”等科目。

(6) 为开展管理活动发生的其他各项费用，按照费用确认金额，借记本科目，贷记“财政拨款收入”“银行存款”“其他应付款”“其他应收款”等科目。

(7) 发生当年购货退回等业务，对于已计入本年单位管理费用的，按照收回或应收的金额，借记“财政拨款收入”“银行存款”“其他应收款”等科目，贷记本科目。

(8) 期末，将本科目本期发生额转入本期盈余，借记“本期盈余”科目，贷记本科目。

(二) 事业支出

1. 科目设置

为了核算事业支出业务，事业单位应设置“事业支出”总账科目。事业单位发生教育、科研、医疗、行政管理、后勤保障等活动的，可在本科目下设置相应的明细科目进行核算，或者单设“7201 教育支出”“7202 科研支出”“7203 医疗支出”“7204 行政管理支出”“7205 后勤保障支出”等一级会计科目进行核算。

本科目应当分别按照“财政拨款支出”“非财政专项资金支出”“其他资金支出”、“基本支出”“项目支出”等进行明细核算，并按照《政府收支分类科目》中“支出功能分类科目”的项级科目进行明细核算；“基本支出”和“项目支出”明细科目下应当按照《政府收支分类科目》中“部门预算支出经济分类科目”的款级科目进行明细核算，同时在“项目支出”明细科目下按照具体项目进行明细核算。

有一般公共预算财政拨款、政府性基金预算财政拨款等两种或两种以上财政拨款的事业单位，还应当在“财政拨款支出”明细科目下按照财政拨款的种类进行明细核算。

对于预付款项，可通过在本科目下设置“待处理”明细科目进行明细核算，待确认具体支出项目后再转入本科目下相关明细科目。年末结账前，应将本科目“待处理”明细科目余额全部转入本科目下相关明细科目。

年末结转后，本科目应无余额。

2. 账务处理

（1）支付单位职工（经营部门职工除外）薪酬。向单位职工个人支付薪酬时，按照实际支付的数额，借记本科目，贷记“财政拨款预算收入”“资金结存”科目。按照规定代扣代缴个人所得税及代扣代缴或为职工缴纳职工社会保险费、住房公积金等时，按照实际缴纳的金额，借记本科目，贷记“财政拨款预算收入”“资金结存”科目。

（2）为专业业务活动及其辅助活动支付外部人员劳务费。按照实际支付给外部人员个人的金额，借记本科目，贷记“财政拨款预算收入”“资金结存”科目。按照规定代扣代缴个人所得税时，按照实际缴纳的金额，借记本科目，贷记“财政拨款预算收入”“资金结存”科目。

（3）开展专业业务活动及其辅助活动过程中为购买存货、固定资产、无形资产等及在建工程支付相关款项时，按照实际支付的金额，借记本科目，贷记“财政拨款预算收入”“资金结存”科目。

（4）开展专业业务活动及其辅助活动过程中发生预付账款时，按照实际支付的金额，借记本科目，贷记“财政拨款预算收入”“资金结存”科目。对于暂付款项，在支付款项时可不做预算会计处理，待结算或报销时，按照结算或报销的金额，借记本科目，贷记“资金结存”科目。

（5）开展专业业务活动及其辅助活动过程中缴纳相关税费和发生其他各项支出时，按照实际支付的金额，借记本科目，贷记“财政拨款预算收入”“资金结存”科目。

（6）开展专业业务活动及其辅助活动过程中因购货退回等发生款项退回，或者发生差错更正的，属于当年支出收回的，按照收回或更正金额，借记“财政拨款预算收入”“资金结存”科目，贷记本科目。

（7）年末，将本科目本年发生额中的财政拨款支出转入财政拨款结转，借记“财政拨款结转——本年收支结转”科目，贷记本科目下各财政拨款支出明细科目；将本科目本年发生额中的非财政专项资金支出转入非财政拨款结转，借记“非财政拨款结转——本年收支结转”科目，贷记本科目下各非财政专项资金支出明细科目；将本科目本年发生额中的其他资金支出（非财政非专项资金支出）转入其他结余，借记“其他结余”科目，贷记本科目下其他资金支出明细科目。

【例 5-24】 某事业单位当月根据工资表向在职人员发放基本工资 700 000 元、津贴补贴 240 000 元，应代扣代缴个人所得税 40 000 元。现通过国库集中支付方式向个人支付税后工资薪金和向税务机关缴纳代扣的个人所得税。

该事业单位编制的会计分录如下：

财务会计：

借：应付职工薪酬	900 000	
贷：财政拨款收入		900 000
借：应付职工薪酬	40 000	
贷：其他应交税费——应交个人所得税		40 000
借：其他应交税费——应交个人所得税	40 000	
贷：财政拨款收入		40 000

预算会计：

借：事业支出　　940 000
　贷：财政拨款预算收入　　940 000

【例 5-25】 某科学事业单位因研究课题需要（属于该单位的专业业务活动）向外聘人员支付劳务费 80 000 元，应代扣代缴个人所得税 10 000 元。现通过国库集中支付方式向个人支付税后劳务费，并代扣个人所得税。

该科学事业单位编制的会计分录如下：

财务会计：

借：业务活动费用　　80 000
　贷：财政拨款收入　　70 000
　　其他应交税费——应交个人所得税　　10 000

预算会计：

借：事业支出　　70 000
　贷：财政拨款预算收入　　70 000

【例 5-26】 承【例 5-25】，该科学事业单位通过国库集中支付方式将代扣的个人所得税 10 000 元缴入指定账户。

该科学事业单位编制的会计分录如下：

财务会计：

借：其他应交税费——应交个人所得税　　10 000
　贷：财政拨款收入　　10 000

预算会计：

借：事业支出　　10 000
　贷：财政拨款预算收入　　10 000

【例 5-27】 某高校因教学需要，采购了一批电子教学系统。按照政府采购流程完成所有采购程序，采购价为 500 000 元。该批系统已完成安装并通过验收，该高校也已通过国库集中支付方式支付相应款项。

该高校编制的会计分录如下：

财务会计：

借：无形资产　　500 000
　贷：财政拨款收入　　500 000

预算会计：

借：事业支出　　500 000
　贷：财政拨款预算收入　　500 000

【例 5-28】 2024 年 4 月 26 日，某事业单位因开展专业业务活动发生一笔暂付款项 800 元，该笔款项已以银行存款支付。数日后，经结算，实际发生支出 500 元，剩余款项以现金形式退回。

该事业单位编制的会计分录如下：

（1）暂付时

财务会计：

借：其他应收款　　800

贷：银行存款 800

预算会计：无。

(2) 结算时

财务会计：

借：业务活动费用 500

库存现金 300

贷：其他应收款 800

预算会计：

借：事业支出 500

贷：资金结存——货币资金 500

【例 5-29】 某事业单位因开展专业业务活动需要，通过国库集中支付方式支付关于行政管理问题方面的咨询费 80 000 元。

该事业单位编制的会计分录如下：

财务会计：

借：单位管理费用 80 000

贷：财政拨款收入 80 000

预算会计：

借：事业支出 80 000

贷：财政拨款预算收入 80 000

【例 5-30】 年末，某事业单位进行年终结算。经核算，事业支出科目借方余额为 100 000 000 元，其中财政拨款支出明细科目余额为 60 000 000 元、非财政专项资金支出明细科目余额为 30 000 000 元、非财政非专项资金支出明细科目余额为 10 000 000 元；同时，业务活动费用科目借方余额为 80 000 000 元，单位管理费用科目借方余额为 30 000 000 元。

该事业单位编制年终结转的会计分录如下：

财务会计：

借：本期盈余 110 000 000

贷：业务活动费用 80 000 000

单位管理费用 30 000 000

预算会计：

借：财政拨款结转——本年收支结转 60 000 000

非财政拨款结转——本年收支结转 30 000 000

其他结余 10 000 000

贷：事业支出 100 000 000

二、经营费用和经营支出

经营费用是指事业单位在专业业务活动及其辅助活动之外开展非独立核算经营活动发生的各项费用。

经营支出是指事业单位在专业业务活动及其辅助活动之外开展非独立核算经营活动实

际发生的各项现金流出。

（一）经营费用

1. 科目设置

为了核算经营费用业务，事业单位应设置“经营费用”总账科目。本科目应当按照经营活动类别、项目、支付对象等进行明细核算。

为了满足成本核算需要，本科目下还可按照“工资福利费用”“商品和服务费用”“对个人和家庭的补助费用”“固定资产折旧费”“无形资产摊销费”等成本项目设置明细科目，归集能够直接计入单位经营活动或采用一定方法计算后计入单位经营活动的费用。

期末结转后，本科目应无余额。

2. 账务处理

（1）为经营活动人员计提的薪酬，按照计算确定的金额，借记本科目，贷记“应付职工薪酬”科目。

（2）开展经营活动领用或发出库存物品，按照物品实际成本，借记本科目，贷记“库存物品”科目。

（3）为经营活动所使用固定资产、无形资产计提的折旧、摊销，按照应提折旧、摊销额，借记本科目，贷记“固定资产累计折旧”“无形资产累计摊销”科目。

（4）开展经营活动发生预付账款，预付时，按照预付的金额，借记“预付账款”科目，贷记“银行存款”等科目；结算时，借记本科目，贷记“预付账款”等科目。

（5）开展经营活动发生城市维护建设税、教育费附加、地方教育附加、车船税、房产税、城镇土地使用税等，按照计算确定应交纳的金额，借记本科目，贷记“其他应交税费”等科目。

（6）发生与经营活动相关的其他各项费用时，按照费用确认金额，借记本科目，贷记“银行存款”“其他应付款”“其他应收款”等科目。涉及增值税业务的，相关账务处理参见“应交增值税”科目。

（7）发生当年购货退回等业务，对于已计入本年经营费用的，按照收回或应收的金额，借记“银行存款”“其他应收款”等科目，贷记本科目。

（8）计提专用基金时，从预算收入中按照一定比例提取基金并列入费用，借记本科目，贷记“专用基金”科目。

（9）期末，将本科目本期发生额转入本期盈余，借记“本期盈余”科目，贷记本科目。

（二）经营支出

1. 科目设置

为了核算经营支出业务，事业单位应设置“经营支出”总账科目。本科目应当按照经营活动类别、项目、《政府收支分类科目》中“支出功能分类科目”的项级科目和“部门预算支出经济分类科目”的款级科目等进行明细核算。

对于预付款项，可通过在本科目下设置“待处理”明细科目进行明细核算，待确认具体支出项目后再转入本科目下相关明细科目。年末结账前，应将本科目“待处理”明细科目余额全部转入本科目下相关明细科目。

年末结转后，本科目应无余额。

2. 账务处理

（1）支付经营部门职工薪酬。向职工个人支付薪酬时，按照实际支付的金额，借记本科目，贷记“资金结存”科目。按照规定代扣代缴个人所得税及代扣代缴或为职工缴纳职工社会保险费、住房公积金时，按照实际缴纳的金额，借记本科目，贷记“资金结存”科目。

（2）为经营活动支付外部人员劳务费。按照实际支付给外部人员个人的金额，借记本科目，贷记“资金结存”科目。按照规定代扣代缴个人所得税时，按照实际缴纳的金额，借记本科目，贷记“资金结存”科目。

（3）开展经营活动过程中为购买存货、固定资产、无形资产等及在建工程支付相关款项时，按照实际支付的金额，借记本科目，贷记“资金结存”科目。

（4）开展经营活动过程中发生预付账款时，按照实际支付的金额，借记本科目，贷记“资金结存”科目。对于暂付款项，在支付款项时可不做预算会计处理，待结算或报销时，按照结算或报销的金额，借记本科目，贷记“资金结存”科目。

（5）因开展经营活动缴纳相关税费及发生其他各项支出时，按照实际支付的金额，借记本科目，贷记“资金结存”科目。

（6）开展经营活动中因购货退回等发生款项退回，或者发生差错更正的，属于当年支出收回的，按照收回或更正金额，借记“资金结存”科目，贷记本科目。

（7）年末，将本科目本年发生额转入经营结余，借记“经营结余”科目，贷记本科目。

【例 5-31】 某事业单位因开展非独立核算经营活动的需要，向从事经营活动的在职职工支付基本工资 300 000 元、津贴补贴 100 000 元，应代扣代缴个人所得税 10 000 元。现通过单位银行账户向个人转账支付税后的工资薪金。

该事业单位编制的会计分录如下：

财务会计：

借：应付职工薪酬	400 000	
贷：银行存款		390 000
其他应交税费——应交个人所得税		10 000

预算会计：

借：经营支出	390 000	
贷：资金结存——货币资金		390 000

【例 5-32】 承【例 5-31】，该事业单位通过银行转账的方式代缴个人所得税。

该事业单位编制的会计分录如下：

财务会计：

借：其他应交税费——应交个人所得税	10 000	
贷：银行存款		10 000

预算会计：

借：经营支出	10 000	
贷：资金结存——货币资金		10 000

【例 5-33】 某事业单位开展非独立核算的经营活动，向外聘人员支付劳务费300 000元，同时代扣代缴个人所得税30 000元。税后劳务费与税款通过银行账户支付和缴纳。

该事业单位编制的会计分录如下：

(1) 计算应付劳务费时

财务会计：

借：经营费用 300 000
　贷：其他应付款 270 000
　　其他应交税费——应交个人所得税 30 000

预算会计：无。

(2) 支付税后劳务费时

财务会计：

借：其他应付款 270 000
　贷：银行存款 270 000

预算会计：

借：经营支出 270 000
　贷：资金结存——货币资金 270 000

(3) 缴纳税款时

财务会计：

借：其他应交税费——应交个人所得税 30 000
　贷：银行存款 30 000

预算会计：

借：经营支出 30 000
　贷：资金结存——货币资金 30 000

【例 5-34】 某事业单位因开展非独立核算经营活动的需要，采购一批物品，价值50 000元。该批物品已验收入库，该事业单位通过银行转账的方式支付相应款项。

该事业单位编制的会计分录如下：

财务会计：

借：库存物品 50 000
　贷：银行存款 50 000

预算会计：

借：经营支出 50 000
　贷：资金结存——货币资金 50 000

【例 5-35】 某事业单位开展非独立核算的经营活动，缴纳电费600 000元，款项以银行存款支付。

该事业单位编制的会计分录如下：

财务会计：

借：经营费用 600 000
　贷：银行存款 600 000

预算会计：

借：经营支出　　600 000

　贷：资金结存——货币资金　　600 000

【例 5-36】 2024 年年末，某事业单位进行年终结算。经核算，经营支出科目借方余额为 500 000 元，经营费用科目借方余额为 600 000 元。

该事业单位编制年终结转的会计分录如下：

财务会计：

借：本期盈余　　600 000

　贷：经营费用　　600 000

预算会计：

借：经营结余　　500 000

　贷：经营支出　　500 000

三、上缴上级费用和上缴上级支出

上缴上级费用是指事业单位按照财政部门和主管部门的规定上缴上级单位款项发生的费用。

上缴上级支出是指事业单位按照财政部门和主管部门的规定上缴上级单位款项发生的现金流出。

（一）上缴上级费用

1. 科目设置

为了核算上缴上级费用业务，事业单位应设置“上缴上级费用”总账科目。本科目应当按照收缴款项单位、缴款项目等进行明细核算。期末结转后，本科目应无余额。

2. 账务处理

（1）事业单位发生上缴上级支出的，按照实际上缴的金额或按照规定计算出应当上缴上级单位的金额，借记本科目，贷记“银行存款”“其他应付款”等科目。

（2）期末，将本科目本期发生额转入本期盈余，借记“本期盈余”科目，贷记本科目。

（二）上缴上级支出

1. 科目设置

为了核算上缴上级支出业务，事业单位应设置“上缴上级支出”总账科目。本科目应当按照收缴款项单位、缴款项目、《政府收支分类科目》中“支出功能分类科目”的项级科目和“部门预算支出经济分类科目”的款级科目等进行明细核算。年末结转后，本科目应无余额。

2. 账务处理

（1）事业单位按照规定将款项上缴上级单位的，按照实际上缴的金额，借记本科目，贷记“资金结存”科目。

（2）年末，将本科目本年发生额转入其他结余，借记“其他结余”科目，贷记本科目。

【例 5-37】 根据相关规定，某事业单位需要向上级单位上缴款项 500 000 元，该笔款项以银行转账的方式完成上缴。

该事业单位编制的会计分录如下：

财务会计：

借：上缴上级费用　　500 000

　贷：银行存款　　500 000

预算会计：

借：上缴上级支出　　500 000

　贷：资金结存——货币资金　　500 000

【例 5-38】 2024 年年末，某事业单位进行年终结算。经核算，上缴上级支出科目借方余额为 500 000 元，上缴上级费用科目借方余额为 600 000 元。

该事业单位编制年终结转的会计分录如下：

财务会计：

借：本期盈余　　600 000

　贷：上缴上级费用　　600 000

预算会计：

借：其他结余　　500 000

　贷：上缴上级支出　　500 000

四、对附属单位补助费用和对附属单位补助支出

对附属单位补助费用是指事业单位用财政拨款收入之外的收入对附属单位补助发生的费用。

对附属单位补助支出是指事业单位用财政拨款预算收入之外的收入对附属单位补助发生的现金流出。

（一）对附属单位补助费用

1. 科目设置

为了核算对附属单位补助费用业务，事业单位应设置“对附属单位补助费用”总账科目。本科目应当按照接受补助单位、补助项目等进行明细核算。期末结转后，本科目应无余额。

2. 账务处理

（1）事业单位发生对附属单位补助支出的，按照实际补助的金额或按照规定计算出应当对附属单位补助的金额，借记本科目，贷记“银行存款”“其他应付款”等科目。

（2）期末，将本科目本期发生额转入本期盈余，借记“本期盈余”科目，贷记本科目。

（二）对附属单位补助支出

1. 科目设置

为了核算对附属单位补助支出业务，事业单位应设置“对附属单位补助支出”总账科目。本科目应当按照接受补助单位、补助项目、《政府收支分类科目》中“支出功能分类科目”的项级科目和“部门预算支出经济分类科目”的款级科目等进行明细核算。年末结转后，本科目应无余额。

2. 账务处理

（1）事业单位发生对附属单位补助支出的，按照实际补助的金额，借记本科目，贷记“资金结存”科目。

（2）年末，将本科目本年发生额转入其他结余，借记“其他结余”科目，贷记本科目。

【例 5-39】 某事业单位经过研究决定，向其附属某单位（独立事业法人）补助500 000元，款项已通过银行转账支付。

该事业单位编制的会计分录如下：

财务会计：

借：对附属单位补助费用　　500 000

　贷：银行存款　　500 000

预算会计：

借：对附属单位补助支出　　500 000

　贷：资金结存——货币资金　　500 000

【例 5-40】 2024年年末，某事业单位进行年终结算。经核算，对附属单位补助支出科目借方余额为400 000元，对附属单位补助费用科目借方余额为500 000元。

该事业单位编制年终结转的会计分录如下：

财务会计：

借：本期盈余　　500 000

　贷：对附属单位补助费用　　500 000

预算会计：

借：其他结余　　400 000

　贷：对附属单位补助支出　　400 000

五、所得税费用

所得税费用是指有企业所得税缴纳义务的事业单位按规定缴纳企业所得税所形成的费用。

（一）科目设置

为了核算所得税费用业务，事业单位应设置“所得税费用”总账科目。年末结转后，本科目应无余额。

（二）账务处理

（1）事业单位发生企业所得税纳税义务的，按照税法规定计算的应交税金数额，借记本科目，贷记“其他应交税费——单位应交所得税”科目。实际缴纳时，按照缴纳金额，借记“其他应交税费——单位应交所得税”科目，贷记“银行存款”科目。

（2）年末，将本科目本年发生额转入本期盈余，借记“本期盈余”科目，贷记本科目。

【例 5-41】 某事业单位本月发生企业所得税纳税义务，按照相关规定计算出应交所得税5 600元，该事业单位下月初用银行存款缴纳所得税5 600元。

该事业单位编制的会计分录如下：

（1）计算应交所得税时

财务会计：

借：所得税费用　　5 600

　贷：其他应交税费——单位应交所得税　　5 600

预算会计：无。

（2）实际缴纳时

财务会计：

借：其他应交税费——单位应交所得税　　5 600

　贷：银行存款　　5 600

预算会计：

借：非财政拨款结余——累计结余　　5 600

　贷：资金结存——货币资金　　5 600

六、投资支出

投资支出是指事业单位以货币资金对外投资发生的现金流出。

（一）科目设置

为了核算投资支出业务，事业单位应设置“投资支出”总账科目。本科目应当按照投资类型、投资对象、《政府收支分类科目》中“支出功能分类科目”的项级科目和“部门预算支出经济分类科目”的款级科目等进行明细核算。年末结转后，本科目应无余额。

（二）账务处理

（1）以货币资金对外投资时，按照投资金额和所支付的相关税费金额的合计数，借记本科目，贷记“资金结存”科目。

（2）出售、对外转让或到期收回本年度以货币资金取得的对外投资的，如果按规定将投资收益纳入单位预算，按照实际收到的金额，借记“资金结存”科目，按照取得投资时“投资支出”科目的发生额，贷记本科目，按照其差额，贷记或借记“投资预算收益”科目；如果按规定将投资收益上缴财政，按照取得投资时“投资支出”科目的发生额，借记“资金结存”科目，贷记本科目。

（3）出售、对外转让或到期收回以前年度以货币资金取得的对外投资的，如果按规定将投资收益纳入单位预算，按照实际收到的金额，借记“资金结存”科目，按照取得投资时“投资支出”科目的发生额，贷记“其他结余”科目，按照其差额，贷记或借记“投资预算收益”科目；如果按规定将投资收益上缴财政，按照取得投资时“投资支出”科目的发生额，借记“资金结存”科目，贷记“其他结余”科目。

（4）年末，将本科目本年发生额转入其他结余，借记“其他结余”科目，贷记本科目。

七、债务还本支出

债务还本支出是指事业单位偿还自身承担的纳入预算管理的从金融机构举借的债务本金的现金流出。

（一）科目设置

为了核算债务还本支出业务，事业单位应设置“债务还本支出”总账科目。本科目应当按照贷款单位、贷款种类、《政府收支分类科目》中“支出功能分类科目”的项级科目和“部门预算支出经济分类科目”的款级科目等进行明细核算。年末结转后，本科目应无余额。

（二）账务处理

（1）事业单位偿还各项短期或长期借款时，按照偿还的借款本金，借记本科目，贷记“资金结存”科目。

（2）年末，将本科目本年发生额转入其他结余，借记“其他结余”科目，贷记本科目。

【例 5-42】 2 年前，某事业单位经批准从某商业银行借入一笔为期 2 年的借款 600 000 元，年利率为 6%。现在贷款已到期，该事业单位向该商业银行偿还贷款本金并支付最后一年的利息。

该事业单位编制的会计分录如下：

（1）计算最后一年的应付利息时

财务会计：

借：其他费用	36 000	
贷：应付利息		36 000

预算会计：无。

（2）偿还本金及支付最后一年的利息时

财务会计：

借：长期借款	600 000	
应付利息	36 000	
贷：银行存款		636 000

预算会计：

借：债务还本支出	600 000	
其他支出	36 000	
贷：资金结存——货币资金		636 000

【例 5-43】 2024 年年末，某事业单位进行年终结算。经核算，债务还本支出科目借方余额为 3 000 000 元。

该事业单位编制年终结转的会计分录如下：

财务会计：无。

预算会计：

借：其他结余	3 000 000	
贷：债务还本支出		3 000 000

思政园地

会计职业道德案例分析（二）

一、XR 风波失控的伦理代价

2020 年 4 月，XR 掀起了轩然大波。作为赴美上市最快的中国概念股（以下简称“中概股”），XR 曾被称为“奇迹”，却在 2020 年 4 月 2 日承认 2019 年度存在数据造假，金额高达 22 亿元。根据浑水的做空报告及对 XR 实际经营情况的分析，其通过虚增销量、夸大商品销售单价、虚增广告费用及虚增其他产品收入的财务造假手段也被公之于众。

XR 财务造假事件一经公布便受到广泛关注，随之引发了公司股价大幅波动。不久，中国证监会同财政部、市场监管总局等部门迅速成立专案组，对 XR 境内运营主体、关联方及相关第三方公司的涉嫌违法违规行为展开联合立案调查，同时根据国际证监会组织（IOSCO）跨境监管合作机制安排，配合美国证券监管部门开展跨境协查。2020 年 7 月 31 日，中国证监会发布《关于 XR 财务造假调查处置工作情况的通报》，指出 XR 境内运营主体及相关管理人员、相关第三方公司大规模虚构交易，虚增收入、成本、费用，虚假宣传等行为，违反了《中华人民共和国会计法》《中华人民共和国反不正当竞争法》的相关规定。

2020 年 9 月 18 日，市场监管总局及上海市、北京市市场监管部门，对 XR（中国）有限公司、XR（北京）有限公司及北京某咨询服务有限公司、北京某科技发展有限公司、某国际贸易（厦门）有限公司等协助造假及帮助虚假宣传的多家第三方公司做出行政处罚决定，处罚金额共计 6 100 万元。而此案中，XR 的财务人员在其 CEO 钱××和 COO 刘×的指导下对财务数据进行造假，显然违背了会计执业人员所应遵循的诚信原则，亦是难辞其咎。

尽管 2020 年 12 月 17 日 XR 发布公告称，其与美国证券交易委员会（SEC）已就部分前员工涉嫌财务造假事件以 1.8 亿美元的罚款达成了和解，但其仍然面临着股东集体诉讼和美国司法部的刑事调查。XR 诚信原则的失守还引发了第二次中概股危机，导致美国颁布《外国公司问责法案》。

可以说，XR 事件引发了失控的伦理代价，无数会计从业人员应该意识到，诚信才是立身之本，无诚信则不会计。

中国现代会计学之父潘序伦先生倡导：“信以立志，信以守身，信以处事，信以待人，毋忘‘立信’，当必有成。”这句话主要体现了“坚持诚信，守法奉公”中“坚持诚信”的会计职业道德要求。

树立正确的世界观、人生观和价值观是会计人员能够做到“严于律己、心存敬畏”的思想基础。会计人员应当自觉抵制享乐主义、个人主义、拜金主义等错误思想，牢固树立“过紧日子”、集体主义、生财有道等正确思想，加强自身的道德修养。

二、某街道办财务负责人的道德腐化

2020 年 8 月，山东省青岛市即墨区人民法院公开宣判该区北安街道办事处财政所原正科级负责人王××贪腐案，以贪污罪、挪用公款罪数罪并罚，判处有期徒刑 14 年 6 个月，并处罚金 200 万元。

经查，2012 年 8 月至 2017 年 10 月期间，王××利用担任北安街道办事处财政所负责人的职务便利，通过虚开发票、伪造时任办事处主任签字、从个人银行账户走账及直接从财政所账户提取现金等方式，贪污公款共计 2 000 余万元，用于包养情妇、购买股票和理财产品、进行期货交易及日常挥霍等。

王××不仅违规从事营利活动，还利用职权为亲属牟取利益，将党纪法规抛在脑后。2012 年 4 月，他在即墨区某村镇银行开设街道办事处对公账户，帮助在该银行工作的儿子完成揽储任务、提高绩效工资。2014 年 12 月至 2015 年 1 月，他为了帮助在银行工作的亲属完成揽储任务，又擅自将 2 000 万元公款从青岛某银行北安支行对公账户转出，存至其亲属的银行个人账户内，之后又将这笔公款原路转回。

“被告人王××身为国家工作人员，利用职务上的便利，使用侵吞、骗取的手段，非法占有公共财物，数额特别巨大，其行为构成贪污罪；利用职务上的便利，挪用公款归个人使用，进行营利活动，情节严重，其行为构成挪用公款罪，均应予惩处……”2020 年 8 月 18 日，青岛市即墨区人民法院做出一审判决，王××认罪认罚。

廉洁就是不贪污钱财，不收受贿赂，保持清白。自律是指自律主体按照一定的标准，自己约束自己、自己控制自己的言行和思想的过程。廉洁是自律的基础，自律是廉洁的保证。自律性不强就很难做到廉洁，不廉洁就谈不上自律。

廉洁自律是会计职业道德的前提，也是会计职业道德的内在要求。廉洁自律的基本要求：一是树立正确的人生观和价值观；二是公私分明，不贪不占；三是遵纪守法，一身正气。

三、案例总结

会计人员应当树立正确的世界观、人生观和价值观，按照会计法律制度和会计职业道德的要求不断地、严格地进行自我约束、自我控制，逐步形成自觉遵守的品质；与此同时，会计人员应当心存敬畏，时刻保持如履薄冰的谨慎态度，只做公平正义的事情，不做偏颇邪恶的事情。

扫一扫

分分钟讲讲新预算法

思考题

1. 什么是费用？什么是预算支出？费用与预算支出有什么区别和联系？

2. 行政单位的预算支出会计科目有哪些？事业单位的预算支出会计科目有哪些？行政单位与事业单位共用的预算支出会计科目有哪些？

3. 行政单位的费用会计科目有哪些？事业单位的费用会计科目有哪些？行政单位与事业单位共用的费用会计科目有哪些？

4. 什么是业务活动费用？业务活动费用与行政支出、事业支出有什么区别和联系？

5. 事业单位的上缴上级费用和对附属单位补助费用有什么区别？

本章同步练习

一、单项选择题

1. 下列不属于行政单位费用类科目的是（　　）。
A. 单位管理费用　　B. 资产处置费用
C. 其他费用　　D. 业务活动费用

2. 下列不属于事业单位费用类科目的是（　　）。
A. 单位管理费用　　B. 资产处置费用
C. 其他支出　　D. 上缴上级费用

3. 行政单位随买随用的零星办公用品可直接列为（　　）。
A. 固定资产　　B. 库存物品
C. 业务活动费用　　D. 单位管理费用

4. 单位盘亏的专业业务活动用固定资产，报经批准后，应转入（　　）科目。
A. 其他费用　　B. 资产处置费用
C. 其他支出　　D. 业务活动费用

5. 事业单位对外捐赠存货时，应按照其账面价值，借记（　　）科目。
A. 待处理财产损溢　　B. 其他费用
C. 库存物品　　D. 资产处置费用

6. 下列不属于单位“其他费用”科目核算内容的是（　　）。
A. 利息费用　　B. 罚没支出
C. 现金资产捐赠支出　　D. 非现金资产捐赠支出

7. 事业单位为本级行政部门管理人员计提薪酬时，应借记（　　）科目。
A. 管理费用　　B. 事业支出
C. 单位管理费用　　D. 业务活动费用

8. 下列不属于事业单位预算支出类科目的是（　　）。
A. 事业支出　　B. 经营支出　　C. 其他支出　　D. 行政支出

9. 下列属于行政单位预算支出类科目的是（　　）。
A. 经营支出　　B. 其他支出
C. 投资支出　　D. 债务还本支出

10. 年末，“上缴上级支出”科目余额应转入（　　）科目。
A. 财政拨款结转　　B. 非财政拨款结转
C. 其他结余　　D. 经营结余

11. 年末，“债务还本支出”科目余额应转入（　　）科目。
A. 其他结余　　B. 专用结余
C. 财政拨款结转　　D. 经营结余

12. 下列关于“经营支出”科目的说法，错误的是（　　）。
A. 事业单位的经营支出与经营预算收入应当配比

B. 本科目应当按照经营活动类别、项目、《政府收支分类科目》中“支出功能分类科目”的相关科目等进行明细核算

C. 本科目核算事业单位在专业业务活动及其辅助活动中所发生的支出

D. 事业单位开展非独立核算经营活动的，应当正确归集开展经营活动发生的各项费用数；无法直接归集的，应当按照规定的标准或比例合理分摊

13.（　　）是指事业单位本级行政及后勤管理部门开展管理活动发生的各项费用，包括单位行政及后勤管理部门发生的人员经费、公用经费、资产折旧（摊销）等费用，以及由单位统一负担的离退休人员经费、工会经费、诉讼费、中介费等。

A. 业务活动费用　　B. 单位管理费用

C. 经营费用　　D. 资产处置费用

二、多项选择题

1. 下列不属于行政单位费用类科目的有（　　）。

A. 上缴上级费用　　B. 资产处置费用

C. 其他费用　　D. 业务活动费用

E. 单位管理费用

2. 下列属于事业单位费用类科目的有（　　）。

A. 所得税费用　　B. 对附属单位补助费用

C. 经营费用　　D. 事业支出

E. 上缴上级支出

3. 下列属于事业单位“其他费用”科目核算内容的有（　　）。

A. 短期借款应付利息 2 000 元

B. 罚款支出 5 000 元

C. 对外捐赠现金 10 000 元

D. 对外捐赠固定资产账面价值 50 000 元

E. 不需要上缴财政的应收账款计提坏账准备 6 000 元

4. 事业单位为本单位职工计提应付工资薪酬时，可能借记（　　）科目。

A. 管理费用　　B. 事业支出

C. 经营费用　　D. 单位管理费用

E. 业务活动费用

5. 下列属于行政单位预算支出类科目的有（　　）。

A. 行政支出　　B. 事业支出　　C. 经营支出

D. 其他支出　　E. 上缴上级支出

6. 下列属于事业单位预算支出类科目的有（　　）。

A. 其他费用　　B. 投资支出

C. 对附属单位补助费用　　D. 上缴上级支出

E. 经营支出

7. 下列关于行政支出的说法，正确的有（　　）。

A. 是行政单位履行职责发生的现金流出

B. 应设置“基本支出”“项目支出”进行明细核算

C. 应按照“支出功能分类科目”的项级科目进行明细核算

D. 科目年末结转后无余额

E. “基本支出”明细科目下应按照“部门预算支出经济分类科目”的款级科目进行明细核算

8. 下列关于事业支出的说法，正确的有（ ）。

A. 是事业单位开展各项业务活动发生的现金流出

B. 应设置“基本支出”“项目支出”进行明细核算

C. 应按照“支出功能分类科目”的项级科目进行明细核算

D. 科目年末结转后无余额

E. 是事业单位特有的预算支出类科目

9. 下列会计科目，需要按规定设置“财政拨款支出”“非财政专项资金支出”“其他资金支出”明细科目进行核算的有（ ）。

A. 行政支出　　B. 经营支出　　C. 其他支出

D. 投资支出　　E. 事业支出

10. 下列账户，年终结转后没有余额的有（ ）。

A. 事业预算收入　　B. 其他结余

C. 财政拨款结转　　D. 事业支出

11. 资产处置费用是指单位经批准处置资产时发生的费用，包括（ ）。

A. 转销的被处置资产价值

B. 在处置过程中发生的相关费用

C. 处置收入大于相关费用形成的净收入

D. 处置收入小于相关费用形成的净支出

三、判断题

1. 业务活动费用是指单位为实现其职能目标，依法履职或开展经营活动及其辅助活动所发生的各项费用。（ ）

2. 不是所有的资产处置都需要通过“待处理财产损溢”科目过渡。（ ）

3. 期末，单位应将“其他费用”科目的借方余额转入“累计盈余”科目贷方。（ ）

4. 期末，单位应将“资产处置费用”科目的余额转入“本期盈余”科目。（ ）

5. “其他费用”科目期末结转后，应无余额。（ ）

6. 年终，事业单位应将“经营费用”科目的借方余额全部转入“经营结余”科目。（ ）

7. 单位管理费用是指行政单位本级行政及后勤管理部门开展管理活动发生的各项费用。（ ）

8. 事业单位的项目支出是指事业单位为完成特定工作任务和事业发展目标，在基本支出之外所发生的支出。（ ）

9. 对附属单位补助费用是指事业单位用财政拨款预算收入之外的收入对附属单位补助发生的现金流出。（ ）

10. 期末，将“对附属单位补助支出”科目本期发生额转入其他结余，借记“其他结

余”科目，贷记“上缴上级支出”科目。 （ ）

四、业务题

1. 某行政单位2024年12月发生部分经济业务如下：

（1）3日，签发转账支票购买办公用品、用具等共计1 000元，直接交付有关专业业务部门使用。

（2）5日，通过零余额账户支付本月水电费20 000元。

（3）8日，从仓库领用一批材料，价款为80 000元，用于专业业务活动。

（4）17日，用非财政专项资金支付办公楼大修理费46 000元，以银行存款支付。

（5）25日，计算本月在编职工工资300 000元、外部人员劳务费18 000元。

（6）期末，计提本月固定资产折旧20 000元。

（7）期末，结转“业务活动费用”科目借方余额160 000元。

要求：根据上述业务编制相应的会计分录。

2. 某事业单位2024年12月发生部分经济业务如下：

（1）6日，向希望工程捐赠现金100 000元，已通过银行转账支付。

（2）15日，支付长期借款利息50 000元，该项借款分年付息、到期一次还本。

（3）23日，库存现金盘点时，发现库存现金短缺120元，无法查明原因，经批准核销。

（4）29日，收到某公司捐赠的一台专用设备，按照名义金额入账，以银行存款支付相关税费2 300元。

（5）年末，按照应收账款和其他应收款年末余额计提坏账准备34 000元。

（6）年末，结转“其他费用”科目借方余额84 120元。

要求：根据上述业务编制相应的会计分录。

第六章

净资产的核算

学习目标

1. 熟悉政府会计中净资产的概念与构成。
2. 掌握本期盈余、本年盈余分配和累计盈余的内容及会计核算。
3. 掌握事业单位专用基金的内容及会计核算。
4. 掌握无偿调拨净资产的内容及会计核算。
5. 掌握以前年度盈余调整的内容及会计核算。

扫一扫

净资产类账务处理

第一节 净资产概述

在政府会计中，净资产是指单位资产减去负债后的余额，它属于财务会计要素。

一、净资产的内容

单位的净资产包括累计盈余、专用基金、权益法调整、本期盈余、本年盈余分配、无偿调拨净资产、以前年度盈余调整等。

二、净资产的核算业务

单位的净资产核算业务可分为以下三类：

（1）盈余结转业务。单位每期期末需要将收入和费用结转，计算本期盈余；事业单位年末还应将当年形成的盈余进行分配，将确定的限定性资金金额转入专用基金，未限定的部分增加历年的累计盈余。

（2）净资产调整业务。单位在会计期间发生一些直接引起净资产变动的资产或负债变化，直接调整净资产。净资产调整业务包括两类：一类是影响只限于当期，通过直接调整净资产进行记录的业务，如无偿调拨净资产，以及单位以前年度错误调整导致的对过去业务形成的净资产更正；另一类是涉及长期资产，影响持续整个资产持有期间的净资产变化业务，如长期股权投资使用权益法核算时因其他投资者对被投资单位溢价追加投资而产生的权益法调整。这两类业务都在增减资产的同时增减单位的净资产。

（3）计提、使用专用基金业务。专用基金表现为对净资产用途的限定。事业单位根据相关规定，对部分盈余进行分配形成专用基金，或者按照其他计提方式提取限定用途的资金，增加了事业单位的专用基金；事业单位使用专用基金时，在减少专用基金的同时，也减少相应的货币资产。

三、净资产的计量

政府会计主体净资产金额取决于资产和负债的计量，政府会计主体净资产项目应当列入资产负债表。

第二节 盈余及盈余分配

一、本期盈余

本期盈余是指单位本期各项收入、费用相抵后的余额。

（一）科目设置

为了核算本期盈余业务，单位应设置“本期盈余”总账科目。本科目期末如为贷方余额，反映单位自年初至当期期末累计实现的盈余；如为借方余额，反映单位自年初至当期期末累计发生的亏损。年末结账后，本科目应无余额。

（二）账务处理

1. 本期收入费用结转

期末，将各类收入科目的本期发生额转入本期盈余，借记“财政拨款收入”“事业收入”“上级补助收入”“附属单位上缴收入”“经营收入”“非同级财政拨款收入”“投资收益”“捐赠收入”“利息收入”“租金收入”“其他收入”科目，贷记本科目；将各类费用科目的本期发生额转入本期盈余，借记本科目，贷记“业务活动费用”“单位管理费用”“经营费用”“所得税费用”“资产处置费用”“上缴上级费用”“对附属单位补助费用”“其他费用”科目。

2. 年末结转

年末，事业单位完成上述结转后，将本科目余额转入“本年盈余分配”科目，借记或贷记本科目，贷记或借记“本年盈余分配”科目。

年末，行政单位完成上述结转后，将本科目余额转入“累计盈余”科目，借记或贷记本科目，贷记或借记“累计盈余”科目。

【例 6-1】 2024 年年末，某事业单位各类收入和费用科目余额情况如下：

（1）“财政拨款收入”科目贷方余额为 200 000 元，“事业收入”科目贷方余额为 300 000 元，“上级补助收入”科目贷方余额为 400 000 元，“附属单位上缴收入”科目贷方余额为 500 000 元，“经营收入”科目贷方余额为 600 000 元，“投资收益”科目贷方余额为 70 000 元，“其他收入”科目贷方余额为 80 000 元。

（2）“业务活动费用”科目借方余额为 500 000 元，“单位管理费用”科目借方余额为 400 000 元，“经营费用”科目借方余额为 100 000 元，“资产处置费用”科目借方余额为 20 000 元，“所得税费用”科目借方余额为 10 000 元，“其他费用”科目借方余额为 3 000 元。

该事业单位结转本年收支，并编制会计分录如下：

财务会计：

借：财政拨款收入	200 000	
事业收入	300 000	
上级补助收入	400 000	
附属单位上缴收入	500 000	
经营收入	600 000	
投资收益	70 000	
其他收入	80 000	
贷：本期盈余		2 150 000
借：本期盈余	1 033 000	
贷：业务活动费用		500 000
单位管理费用		400 000
经营费用		100 000
资产处置费用		20 000
所得税费用		10 000
其他费用		3 000

预算会计：无。

二、本年盈余分配

本年盈余分配是指事业单位本年度盈余分配的情况和结果。

（一）科目设置

为了核算本年盈余分配业务，事业单位应设置“本年盈余分配”总账科目。年末结账后，本科目应无余额。

（二）账务处理

（1）年末，将“本期盈余”科目余额转入本科目，借记或贷记“本期盈余”科目，贷记或借记本科目。

（2）年末，根据有关规定从本年度非财政拨款结余或经营结余中提取专用基金的，按照预算会计下计算的提取金额，借记本科目，贷记“专用基金”科目。

（3）年末，按照规定完成上述处理后，将本科目余额转入累计盈余，借记或贷记本科目，贷记或借记“累计盈余”科目。

【例 6-2】 2024 年年末，某事业单位“本期盈余”科目贷方余额为 800 000 元。按规定，从非财政拨款结余中提取专用基金 70 000 元，剩余部分转入累计盈余。

该事业单位编制的会计分录如下：

（1）转入“本期盈余”科目余额时

财务会计：

借：本期盈余　　800 000

贷：本年盈余分配 800 000

预算会计：无。

(2) 提取专用基金时

财务会计：

借：本年盈余分配 70 000

贷：专用基金 70 000

预算会计：

借：非财政拨款结余分配 70 000

贷：专用结余 70 000

(3) 转入“本年盈余分配”科目余额时

财务会计：

借：本年盈余分配 730 000

贷：累计盈余 730 000

预算会计：无。

三、专用基金

专用基金是指事业单位按照规定提取或设置的具有专门用途的净资产，主要包括职工福利基金、科技成果转换基金等。

（一）科目设置

为了核算专用基金业务，事业单位应设置“专用基金”总账科目。本科目应当按照专用基金的类别进行明细核算。本科目期末贷方余额，反映事业单位累计提取或设置的尚未使用的专用基金。

（二）账务处理

1. 根据有关规定从本年度非财政拨款结余或经营结余中提取专用基金

按照预算会计下计算的提取金额，在财务会计中，借记“本年盈余分配”科目，贷记本科目，同时在预算会计中，借记“非财政拨款结余分配”科目，贷记“专用结余”科目；按照规定使用时，在财务会计中，借记“业务活动费用——使用专用基金”等科目，贷记“银行存款”等科目，在预算会计中，借记“事业支出——使用专用结余”等科目，贷记“资金结存”科目；期末结账时，在财务会计中，借记本科目，贷记“业务活动费用——使用专用基金”等科目，在预算会计中，借记“专用结余”科目，贷记“事业支出——使用专用结余”等科目。

2. 根据有关规定从收入中提取专用基金并计入费用

一般按照预算会计下基于预算收入计算提取的金额，在财务会计中，借记“业务活动费用”等科目，贷记本科目，在预算会计中不做账务处理；按照规定使用时，在财务会计中，借记本科目，贷记“银行存款”等科目，在预算会计中，借记“事业支出”等科目，贷记“资金结存”科目。

3. 根据有关规定设置其他专用基金

在财务会计中，按照实际收到的基金金额，借记“银行存款”等科目，贷记本科目，在预算会计中不做账务处理；按照规定使用时，在财务会计中，借记本科目，贷记“银行存款”等科目，在预算会计中不做账务处理。

4. 按照规定使用提取的专用基金购置固定资产、无形资产

使用根据有关规定从本年度非财政拨款结余或经营结余中提取的专用基金，按照固定资产、无形资产成本金额，在财务会计中，借记“固定资产”“无形资产”科目，贷记“银行存款”等科目，在预算会计中，借记“事业支出——使用专用结余”等科目，贷记“资金结存”科目；期末结账时，在财务会计中，借记本科目，贷记“累计盈余”科目，在预算会计中，借记“专用结余”科目，贷记“事业支出——使用专用结余”等科目。

使用根据有关规定从收入中提取并计入费用的专用基金，按照固定资产、无形资产成本金额，在财务会计中，借记“固定资产”“无形资产”科目，贷记“银行存款”等科目，同时按照专用基金使用金额，借记本科目，贷记“累计盈余”科目，在预算会计中，借记“事业支出”等科目，贷记“资金结存”科目。

使用根据有关规定设置的其他专用基金，按照固定资产、无形资产成本金额，在财务会计中，借记“固定资产”“无形资产”科目，贷记“银行存款”等科目，同时按照专用基金使用金额，借记本科目，贷记“累计盈余”科目，在预算会计中不做账务处理。

【例 6-3】 2024 年年末，某事业单位按规定从本年度非财政拨款结余中提取专用基金 500 000 元。

该事业单位编制的会计分录如下：

财务会计：

借：本年盈余分配	500 000	
贷：专用基金		500 000

预算会计：

借：非财政拨款结余分配	500 000	
贷：专用结余		500 000

【例 6-4】 承【例 6-3】，动用该专用基金 5 000 元购买专门用于职工运动会的奖品，款项已以银行存款支付。

该事业单位编制的会计分录如下：

(1) 使用时

财务会计：

借：业务活动费用——使用专用基金	5 000	
贷：银行存款		5 000

预算会计：

借：事业支出——使用专用结余	5 000	
贷：资金结存——货币资金		5 000

(2) 期末结账时

财务会计：

借：专用基金	5 000	
贷：业务活动费用——使用专用基金		5 000

预算会计：

借：专用结余	5 000	

贷：事业支出——使用专用结余 5 000

【例 6-5】 某事业单位按规定从事业收入中提取专用基金 500 000 元。

该事业单位编制的会计分录如下：

财务会计：

借：业务活动费用 500 000

贷：专用基金 500 000

预算会计：无。

【例 6-6】 承【例 6-5】，动用该专用基金支付劳务费 100 000 元。

该事业单位编制的会计分录如下：

财务会计：

借：专用基金 100 000

贷：银行存款 100 000

预算会计：

借：事业支出 100 000

贷：资金结存——货币资金 100 000

小贴士

在事业单位的专用基金中，各项基金的提取比例和管理办法，国家有统一规定的，从其规定；没有统一规定的，由主管部门会同本级财政部门确定。

四、累计盈余

累计盈余是指单位历年实现的盈余扣除盈余分配后滚存的金额，以及因无偿调入调出资产产生的净资产变动额。

（一）科目设置

为了核算累计盈余业务，单位应设置“累计盈余”总账科目。按照规定上缴、缴回、单位间调剂结转结余资金产生的净资产变动额，以及对以前年度盈余的调整金额，也通过本科目核算。本科目期末余额，反映单位未分配盈余（或未弥补亏损）的累计数及截至上年年末无偿调拨净资产变动的累计数。本科目年末余额，反映单位未分配盈余（或未弥补亏损）及无偿调拨净资产变动的累计数。

（二）账务处理

（1）年末，事业单位将“本年盈余分配”科目的余额转入累计盈余，借记或贷记“本年盈余分配”科目，贷记或借记本科目。

（2）年末，将“无偿调拨净资产”科目的余额转入累计盈余，借记或贷记“无偿调拨净资产”科目，贷记或借记本科目。

（3）按照规定上缴财政拨款结转结余、缴回非财政拨款结转资金、向其他单位调出财政拨款结转资金时，按照实际上缴、缴回、调出金额，借记本科目，贷记“财政应返还额度”“银行存款”等科目。按照规定从其他单位调入财政拨款结转资金时，按照实际调入金额，借记“银行存款”等科目，贷记本科目。

(4) 将“以前年度盈余调整”科目的余额转入累计盈余，借记或贷记“以前年度盈余调整”科目，贷记或借记本科目。

(5) 按照规定使用专用基金购置固定资产、无形资产的，按照固定资产、无形资产成本金额，借记“固定资产”“无形资产”科目，贷记“银行存款”等科目；同时，按照专用基金使用金额，借记“专用基金”科目，贷记本科目。

【例 6-7】 2024 年年末，某事业单位净资产相关的部分会计科目余额情况如下：

(1)“本年盈余分配”科目贷方余额为 100 000 元。

(2)“无偿调拨净资产”科目贷方余额为 60 000 元。

(3) 按规定，向原资金拨出单位缴回非财政拨款结转资金 20 000 元。

(4)“以前年度盈余调整”科目借方余额为 30 000 元。

该事业单位编制的会计分录如下：

(1) 财务会计：

借：本年盈余分配	100 000	
贷：累计盈余		100 000

预算会计：无。

(2) 财务会计：

借：无偿调拨净资产	60 000	
贷：累计盈余		60 000

预算会计：无。

(3) 财务会计：

借：累计盈余	20 000	
贷：银行存款		20 000

预算会计：

借：非财政拨款结转——缴回资金	20 000	
贷：资金结存——货币资金		20 000

(4) 财务会计：

借：累计盈余	30 000	
贷：以前年度盈余调整		30 000

预算会计：无。

在财务会计中，期末，单位将各收入类科目、费用类科目的本期发生额转入“本期盈余”科目。年末，事业单位将“本期盈余”科目的余额转入“本年盈余分配”科目，根据相关规定分配后，将“本年盈余分配”科目的余额转入“累计盈余”科目；由于行政单位不能对盈余进行分配，因此行政单位可以将“本期盈余”科目的余额直接转入“累计盈余”科目。收入与费用的差额最终形成单位累计盈余的一种来源。

单位按规定取得无偿调入存货、固定资产、无形资产、公共基础设施等资产时，无偿调拨净资产就会增加；按规定经批准后，无偿调出存货、固定资产、无形资产、公共基础设施等资产时，无偿调拨净资产就会减少。按规定，年末将“无偿调拨净资产”科目的余额转入累计盈余，形成单位累计盈余的一个组成部分。

财政部门对单位的财政拨款结转结余资金可以根据需要采用归集调入、归集上缴、归集调出、单位内部调剂使用等管理办法。其中，归集上缴、归集调出及归集调入的业务都会影响单位的净资产数额；单位内部调剂使用不影响净资产数额。缴回非财政拨款结转资金的情况与上缴财政拨款结转结余资金的情况类似。

如果本年度发生重要前期差错更正的事项，就需要调整以前年度的盈余。以前年度盈余调整的业务包括调整增加或减少以前年度的收入、调整增加或减少以前年度的费用等。

事业单位根据有关规定使用专用基金购买固定资产、无形资产时，将专用基金转入累计盈余。专用基金和累计盈余都属于事业单位的净资产，将专用基金转入累计盈余，只影响净资产的构成，不影响净资产的总额。事实上，事业单位根据有关规定使用专用基金购买固定资产、无形资产时，只是完成了专用基金的专门用途，净资产的总额没有发生变化。

第三节 净资产调整

一、权益法调整

权益法调整是指事业单位持有的长期股权投资采用权益法核算时，按照被投资单位除净损益和利润分配以外的所有者权益变动份额调整长期股权投资账面余额而计入净资产的金额。

（一）科目设置

为了核算权益法调整业务，事业单位应设置“权益法调整”总账科目。本科目应当按照被投资单位进行明细核算。本科目期末余额，反映事业单位在被投资单位除净损益和利润分配以外的所有者权益变动中累积享有（或分担）的份额。

（二）账务处理

（1）年末，按照被投资单位除净损益和利润分配以外的所有者权益变动应享有（或应分担）的份额，借记或贷记“长期股权投资——其他权益变动”科目，贷记或借记本科目。

（2）采用权益法核算的长期股权投资，因被投资单位除净损益和利润分配以外的所有者权益变动而将应享有（或应分担）的份额计入事业单位净资产的，处置该项投资时，按照原计入净资产的相应部分金额，借记或贷记本科目，贷记或借记“投资收益”科目。

【例 6-8】 2023 年 7 月，某事业单位开始持有甲公司 60%的股权，有权决定甲公司的财务和经营政策，相应的长期股权投资采用权益法核算。取得该股权时的初始投资成本为 40 000 000 元，款项以银行存款支付。2024 年 3 月 5 日，该事业单位转让该股权获得收入 60 000 000 元；当日，按照权益法核算的长期股权投资的成本为 40 000 000 元，损益调整借方余额为 6 000 000 元，其他权益变动借方余额为 300 000 元，转让收益为 13 700 000（60 000 000−40 000 000−6 000 000−300 000）元。

该事业单位编制的会计分录如下：

(1) 2024年3月5日，转让股权时

财务会计：

借：银行存款	60 000 000	
贷：长期股权投资——成本		40 000 000
——损益调整		6 000 000
——其他权益变动		300 000
投资收益		13 700 000

预算会计：

借：资金结存——货币资金	60 000 000	
贷：投资支出		40 000 000
投资预算收益		20 000 000

(2) 采用权益法调整时

财务会计：

借：权益法调整	300 000	
贷：投资收益		300 000

预算会计：无。

二、无偿调拨净资产

无偿调拨净资产是指单位无偿调入或调出非现金资产所引起的净资产变动金额。

(一) 科目设置

为了核算无偿调拨净资产业务，单位应设置“无偿调拨净资产”总账科目。年末结账后，本科目应无余额。

(二) 账务处理

(1) 按照规定取得无偿调入的存货、长期股权投资、固定资产、无形资产、公共基础设施、政府储备物资、文物资源、保障性住房等，按照确定的成本，借记“库存物品”“长期股权投资”“固定资产”“无形资产”“公共基础设施”“政府储备物资”“文物资源”“保障性住房”等科目，按照调入过程中发生的归属于调入方的相关费用，贷记“财政拨款收入”“银行存款”等科目，按照其差额，贷记本科目。

(2) 按照规定经批准无偿调出存货、长期股权投资、固定资产、无形资产、公共基础设施、政府储备物资、文物资源、保障性住房等，按照调出资产的账面余额或账面价值，借记本科目，按照固定资产累计折旧、无形资产累计摊销、公共基础设施累计折旧或摊销、保障性住房累计折旧的金额，借记“固定资产累计折旧”“无形资产累计摊销”“公共基础设施累计折旧（摊销）”“保障性住房累计折旧”科目，按照调出资产的账面余额，贷记“库存物品”“长期股权投资”“固定资产”“无形资产”“公共基础设施”“政府储备物资”“文物资源”“保障性住房”等科目；同时，按照调出过程中发生的归属于调出方的相关费用，借记“资产处置费用”科目，贷记“财政拨款收入”“银行存款”等科目。

(3) 年末，将本科目余额转入累计盈余，借记或贷记本科目，贷记或借记“累计盈余”科目。

【例 6-9】 经批准，某行政单位向其他单位无偿调出一台设备，该设备的账面余额为500 000 元，已提折旧 200 000 元。在调拨过程中，发生归属于该行政单位的费用 800 元，款项以库存现金支付。

该行政单位编制的会计分录如下：

财务会计：

借：无偿调拨净资产	300 000	
固定资产累计折旧	200 000	
贷：固定资产		500 000
借：资产处置费用	800	
贷：库存现金		800

预算会计：

借：其他支出	800	
贷：资金结存——货币资金		800

【例 6-10】 经批准，某行政单位无偿调入一批政府储备物资，相关凭证表明该批政府储备物资的账面价值为 800 000 元。在调入过程中，发生归属于该行政单位的运输费等费用 50 000 元，款项通过国库集中支付方式支付。

该行政单位编制的会计分录如下：

财务会计：

借：政府储备物资	850 000	
贷：无偿调拨净资产		800 000
财政拨款收入		50 000

预算会计：

借：其他支出	50 000	
贷：财政拨款预算收入		50 000

【例 6-11】 2024 年年末，某行政单位无偿调拨净资产科目贷方余额为 500 000 元，将其转入“累计盈余”科目。

该行政单位编制的会计分录如下：

财务会计：

借：无偿调拨净资产	500 000	
贷：累计盈余		500 000

预算会计：无。

三、以前年度盈余调整

以前年度盈余调整是指单位本年度发生的调整以前年度盈余的事项，包括本年度发生的重要前期差错更正涉及调整以前年度盈余的事项。

（一）科目设置

为了核算以前年度盈余调整业务，单位应设置“以前年度盈余调整”总账科目。本科目结转后应无余额。

（二）账务处理

（1）调整增加以前年度收入时，按照调整增加的金额，借记有关科目，贷记本科目。调整减少的，做相反会计分录。

（2）调整增加以前年度费用时，按照调整增加的金额，借记本科目，贷记有关科目。调整减少的，做相反会计分录。

（3）盘盈的各种非流动资产，报经批准后处理时，借记“待处理财产损溢”科目，贷记本科目。

（4）经上述调整后，应将本科目的余额转入累计盈余，借记或贷记“累计盈余”科目，贷记或借记本科目。

【例 6-12】 某事业单位 2024 年 5 月在内部审计时发现，2023 年 9 月有一笔预收账款 80 000 元，付款方已经收到该事业单位提供的商品，达到收入确认条件，但当年没有确认为收入，现予以调整。（注：该事业单位预算会计在收到预收账款时进行了相应的账务处理）

该事业单位编制的会计分录如下：

财务会计：

借：预收账款　　80 000

　贷：以前年度盈余调整　　80 000

预算会计：无。

【例 6-13】 2024 年 4 月，某事业单位在内部审计时发现，上一年度漏记了一项无形资产摊销，导致上一年度的业务活动费用少计了 8 000 元，现进行错误更正。

该事业单位编制的会计分录如下：

财务会计：

借：以前年度盈余调整　　8 000

　贷：无形资产累计摊销　　8 000

预算会计：无。

【例 6-14】 2024 年 3 月，某行政单位盘盈一项固定资产，确定成本为 50 000 元。经核实，为以前年度取得，在取得时未及时入账。按规定报经批准后，该项盘盈固定资产作为重要前期差错更正。

该行政单位编制的会计分录如下：

（1）发现时

财务会计：

借：固定资产　　50 000

　贷：待处理财产损溢　　50 000

预算会计：无。

（2）报经批准处理时

借：待处理财产损溢　　50 000

　贷：以前年度盈余调整　　50 000

预算会计：无。

思政园地

诚信纳税，利国利民

一、案例材料

（一）朱××、林××偷逃税案

随着我国数字经济的发展，网络主播带货成为新的经济热点，但网络主播偷逃税也渐成高发趋势。2021 年 11 月 22 日，新华社记者从浙江省杭州市税务部门了解到，网络主播朱××、林××因偷逃税款，将被依法追缴税款、加收滞纳金并处罚款分别为 6 555.31 万元和 2 767.25 万元。

浙江省杭州市税务部门通过税收大数据分析，发现朱××、林××两名网络主播涉嫌偷逃税款，在相关税务机关协作配合下，对其依法开展了全面深入的税务稽查。经查，2019—2020 年，朱××、林××通过在上海、广西、江西等地设立个人独资企业，虚构业务，将其取得的个人工资薪金和劳务报酬所得转变为个人独资企业的经营所得，偷逃个人所得税。朱××、林××两人的上述行为违反了相关税收法律法规，扰乱了税收征管秩序。

（二）刘××偷逃税案

2002 年 4 月，经北京市地税局查证，北京某文化艺术有限责任公司自 1996 年以来采取不列或少列收入、多列支出、虚假申报等手段偷逃巨额税款。

2002 年 5 月，刘××涉嫌偷税的事情被媒体曝光并不断发酵。6 月 20 日，刘××被公安局依法拘留。7 月 24 日，刘××因偷税被正式逮捕。当时已年近 50 岁的刘××锒铛入狱，曾经风光一时的影视明星一夜落魄。2003 年 2 月 17 日，刘××偷逃税案调查结束，其文化艺术有限责任公司偷逃税 1 458.3 万元，税务机关不仅追缴税款，还加收滞纳金 573 万元。

（三）范××偷逃税案

范××偷税漏税事件是 2018 年中国演艺圈的一件大事，范××及其担任法定代表人的企业因偷逃税款遭调查并被处以巨额罚款。

2018 年 5 月 28 日，某著名主持人在微博上曝光了一份范××演出的保密合同，涉案总额为 6 000 万元，但当中涉及"大小合同"，"小的"是 1 000 万元，"大的"是 5 000 万元。2018 年 10 月 3 日，新华社证实，国家税务总局及江苏省税务局已查清范××"阴阳合同"涉税问题的案件事实，范××须在限期内缴清近 9 亿元的欠税及罚款。否则，税务机关将依法对其做出移送公安机关的处理。同日，范××在微博发声并贴出致歉信，完全接受税务部门的一系列处罚决定，并积极配合完成欠税及罚款的缴纳。

二、案例分析

诚信是社会主义核心价值观的重要内容。诚信即诚实守信，是人类社会千百年传承下来的优良道德传统，它强调诚实劳动、信守承诺、诚恳待人。

中国自古以来非常重视诚信。先秦时期，儒家就提出"诚"和"信"的概念，把诚信作为修身处世治国的基本美德。《中庸》提出："诚者，天之道也；诚之者，人之道也。"《中庸》把"诚"视为天性和礼的核心范畴，认为诚笃之德是达至"天人合一"境界的前提。荀子进一步认为，"诚"为"政事之本"。宋代朱熹认为，"信"不仅是"仁"的表现，更是人们交往的准则。显然，在中国传统思想中，诚信不仅是一个基本的伦理概念，更是人们立身处世的基本品质。

税收诚信不仅是市场经济条件下税收宣传的口号，更是社会基本的道德规范，是构建新型税收征纳关系的基础。在市场经济这个大环境中，不论是纳税人还是代表国家行使执法权的征税机关，都应坚守诚信原则，以诚信为根本，努力营造良好的税收诚信氛围，促进社会主义市场经济健康发展。

税收遵从需要纳税人诚信纳税。换个角度说，税收遵从需要对缺失诚信的纳税人实行适度的惩罚，这就是税收理论中讲到的违章处理。也就是说，如果纳税人违反税法，那么就需要根据其情节严重程度给予行政处罚和刑事处罚。税务机关需要借助于法律武器来惩罚违反税收法律法规的单位和个人。

三、案例总结

加强诚信建设的根本是把诚信落实到每个公民的生活中，贯穿践行社会主义核心价值观的全过程。加强诚信建设是一个漫长而艰苦的过程，不可能一蹴而就。因此，我们更要持之以恒地加强诚信建设，切实强化每一个公民的诚信观念，最大限度地增强每一个公民的诚信意识，营造人人讲诚信的良好社会风尚。

税收诚信是社会主义市场经济的客观需要，是全面推进依法治税的内在要求；既是公民的法定义务，又是遵守公民道德规范的具体体现。

综上所述，每个法律主体都不仅要掌握好税收原理中的税制要素相关内容，清醒认识税收违法行为的严重后果，将“诚信纳税，利国利民”作为人生信条，而且要了解税收诚信在税收征管过程中的重要地位，把握诚信对做人做事的重要性，树立正确的世界观、人生观和价值观。

扫一扫

最高检印发《关于办理财务造假犯罪案件有关问题的解答》

思考题

1. 什么是净资产？净资产与预算结余有什么区别？

2. 行政单位的净资产会计科目有哪些？事业单位的净资产会计科目有哪些？行政单位与事业单位共用的净资产会计科目有哪些？

3. 年终，在完成各项结转后，哪些净资产会计科目有余额？哪些净资产会计科目无余额？

4. 什么是专用基金？专用基金提取的方法有哪些？

5. 单位累计盈余形成的主要来源有哪些？

本章同步练习

一、单项选择题

1. 下列不属于单位净资产的是（　　）。

A. 累计盈余　　B. 本期盈余

C. 专用基金　　D. 待处理财产损溢

2. 下列单位净资产类科目，年末肯定无余额的是（　　）。

A. 本年盈余分配　　B. 累计盈余

C. 专用基金　　D. 权益法调整

3. 单位本期盈余如为借方余额，反映（　　）。

A. 当期实现的盈余　　B. 自年初至当期期末累计实现的盈余

C. 当期发生的亏损　　D. 自年初至当期期末累计发生的亏损

4. 年末结账时，事业单位应将“本期盈余”科目余额转入（　　）科目。

A. 累计盈余　　B. 本年利润

C. 本年盈余分配　　D. 资金结存

5. 期末，下列项目不可能转入“本期盈余”科目的是（　　）。

A. 事业收入　　B. 事业支出

C. 其他收入　　D. 业务活动费用

6. 下列关于“本年盈余分配”科目的说法，不正确的是（　　）。

A. 体现了单位本年度预算结余分配的情况

B. 年末应将余额转入“累计盈余”科目

C. 年末结账后应无余额

D. 年末从本科目中提取专用基金

7. 年末，下列科目余额不可能转入“累计盈余”科目的是（　　）。

A. 本年盈余分配　　B. 权益法调整

C. 无偿调拨净资产　　D. 本期盈余

8. 单位无偿调入的固定资产，应按照（　　）。

A. 固定资产的评估价值加上相关税费、运输费等入账

B. 固定资产调出方的账面价值加上相关税费、运输费等入账

C. 调入固定资产的市场价格加上相关税费、运输费等入账

D. 固定资产调出方的账面余额加上相关税费、运输费等入账

9. 为了核算单位无偿调入或调出非现金资产所引起的净资产变动金额，在净资产类设置（　　）总账科目。

A. 无偿调拨净资产　　B. 专用基金

C. 待偿债净资产　　D. 权益法调整

10. 盘盈以前年度的各种固定资产时，报经批准后，应记入（　　）科目的贷方。

A. 业务活动费用　　B. 以前年度盈余调整

C. 累计盈余　　D. 固定资产

二、多项选择题

1. 下列属于单位净资产类科目的有（　　）。

A. 本期盈余　　B. 本年盈余分配

C. 无偿调拨净资产　　D. 专用结余

E. 财政拨款结转

2. 下列单位净资产类科目，年末肯定无余额的有（　　）。

A. 累计盈余　　B. 无偿调拨净资产

C. 权益法调整　　D. 本年盈余分配

E. 本期盈余

3. 期末，下列项目不可能转入“本期盈余”科目的有（　　）。

A. 事业收入　　B. 事业支出

C. 事业预算收入　　D. 业务活动费用

E. 经营支出

4. 下列关于“本年盈余分配”科目的说法，正确的有（　　）。

A. 体现事业单位本年度盈余分配情况

B. 只有在年末才会用到本科目

C. 年末结账后应无余额

D. 年末将本科目余额转入“非财政拨款结余分配”科目

E. 年末可能从本科目中提取专用基金

5. 下列科目余额，不可能转入“累计盈余”科目的有（　　）。

A. “专用基金”贷方余额　　B. “本期盈余”贷方余额

C. “以前年度盈余调整”贷方余额　　D. “无偿调拨净资产”借方余额

E. “权益法调整”借方余额

三、判断题

1. 净资产是指单位资产扣除负债后的余额。（　　）

2. 本期盈余是指单位本期各项收入、费用相抵后的余额。（　　）

3. 本年盈余分配是指事业单位本年度盈余分配的情况和结果，该科目年末结账后，应无余额。（　　）

4. 专用基金是指单位按照规定提取或设置的有专门用途的资金。（　　）

5. 事业单位提取专用基金时，按照预算会计下相关科目计算得出应提取金额。（　　）

6. 无偿调拨净资产是指单位无偿调入或调出非现金资产所引起的净资产变动金额。（　　）

7. 累计盈余是指单位历年实现的盈余扣除盈余分配后滚存的金额，以及因无偿调入调出资产产生的净资产变动额。（　　）

8. 年末结账后，“本期盈余”科目应无余额。（　　）

四、业务题

1. 某事业单位有关资料如下：

(1) 1月1日，“累计盈余”科目贷方余额为580 000元。

（2）全年各项收入和费用发生额如表6-1所示。

表6-1 收入和费用发生额表

单位：元

收入科目名称	贷方余额	费用科目名称	借方余额
财政拨款收入	78 900 000	业务活动费用	81 400 000
事业收入	64 360 000	单位管理费用	41 200 000
上级补助收入	3 600 000	经营费用	620 000
附属单位上缴收入	320 000	资产处置费用	45 000
经营收入	560 000	上缴上级费用	500 000
非同级财政拨款收入	3 246 000	对附属单位补助费用	80 000
投资收益	75 000	其他费用	73 000
捐赠收入	120 000		
利息收入	725 000		
租金收入	88 000		
其他收入	64 000		
合计	152 058 000	合计	123 918 000

（3）截至12月31日，“无偿调拨净资产”科目贷方余额为512 000元，“以前年度盈余调整”科目贷方余额为75 000元。

要求：

（1）年末，结转全年的收入和费用发生额至“本期盈余”科目。

（2）年末，将“本期盈余”结转到“本年盈余分配”科目。

（3）年末，按其他结余资金585 000元的40%计提职工福利基金。

（4）年末，将“本期盈余分配”结转到“累计盈余”科目。

（5）年末，将“无偿调拨净资产”结转到“累计盈余”科目。

（6）年末，将“以前年度盈余调整”结转到“累计盈余”科目。

（7）计算“累计盈余”科目年末余额。

2. 年末，某行政单位与净资产相关的部分会计科目余额情况如下：

(1) 上缴财政拨款结余资金 30 000 元，相应调减财政应返还额度。

(2) 按规定，向原资金拨出单位缴回非财政拨款结转资金 35 000 元。

(3) 收到其他单位调入的财政拨款结转资金 12 000 元。

(4) “本年盈余分配”科目贷方余额为 400 000 元，将其转入“累计盈余”科目。

(5) “无偿调拨净资产”科目贷方余额为 50 000 元，将其转入“累计盈余”科目。

(6) “以前年度盈余调整”科目借方余额为 5 000 元，将其转入“累计盈余”科目。

要求：根据上述业务编制相应的会计分录。

第七章

预算结余的核算

学习目标

1. 熟悉政府会计中预算结余的概念、分类。
2. 掌握资金结存下设的明细科目及会计核算。
3. 掌握同级财政拨款结转结余的会计核算。
4. 掌握非同级财政专项资金结转结余的会计核算。
5. 掌握经营收支结转的会计核算。
6. 掌握其他资金结转的会计核算。

扫一扫

预算结余类
账务处理

第一节　预算结余概述

《政府会计准则——基本准则》规定，政府预算会计要素包括预算收入、预算支出与预算结余。

一、预算结余的概念

预算结余是指政府会计主体预算年度内预算收入扣除预算支出后的资金余额，以及历年滚存的资金余额。因此，预算结余要素实际上包括两项内容，即反映期间属性的当期预算结余和反映某一时点预算资金来源状况的历年滚存预算结余。历年滚存预算结余与预算收入和预算支出的属性并不相同，它们之间不存在直接的平衡关系。历年滚存预算结余由历年的当期预算结余累积形成。当期预算结余与预算收入和预算支出存在以下关系：

当期预算结余=预算收入-预算支出

在新制度的预算结余类中存在一个“资金结存”科目，它实际上类似财务会计资产要素中的内容（因此在下面的预算结余分类中没有将它包含在内），反映的是单位某一时点的预算资金占用情况；而历年滚存预算结余类似财务会计净资产要素中的内容，反映的是单位某一时点的预算资金来源情况。两者均反映某一时点的状况，因此它们存在以下相等关系：

资金结存=历年滚存预算结余

在“资金结存”科目下设置“货币资金”“零余额账户用款额度”“财政应返还额

度”三个明细科目，反映预算资金的收支情况及结存状态，同时使其与财务会计相关货币资金类科目形成对应关系。

二、预算结余的分类

（一）按照资金限定性和业务完成情况分类

单位的预算结余可以按照资金限定支持的相关业务是否完成分为结转和结余。

1. 结转

结转是指当年预算已执行但尚未完成，或者因故未执行，下年度需要按照原用途继续使用的预算结余资金，包括财政拨款结转、非财政拨款结转。

财政拨款结转是指单位当年预算已执行但尚未完成，或者因故未执行，下年度需要按照原用途继续使用的同级财政拨款滚存资金。它包括基本支出结转和项目支出结转。

非财政拨款结转，即单位在事业预算收入、非同级财政拨款预算收入、上级补助预算收入、债务预算收入、其他预算收入等方面，有一些被出资者限定了用途，即形成了专项资金，如果单位当期未完成相应限定的业务，这些被限定用途的资金就会形成当期的预算收支差额，下年度需要继续按照原用途使用。

2. 结余

结余是指当年预算工作目标已完成，或者因故终止，不再用于限定项目的预算资金。这些资金根据管理要求，可在单位内部、部门内部调剂或交回出资者，或者留给单位使用。这类不再用于出资者限定项目的结余包括财政拨款结余、非财政拨款结余、经营结余、专用结余和其他结余。

财政拨款结余是指项目支出预算工作目标已完成，或者由于受政策变化、计划调整等因素影响工作终止，当年剩余的同级财政拨款资金。能称为财政拨款结余的只有同级财政拨款项目支出结余资金。

除财政拨款结余外，其余的结余都属于非同级财政拨款资金的结余，包括非财政拨款结余、经营结余（事业单位专有）、专用结余（事业单位专有）和其他结余。

非财政拨款结余是指单位历年滚存的非限定用途的非同级财政拨款结余资金，它由各种未受到用途限制的非同级财政拨款资金预算收支相抵后转入累积形成。

经营结余是指事业单位当年经营预算收支的差额弥补以前年度经营亏损后的余额。

专用结余是指事业单位按照规定从非财政拨款结余中提取的具有专门用途的资金，它的专门用途不是由资金提供方限定形成的，而是由事业单位按照规定对本来无限定的非财政拨款结余进行限定形成的。

其他结余是指单位未被限定用途的非同级财政拨款资金当期预算收支的差额。

（二）按照资金来源分类

单位的预算结余可以按照资金来源分为财政拨款结转结余和非财政拨款结转结余。

财政拨款结转结余是指同级财政拨款预算收支形成的结余，包括财政拨款结转、财政拨款结余。

非财政拨款结转结余是指非同级财政拨款预算收支形成的结余，包括非财政拨款结转、非财政拨款结余、经营结余、专用结余和其他结余。

预算结余类总账科目及明细科目表如表 7-1 所示。

表 7-1　预算结余类总账科目及明细科目表

总账科目	二级明细科目	三级明细科目	四级明细科目	五级明细科目	六级明细科目
资金结存	零余额账户用款额度				
	货币资金				
	财政应返还额度				
财政拨款结转	一般公共预算财政拨款	年初余额调整 归集调入 归集调出 归集上缴 单位内部调剂 本年收支结转 累计结转	支出功能分类科目	基本支出结转	人员经费
					日常公用经费
	政府性基金预算财政拨款			项目支出结转	××项目
财政拨款结余	一般公共预算财政拨款	年初余额调整 归集上缴 单位内部调剂 结转转入 累计结余	支出功能分类科目	××项目	
	政府性基金预算财政拨款				
非财政拨款结转	年初余额调整 缴回资金 项目间接费用或管理费 本年收支结转 累计结转	××项目	支出功能分类科目		
非财政拨款结余	年初余额调整 项目间接费用或管理费 结转转入 累计结余	支出功能分类科目			
经营结余	经营活动类别				
专用结余	用途类别				
其他结余					
非财政拨款结余分配					

第二节 资金结存

一、科目设置

为了核算资金结存业务，单位应设置“资金结存”总账科目。本科目核算单位纳入部门预算管理的资金的流入、流出、调整和滚存等情况。本科目年末借方余额，反映单位预算资金的累计滚存情况。本科目应当设置下列明细科目。

（一）零余额账户用款额度

本明细科目核算实行国库集中支付的单位根据财政部门批复的用款计划收到和支用的零余额账户用款额度。需要说明的是，只有尚未实行预算管理一体化的预算单位才可设置“零余额账户用款额度”科目，并在“资金结存”科目下设置本明细科目；实行预算管理一体化的预算单位不再使用“零余额账户用款额度”科目，“资金结存”科目下也不再设置本明细科目。

年末结账后，本明细科目应无余额。

（二）货币资金

本明细科目核算单位以库存现金、银行存款、其他货币资金形态存在的资金。

本明细科目年末借方余额，反映单位尚未使用的货币资金。

（三）财政应返还额度

本明细科目核算实行国库集中支付的单位可以使用的以前年度财政直接支付资金额度和财政应返还的财政授权支付资金额度。如果预算单位尚未实行预算管理一体化，本明细科目下可设置“财政直接支付”“财政授权支付”两个明细科目进行核算；反之，实行预算管理一体化的预算单位，本明细科目下不再设置明细科目。

本明细科目年末借方余额，反映单位应收财政返还的资金额度。

二、账务处理

（一）取得预算收入

（1）预算单位在以实拨资金方式取得预算收入时，按照实际收到的金额，借记本科目（货币资金），贷记“财政拨款预算收入”“事业预算收入”“经营预算收入”等科目。

（2）预算单位在某些特定情况下按规定从本单位零余额账户向本单位实有资金账户划转资金用于后续相关支出的，应当根据收到的国库集中支付凭证及实有资金账户入账凭证，按照凭证入账金额，在预算会计下借记本科目（货币资金），贷记“财政拨款预算收入”科目（使用本年度预算指标）或本科目（财政应返还额度）（使用以前年度预算指标）；在财务会计下借记“银行存款”科目，贷记“财政拨款收入”科目（使用本年度预算指标）或“财政应返还额度”科目（使用以前年度预算指标）。

（3）尚未实行预算管理一体化的预算单位，根据代理银行转来的财政授权支付额度到账通知书，按照通知书中的授权支付额度，借记本科目（零余额账户用款额度），贷记

"财政拨款预算收入"科目。

(二) 因购货退回、发生差错更正等退回国库集中支付款项或收回货币资金

属于本年度支付的，借记"财政拨款预算收入"科目或本科目（财政应返还额度、货币资金），贷记相关支出科目；属于以前年度支付或对项目未结束的跨年资金退回的，借记本科目（财政应返还额度、货币资金），贷记"财政拨款结转""财政拨款结余""非财政拨款结转""非财政拨款结余"科目。

(三) 年末确认未下达财政用款额度

(1) 预算单位实行预算管理一体化的，年末，根据财政部门批准的本年度预算指标数大于当年实际支付数的差额中允许结转使用的金额，借记本科目（财政应返还额度），贷记"财政拨款预算收入"科目。

(2) 预算单位尚未实行预算管理一体化的，年末，根据本年度财政直接支付预算指标数与当年财政直接支付实际支出数的差额，借记本科目（财政应返还额度），贷记"财政拨款预算收入"科目。本年度财政授权支付预算指标数大于零余额账户用款额度下达数的，根据未下达的用款额度，借记本科目（财政应返还额度），贷记"财政拨款预算收入"科目。

(四) 在国库集中支付以外的支付方式下发生相关支出

按照实际支付金额，借记"行政支出""事业支出"等科目，贷记本科目（货币资金）。

(五) 按照规定使用专用基金

按照实际支付金额，借记"事业支出"等科目，贷记本科目（货币资金）。

(六) 发生其他预算支出

(1) 实行预算管理一体化的预算单位使用以前年度预算指标时，或者尚未实行预算管理一体化的预算单位使用以前年度财政直接支付额度发生支出时，按照实际支付金额，借记"行政支出""事业支出"等科目，贷记本科目（财政应返还额度）。

(2) 尚未实行预算管理一体化的预算单位，通过财政授权支付方式发生相关支出时，按照实际支付金额，借记"行政支出""事业支出"等科目，贷记本科目（零余额账户用款额度）。

(七) 上缴、注销、缴回、调入结转结余资金

(1) 按照规定上缴财政拨款结转结余资金或注销财政拨款结转结余资金额度的，按照实际上缴资金数额或注销资金额度数额，借记"财政拨款结转——归集上缴"或"财政拨款结余——归集上缴"科目，贷记本科目（财政应返还额度、货币资金）。

(2) 按规定向原资金拨入单位缴回非财政拨款结转资金的，按照实际缴回资金数额，借记"非财政拨款结转——缴回资金"科目，贷记本科目（货币资金）。

(3) 收到从其他单位调入的财政拨款结转资金的，按照实际调入资金数额，借记本科目（财政应返还额度、货币资金），贷记"财政拨款结转——归集调入"科目。

(八) 缴纳企业所得税

有企业所得税缴纳义务的事业单位缴纳所得税时，按照实际缴纳金额，借记"非财政拨款结余——累计结余"科目，贷记本科目（货币资金）。

【例 7-1】 某事业单位收到同级政府财政部门实拨的专项经费 80 000 元，2024 年 4 月 28 日收到银行存款进账单，取得该笔预算收入。

该事业单位编制的会计分录如下：

财务会计：

借：银行存款　　80 000

　贷：财政拨款收入　　80 000

预算会计：

借：资金结存——货币资金　　80 000

　贷：财政拨款预算收入　　80 000

【例 7-2】 某事业单位的银行账户收到从其他单位调入的财政拨款结转资金 300 000 元，款项已到账。

该事业单位编制的会计分录如下：

财务会计：

借：银行存款　　300 000

　贷：累计盈余　　300 000

预算会计：

借：资金结存——货币资金　　300 000

　贷：财政拨款结转——归集调入　　300 000

【例 7-3】 某行政单位本年度通过国库集中支付方式采购一批办公用品，在入库后发现有质量问题将其退回。收到财政资金退回通知书及相关原始凭证，退回相关货款 50 000 元。

该行政单位编制的会计分录如下：

财务会计：

借：财政拨款收入　　50 000

　贷：库存物品　　50 000

预算会计：

借：财政拨款预算收入　　50 000

　贷：行政支出　　50 000

【例 7-4】 承【例 7-3】，假设该批办公用品是去年采购的，所用资金来自财政拨款预算收入中的基本支出拨款，其他条件不变。

该行政单位编制的会计分录如下：

财务会计：

借：财政应返还额度　　50 000

　贷：库存物品　　50 000

预算会计：

借：资金结存——财政应返还额度　　50 000

　贷：财政拨款结转——年初余额调整　　50 000

【例 7-5】 某行政单位实行预算管理一体化，进行年终结算时，全年国库集中支付指标数为 19 000 000 元，实际已使用 14 000 000 元，其差额部分允许单位结转使用。

该行政单位编制的会计分录如下：

财务会计：

借：财政应返还额度　　5 000 000

　贷：财政拨款收入　　5 000 000

预算会计：

借：资金结存——财政应返还额度　　5 000 000

　贷：财政拨款预算收入　　5 000 000

【例 7-6】　某事业单位因开展专业业务活动，向外聘人员支付劳务费 8 000 元，以银行存款支付。

该事业单位编制的会计分录如下：

财务会计：

借：业务活动费用　　8 000

　贷：银行存款　　8 000

预算会计：

借：事业支出　　8 000

　贷：资金结存——货币资金　　8 000

【例 7-7】　某事业单位用专用基金采购一台不需要安装的设备，价值 50 000 元，款项以银行存款支付。该项专用基金是从非财政拨款结余和经营结余中提取的。

该事业单位编制的会计分录如下：

（1）使用专用基金时

财务会计：

借：固定资产　　50 000

　贷：银行存款　　50 000

预算会计：

借：事业支出　　50 000

　贷：资金结存——货币资金　　50 000

（2）期末结账时

财务会计：

借：专用基金　　50 000

　贷：累计盈余　　50 000

预算会计：

借：专用结余　　50 000

　贷：事业支出　　50 000

【例 7-8】　承【例 7-7】，假设该项专用基金是从收入中提取并计入费用的，其他条件不变。

该事业单位编制的会计分录如下：

财务会计：

借：固定资产　　50 000

　贷：银行存款　　50 000

借：专用基金　　50 000
　贷：累计盈余　　50 000
预算会计：
借：事业支出　　50 000
　贷：资金结存——货币资金　　50 000

【例 7-9】 某行政单位发生业务活动费用支出 50 000 元（尚未实行预算一体化），使用以前年度财政直接支付额度支付。

该行政单位编制的会计分录如下：
财务会计：
借：业务活动费用　　50 000
　贷：财政应返还额度　　50 000
预算会计：
借：行政支出　　50 000
　贷：资金结存——财政应返还额度　　50 000

【例 7-10】 某事业单位通过单位零余额账户向外聘人员支付劳务费 8 000 元（尚未实行预算一体化）。

该事业单位编制的会计分录如下：
财务会计：
借：业务活动费用　　8 000
　贷：零余额账户用款额度　　8 000
预算会计：
借：事业支出　　8 000
　贷：资金结存——零余额账户用款额度　　8 000

【例 7-11】 某事业单位完成一个专项任务。按规定，以银行存款上缴财政拨款结余资金 30 000 元，同时向原资金拨入单位缴回非财政拨款结转资金 50 000 元。

该事业单位编制的会计分录如下：
财务会计：
借：累计盈余　　80 000
　贷：银行存款　　80 000
预算会计：
借：财政拨款结余——归集上缴　　30 000
　　非财政拨款结转——缴回资金　　50 000
　贷：资金结存——货币资金　　80 000

【例 7-12】 某事业单位以银行存款缴纳所得税 60 000 元，税款已缴纳。

该事业单位编制的会计分录如下：
财务会计：
借：其他应交税费——单位应交所得税　　60 000
　贷：银行存款　　60 000
预算会计：

借：非财政拨款结余——累计结余　　60 000
　贷：资金结存——货币资金　　60 000

第三节　财政拨款结转与结余

一、财政拨款结转

（一）科目设置

为了核算财政拨款结转业务，单位应设置“财政拨款结转”总账科目。本科目核算单位取得的同级财政拨款结转资金的调整、结转和滚存情况。本科目应当设置下列明细科目。本科目年末贷方余额，反映单位滚存的财政拨款结转资金数额。

1. 与会计差错更正、以前年度支出收回相关的明细科目

“年初余额调整”：本明细科目核算因发生会计差错更正、以前年度支出收回等，需要调整财政拨款结转的金额。年末结账后，本明细科目应无余额。

2. 与财政拨款调拨业务相关的明细科目

（1）“归集调入”：本明细科目核算按照规定从其他单位调入财政拨款结转资金时，实际调增的额度数额或调入的资金数额。年末结账后，本明细科目应无余额。

（2）“归集调出”：本明细科目核算按照规定向其他单位调出财政拨款结转资金时，实际调减的额度数额或调出的资金数额。年末结账后，本明细科目应无余额。

（3）“归集上缴”：本明细科目核算按照规定上缴财政拨款结转资金时，实际核销的额度数额或上缴的资金数额。年末结账后，本明细科目应无余额。

（4）“单位内部调剂”：本明细科目核算经财政部门批准对财政拨款结余资金改变用途，调整用于本单位其他未完成项目等的调整金额。年末结账后，本明细科目应无余额。

3. 与年末财政拨款结转业务相关的明细科目

（1）“本年收支结转”：本明细科目核算单位本年度财政拨款收支相抵后的余额。年末结账后，本明细科目应无余额。

（2）“累计结转”：本明细科目核算单位滚存的财政拨款结转资金。本明细科目年末贷方余额，反映单位财政拨款滚存的结转资金数额。

本科目还应当设置“基本支出结转”“项目支出结转”两个明细科目，并在“基本支出结转”明细科目下按照“人员经费”“日常公用经费”进行明细核算，在“项目支出结转”明细科目下按照具体项目进行明细核算；同时，本科目还应按照《政府收支分类科目》中“支出功能分类科目”的相关科目进行明细核算。

有一般公共预算财政拨款、政府性基金预算财政拨款等两种或两种以上财政拨款的，还应当在本科目下按照财政拨款的种类进行明细核算。

（二）账务处理

1. 会计差错更正、以前年度支出收回

（1）因发生会计差错更正退回以前年度国库集中支付款项或财政性货币资金，或者因发生会计差错更正增加以前年度国库集中支付支出或财政性货币资金支出，属于以前年度财政拨款结转资金的，借记或贷记“资金结存——财政应返还额度、货币资金”科目，贷记或借记本科目（年初余额调整）。

（2）因购货退回、预付款项收回等发生以前年度支出又收回国库集中支付款项或收回财政性货币资金，属于以前年度财政拨款结转资金的，借记“资金结存——财政应返还额度、货币资金”科目，贷记本科目（年初余额调整）。

2. 财政拨款结转结余资金调整

（1）按照规定从其他单位调入财政拨款结转资金的，按照实际调增的额度数额或调入的资金数额，借记“资金结存——财政应返还额度、货币资金”科目，贷记本科目（归集调入）。

（2）按照规定向其他单位调出财政拨款结转资金的，按照实际调减的额度数额或调出的资金数额，借记本科目（归集调出），贷记“资金结存——财政应返还额度、货币资金”科目。

（3）按照规定上缴财政拨款结转资金或注销财政拨款结转资金额度的，按照实际上缴资金数额或注销资金额度数额，借记本科目（归集上缴），贷记“资金结存——财政应返还额度、货币资金”科目。

（4）经财政部门批准对财政拨款结余资金改变用途，调整用于本单位基本支出或其他未完成项目支出的，按照批准调剂的金额，借记“财政拨款结余——单位内部调剂”科目，贷记本科目（单位内部调剂）。

3. 年末确定财政拨款累计结转和结余

（1）年末，将财政拨款预算收入本年发生额转入本科目，借记“财政拨款预算收入”科目，贷记本科目（本年收支结转）；将各项支出中财政拨款支出本年发生额转入本科目，借记本科目（本年收支结转），贷记各项支出（财政拨款支出）科目。

（2）年末冲销有关明细科目余额。将本科目（本年收支结转、年初余额调整、归集调入、归集调出、归集上缴、单位内部调剂）余额转入本科目（累计结转）。结转后，本科目除“累计结转”明细科目以外，其他明细科目应无余额。

（3）年末完成上述结转后，应当对财政拨款结转各明细项目执行情况进行分析，按照有关规定将符合财政拨款结余性质的项目余额转入财政拨款结余，借记本科目（累计结转），贷记“财政拨款结余——结转转入”科目。

【例 7-13】 某事业单位去年因订购货物发生预付账款 500 000 元，所需资金来自财政拨款中的基本支出拨款。由于订购的货物未按时收到，该事业单位于本会计年度收回了上一会计年度的全部预付账款，款项已存入银行账户。

该事业单位编制的会计分录如下：

财务会计：

借：银行存款　　500 000

　贷：以前年度盈余调整　　500 000

预算会计：

借：资金结存——货币资金　　500 000

　贷：财政拨款结转——年初余额调整　　500 000

【例 7-14】 经财政部门批准，某行政单位收到从其他单位调入的财政拨款结转资金 500 000 元，款项已存入银行账户。

该行政单位编制的会计分录如下：

财务会计：

借：银行存款　　500 000

　贷：累计盈余　　500 000

预算会计：

借：资金结存——货币资金　　500 000

　贷：财政拨款结转——归集调入　　500 000

【例 7-15】 承【例 7-14】，假设从该行政单位调出财政拨款结转资金到其他单位，并注销相应的财政应返还额度，其他条件不变。

该行政单位编制的会计分录如下：

财务会计：

借：累计盈余　　500 000

　贷：财政应返还额度　　500 000

预算会计：

借：财政拨款结转——归集调出　　500 000

　贷：资金结存——财政应返还额度　　500 000

【例 7-16】 某事业单位根据财政部门的通知，上缴财政拨款结转资金 500 000 元，并注销相应的财政应返还额度。

该事业单位编制的会计分录如下：

财务会计：

借：累计盈余　　500 000

　贷：财政应返还额度　　500 000

预算会计：

借：财政拨款结转——归集上缴　　500 000

　贷：资金结存——财政应返还额度　　500 000

【例 7-17】 2024 年 12 月 31 日，某事业单位有关财政拨款预算收支的科目余额如下："财政拨款预算收入"科目贷方余额为 35 000 000 元，"事业支出——财政拨款支出"科目借方余额为 20 000 000 元，"其他支出——财政拨款支出"科目借方余额为 10 000 000 元。另外，项目支出中的 A 项目已经完工，符合财政拨款结余性质，该项目余额为 18 000 元。

该事业单位编制年终结转的会计分录如下：

（1）本年收支结转时

财务会计：无。

预算会计：

借：财政拨款预算收入　　35 000 000

　贷：财政拨款结转——本年收支结转　　35 000 000

借：财政拨款结转——本年收支结转　　30 000 000

　贷：事业支出——财政拨款支出　　20 000 000

其他支出——财政拨款支出　　10 000 000

借：财政拨款结转——本年收支结转　　5 000 000

　贷：财政拨款结转——累计结转　　5 000 000

(2) 将符合财政拨款结余性质的项目余额转入财政拨款结余时

财务会计：无。

预算会计：

借：财政拨款结转——累计结转　　18 000

　贷：财政拨款结余——结转转入　　18 000

财政拨款结转的余额应当由单位按原用途继续使用，而财政拨款结余的余额可以由财政部门统筹安排使用；基本支出结转应当由单位按原用途继续使用，因此基本支出结转的余额不能转入财政拨款结余，财政拨款结余仅包括项目支出结余。

二、财政拨款结余

（一）科目设置

为了核算财政拨款结余业务，单位应设置“财政拨款结余”总账科目。本科目核算单位取得的同级财政拨款项目支出结余资金的调整、结转和滚存情况。本科目应当设置下列明细科目。本科目年末贷方余额，反映单位滚存的财政拨款结余资金数额。

1. 与会计差错更正、以前年度支出收回相关的明细科目

“年初余额调整”：本明细科目核算因发生会计差错更正、以前年度支出收回等，需要调整财政拨款结余的金额。年末结账后，本明细科目应无余额。

2. 与财政拨款结余资金调整业务相关的明细科目

(1) “归集上缴”：本明细科目核算按照规定上缴财政拨款结余资金时，实际核销的额度数额或上缴的资金数额。年末结账后，本明细科目应无余额。

(2) “单位内部调剂”：本明细科目核算经财政部门批准对财政拨款结余资金改变用途，调整用于本单位其他未完成项目等的调整金额。年末结账后，本明细科目应无余额。

3. 与年末财政拨款结余业务相关的明细科目

(1) “结转转入”：本明细科目核算单位按照规定转入财政拨款结余的财政拨款结转资金。年末结账后，本明细科目应无余额。

(2) “累计结余”：本明细科目核算单位滚存的财政拨款结余资金。本明细科目年末贷方余额，反映单位财政拨款滚存的结余资金数额。

本科目还应当按照具体项目、《政府收支分类科目》中“支出功能分类科目”的相关科目等进行明细核算。

有一般公共预算财政拨款、政府性基金预算财政拨款等两种或两种以上财政拨款的，还应当在本科目下按照财政拨款的种类进行明细核算。

（二）账务处理

1. 会计差错更正、以前年度支出收回

(1) 因发生会计差错更正退回以前年度国库集中支付款项或财政性货币资金，或者因发生会计差错更正增加以前年度国库集中支付支出或财政性货币资金支出，属于以前年度财政拨款结余资金的，借记或贷记“资金结存——财政应返还额度、货币资金”科目，

贷记或借记本科目（年初余额调整）。

（2）因购货退回、预付款项收回等发生以前年度支出又收回国库集中支付款项或收回财政性货币资金，属于以前年度财政拨款结余资金的，借记“资金结存——财政应返还额度、货币资金”科目，贷记本科目（年初余额调整）。

2. 财政拨款结余资金调整

（1）经财政部门批准对财政拨款结余资金改变用途，调整用于本单位基本支出或其他未完成项目支出的，按照批准调剂的金额，借记本科目（单位内部调剂），贷记“财政拨款结转——单位内部调剂”科目。

（2）按照规定上缴财政拨款结余资金或注销财政拨款结余资金额度的，按照实际上缴资金数额或注销资金额度数额，借记本科目（归集上缴），贷记“资金结存——财政应返还额度、货币资金”科目。

3. 年末确定财政拨款累计结转和结余

（1）年末，对财政拨款结转各明细项目执行情况进行分析，按照有关规定将符合财政拨款结余性质的项目余额转入财政拨款结余，借记“财政拨款结转——累计结转”科目，贷记本科目（结转转入）。

（2）年末冲销有关明细科目余额。将本科目（年初余额调整、归集上缴、单位内部调剂、结转转入）余额转入本科目（累计结余）。结转后，本科目除“累计结余”明细科目以外，其他明细科目应无余额。

【例7-18】 某事业单位收到一笔项目支出的退款80 000元，款项已存入银行账户。该笔款项属于以前年度财政拨款结余资金。

该事业单位编制的会计分录如下：

财务会计：

借：银行存款 80 000

贷：以前年度盈余调整 80 000

预算会计：

借：资金结存——货币资金 80 000

贷：财政拨款结余——年初余额调整 80 000

【例7-19】 某行政单位收到财政部门的通知，注销财政拨款结余资金500 000元，同时注销相应的财政应返还额度。

该行政单位编制的会计分录如下：

财务会计：

借：累计盈余 500 000

贷：财政应返还额度 500 000

预算会计：

借：财政拨款结余——归集上缴 500 000

贷：资金结存——财政应返还额度 500 000

【例7-20】 2024年年末，某事业单位对各个项目执行情况进行分析，其中有一个项目已完工，其余额400 000元符合财政拨款结余性质。

该事业单位编制的会计分录如下：

财务会计：无。

预算会计：

借：财政拨款结转——累计结转　400 000

　贷：财政拨款结余——结转转入　400 000

第四节 非财政拨款结转与结余

一、非财政拨款结转

（一）科目设置

为了核算非财政拨款结转业务，单位应设置“非财政拨款结转”总账科目。本科目核算单位除财政拨款收支、经营收支以外各非同级财政拨款专项资金的调整、结转和滚存情况。本科目年末贷方余额，反映单位滚存的非同级财政拨款专项结转资金数额。本科目应当设置下列明细科目。

（1）“年初余额调整”：本明细科目核算因发生会计差错更正、以前年度支出收回等，需要调整非财政拨款结转的金额。年末结账后，本明细科目应无余额。

（2）“缴回资金”：本明细科目核算按照规定缴回非财政拨款结转资金时，实际缴回的资金数额。年末结账后，本明细科目应无余额。

（3）“项目间接费用或管理费”：本明细科目核算单位取得的科研项目预算收入中，按照规定计提项目间接费用或管理费的数额。年末结账后，本明细科目应无余额。

（4）“本年收支结转”：本明细科目核算单位本年度非同级财政拨款专项收支相抵后的余额。年末结账后，本明细科目应无余额。

（5）“累计结转”：本明细科目核算单位滚存的非同级财政拨款专项结转资金。本明细科目年末贷方余额，反映单位非同级财政拨款滚存的专项结转资金数额。

本科目还应当按照具体项目、《政府收支分类科目》中“支出功能分类科目”的相关科目等进行明细核算。

（二）账务处理

1. 从科研项目预算收入中提取项目管理费或间接费用

按照规定从科研项目预算收入中提取项目管理费或间接费用时，按照提取金额，借记本科目（项目间接费用或管理费），贷记“非财政拨款结余——项目间接费用或管理费”科目。

2. 会计差错更正和以前年度支出收回

因会计差错更正收到或支出非同级财政拨款货币资金，属于非财政拨款结转资金的，按照收到或支出的金额，借记或贷记“资金结存——货币资金”科目，贷记或借记本科目（年初余额调整）。

因收回以前年度支出等收到非同级财政拨款货币资金，属于非财政拨款结转资金的，按照收到的金额，借记“资金结存——货币资金”科目，贷记本科目（年初余额调整）。

3. 缴回非财政拨款结转资金

按照规定缴回非财政拨款结转资金的，按照实际缴回资金数额，借记本科目（缴回资金），贷记“资金结存——货币资金”科目。

4. 本年非财政拨款专项资金预算收支结转

年末，将事业预算收入、上级补助预算收入、附属单位上缴预算收入、非同级财政拨款预算收入、债务预算收入、其他预算收入本年发生额中的专项资金收入转入本科目，借记“事业预算收入”“上级补助预算收入”“附属单位上缴预算收入”“非同级财政拨款预算收入”“债务预算收入”“其他预算收入”科目下各专项资金收入明细科目，贷记本科目（本年收支结转）；将行政支出、事业支出、其他支出本年发生额中的非财政拨款专项资金支出转入本科目，借记本科目（本年收支结转），贷记“行政支出”“事业支出”“其他支出”科目下各非财政拨款专项资金支出明细科目。

5. 年末冲销有关明细科目余额

年末，将本科目（年初余额调整、项目间接费用或管理费、缴回资金、本年收支结转）余额转入本科目（累计结转）。结转后，本科目除“累计结转”明细科目以外，其他明细科目应无余额。

6. 非财政拨款专项剩余资金按规定转入非财政拨款结余

年末完成上述结转后，应当对非财政拨款专项结转资金各项目情况进行分析，将留归本单位使用的非财政拨款专项（项目已完成）剩余资金转入非财政拨款结余，借记本科目（累计结转），贷记“非财政拨款结余——结转转入”科目。

【例 7-21】 2024 年 4 月 29 日，某事业单位的银行账户收到一笔 50 000 元的退款，该笔款项属于以前年度非财政拨款结转。

该事业单位编制的会计分录如下：

财务会计：

借：银行存款　　50 000

　贷：以前年度盈余调整　　50 000

预算会计：

借：资金结存——货币资金　　50 000

　贷：非财政拨款结转——年初余额调整　　50 000

【例 7-22】 某事业单位按规定向原资金拨入单位缴回非财政拨款结转资金 40 000 元，款项已通过银行转账。

该事业单位编制的会计分录如下：

财务会计：

借：累计盈余　　40 000

　贷：银行存款　　40 000

预算会计：

借：非财政拨款结转——缴回资金　　40 000

　贷：资金结存——货币资金　　40 000

【例 7-23】 2024 年年末，某事业单位有关非财政拨款专项资金预算收支科目本年发生额如表 7-2 所示，请结转这些预算收支科目。

表 7-2　某事业单位非财政拨款专项资金预算收支科目本年发生额　　　单位：元

非财政拨款专项资金预算收支科目	本年贷方发生额	本年借方发生额
事业预算收入——专项资金收入	200 000	
上级补助预算收入——专项资金收入	80 000	
附属单位上缴预算收入——专项资金收入	20 000	
债务预算收入——专项资金收入	180 000	
非同级财政拨款预算收入——专项资金收入	120 000	
其他预算收入——专项资金收入	40 000	
事业支出——非财政专项资金支出		500 000
其他支出——非财政专项资金支出		100 000
合计	640 000	600 000

该事业单位编制的会计分录如下：

财务会计：无。

预算会计：

借：事业预算收入——专项资金收入　　200 000
　　上级补助预算收入——专项资金收入　　80 000
　　附属单位上缴预算收入——专项资金收入　　20 000
　　债务预算收入——专项资金收入　　180 000
　　非同级财政拨款预算收入——专项资金收入　　120 000
　　其他预算收入——专项资金收入　　40 000
　贷：非财政拨款结转——本年收支结转　　640 000

借：非财政拨款结转——本年收支结转　　600 000
　贷：事业支出——非财政专项资金支出　　500 000
　　　其他支出——非财政专项资金支出　　100 000

二、非财政拨款结余分配

（一）科目设置

为了核算非财政拨款结余分配业务，事业单位应设置“非财政拨款结余分配”总账科目。本科目核算事业单位本年度非财政拨款结余分配的情况和结果。年末结账后，本科目应无余额。

（二）账务处理

（1）年末，将“其他结余”科目余额转入本科目，当“其他结余”科目为贷方余额时，借记“其他结余”科目，贷记本科目；当“其他结余”科目为借方余额时，借记本科目，贷记“其他结余”科目。

年末，将“经营结余”科目贷方余额转入本科目，借记“经营结余”科目，贷记本科目。

（2）根据有关规定提取专用基金的，按照提取金额，借记本科目，贷记“专用结余”

科目。

（3）年末，按照规定完成上述处理后，将本科目余额转入非财政拨款结余。当本科目为借方余额时，借记“非财政拨款结余——累计结余”科目，贷记本科目；当本科目为贷方余额时，借记本科目，贷记“非财政拨款结余——累计结余”科目。

【例7-24】 某事业单位将“经营结余”科目贷方余额30 000元转入非财政拨款结余分配。

该事业单位编制的会计分录如下：

财务会计：无。

预算会计：

借：经营结余　　30 000

　贷：非财政拨款结余分配　　30 000

【例7-25】 某事业单位按规定从本年度非财政拨款结余中提取专用基金400 000元。

该事业单位编制的会计分录如下：

财务会计：

借：本年盈余分配　　400 000

　贷：专用基金　　400 000

预算会计：

借：非财政拨款结余分配　　400 000

　贷：专用结余　　400 000

【例7-26】 按规定，某事业单位提取专用结余后，将“非财政拨款结余分配”科目贷方余额500 000元转入非财政拨款结余。

该事业单位编制的会计分录如下：

财务会计：无。

预算会计：

借：非财政拨款结余分配　　500 000

　贷：非财政拨款结余——累计结余　　500 000

年末结账后，事业单位的“其他结余”“经营结余”“非财政拨款结余分配”科目均无余额，相应数额分别转入“非财政拨款结余”和“专用结余”科目。其中，非财政拨款结余应当安排用于开展专业业务活动及其辅助活动，专用结余应当安排用于职工福利等专门用途。

三、非财政拨款结余

（一）科目设置

为了核算非财政拨款结余业务，单位应设置“非财政拨款结余”总账科目。本科目核算单位历年滚存的非限定用途的非同级财政拨款结余资金，主要为非财政拨款结余扣除结余分配后滚存的金额。本科目应当设置下列明细科目。

（1）“年初余额调整”：本明细科目核算因发生会计差错更正、以前年度支出收回等，需要调整非财政拨款结余的金额。年末结账后，本明细科目应无余额。

（2）“项目间接费用或管理费”：本明细科目核算单位取得的科研项目预算收入中，

按照规定计提的项目间接费用或管理费数额。年末结账后，本明细科目应无余额。

【例 7-27】 某事业单位收到一科研项目资金 2 000 000 元，按照相关规定，提取 5%的管理费。

该事业单位编制的会计分录如下：

财务会计：

借：单位管理费用	100 000	
贷：预提费用——项目间接费用或管理费		100 000

预算会计：

借：非财政拨款结转——项目间接费用或管理费	100 000	
贷：非财政拨款结余——项目间接费用或管理费		100 000

【例 7-28】 某事业单位从财政科研项目中计提项目管理费 80 000 元。

该事业单位编制的会计分录如下：

财务会计：

借：单位管理费用	80 000	
贷：预提费用——项目间接费用或管理费		80 000

预算会计：无。

（3）“结转转入”：本明细科目核算按照规定留归单位使用，由单位统筹调配，纳入单位非财政拨款结余的非同级财政拨款专项剩余资金。年末结账后，本明细科目应无余额。

（4）“累计结余”：本明细科目核算单位历年滚存的非同级财政拨款、非专项结余资金。

只有“财政拨款结转”和“非财政拨款结转”科目设置“本年收支结转”明细科目，“财政拨款结余”和“非财政拨款结余”科目不设置“本年收支结转”明细科目。本年预算收支先转入相关结转科目，经分析后，对于符合结余条件的部分再转入结余科目，因此“财政拨款结余”和“非财政拨款结余”科目都设置了“结转转入”明细科目。

本明细科目年末贷方余额，反映单位非同级财政拨款滚存的非专项结余资金数额。

本科目还应当按照《政府收支分类科目》中“支出功能分类科目”的相关科目进行明细核算。

本科目年末贷方余额，反映单位非同级财政拨款结余资金的累计滚存数额。

（二）账务处理

1. 从科研项目预算收入中提取项目管理费或间接费用

按照规定从科研项目预算收入中提取项目管理费或间接费用时，借记“非财政拨款结转——项目间接费用或管理费”科目，贷记本科目（项目间接费用或管理费）。

2. 缴纳企业所得税

有企业所得税缴纳义务的事业单位实际缴纳企业所得税时，按照缴纳金额，借记本科目（累计结余），贷记“资金结存——货币资金”科目。

3. 会计差错更正和以前年度支出收回

因会计差错更正收到或支出非同级财政拨款货币资金，属于非财政拨款结余资金的，按照收到或支出的金额，借记或贷记“资金结存——货币资金”科目，贷记或借记本科目（年初余额调整）。

因收回以前年度支出等收到非同级财政拨款货币资金，属于非财政拨款结余资金的，按照收到的金额，借记“资金结存——货币资金”科目，贷记本科目（年初余额调整）。

4. 非财政拨款专项剩余资金按规定转入非财政拨款结余

年末，将留归本单位使用的非财政拨款专项（项目已完成）剩余资金转入本科目，借记“非财政拨款结转——累计结转”科目，贷记本科目（结转转入）。

5. 年末冲销有关明细科目余额

年末，将本科目（年初余额调整、项目间接费用或管理费、结转转入）余额转入本科目（累计结余）。结转后，本科目除“累计结余”明细科目以外，其他明细科目应无余额。

年末，“财政拨款结转”“财政拨款结余”“非财政拨款结转”“非财政拨款结余”科目在冲销有关明细科目余额后，除“累计结转”或“累计结余”明细科目以外，其他明细科目应无余额。

6. 非财政拨款结余分配或其他结余余额转入非财政拨款结余

年末，事业单位将“非财政拨款结余分配”科目余额转入非财政拨款结余。“非财政拨款结余分配”科目为借方余额的，借记本科目（累计结余），贷记“非财政拨款结余分配”科目；“非财政拨款结余分配”科目为贷方余额的，借记“非财政拨款结余分配”科目，贷记本科目（累计结余）。

年末，行政单位将“其他结余”科目余额转入非财政拨款结余。“其他结余”科目为借方余额的，借记本科目（累计结余），贷记“其他结余”科目；“其他结余”科目为贷方余额的，借记“其他结余”科目，贷记本科目（累计结余）。

年末，单位将预算收入中的非同级财政、非专项资金收入及预算支出中的非同级财政、非专项资金支出转入“其他结余”科目。然后，行政单位将“其他结余”科目余额直接转入本科目（累计结余）；事业单位将“其他结余”科目余额转入“非财政拨款结余分配”科目，再按照有关规定对非财政拨款结余资金进行分配（目前制度下，主要是提取职工福利基金）后，将“非财政拨款结余分配”科目余额转入本科目（累计结余），形成事业单位非财政拨款累计结余的一种来源。非财政拨款累计结余的另一种来源是留归本单位使用的非财政拨款专项（项目已完成）剩余资金。

【例 7-29】 2024 年年末，某事业单位“非财政拨款结余”的明细科目余额情况如下：“年初余额调整”借方余额为 40 000 元，“项目间接费用或管理费”贷方余额为 20 000 元，“结转转入”贷方余额为 30 000 元。

该事业单位冲销“非财政拨款结余”有关明细科目余额，并编制会计分录如下：

财务会计：无。

预算会计：

借：非财政拨款结余——累计结余	40 000	
贷：非财政拨款结余——年初余额调整		40 000
借：非财政拨款结余——项目间接费用或管理费	20 000	
——结转转入	30 000	

贷：非财政拨款结余——累计结余　　50 000

【例 7-30】 某事业单位年末“经营结余”贷方余额为 180 000 元，“其他结余”贷方余额为 120 000 元。根据有关规定，该事业单位可以提取职工福利基金 60 000 元，现将提取职工福利基金后的余额转入“非财政拨款结余”科目。

该事业单位编制的会计分录如下：

财务会计：无。

预算会计：

借：非财政拨款结余分配　　240 000

贷：非财政拨款结余——累计结余　　240 000

第五节 其他预算结余

一、专用结余

（一）科目设置

为了核算专用结余业务，事业单位应设置“专用结余”总账科目。本科目核算事业单位按照规定从非财政拨款结余中提取的具有专门用途的资金的变动和滚存情况。本科目应当按照专用结余的类别进行明细核算。本科目年末贷方余额，反映事业单位从非同级财政拨款结余中提取的专用基金的累计滚存数额。

（二）账务处理

根据有关规定从本年度非财政拨款结余或经营结余中提取基金的，按照提取金额，借记“非财政拨款结余分配”科目，贷记本科目。根据规定使用从非财政拨款结余或经营结余中提取的专用基金时，按照使用金额，借记“事业支出”等预算支出科目，贷记“资金结存——货币资金”科目，并在有关预算支出科目的明细核算或辅助核算中注明“使用专用结余”。

事业单位应当在期末将有关费用中使用专用基金的本期发生额转入专用基金，在财务会计下借记“专用基金”科目，贷记“业务活动费用”等科目；在年末将有关预算支出中使用专用结余的本年发生额转入专用结余，在预算会计下借记“专用结余”科目，贷记“事业支出”等科目。

事业单位根据有关规定从收入中提取专用基金及其使用专用基金的业务，只涉及专用基金的核算，不涉及专用结余的核算。行政单位没有专用基金和专用结余的业务。

【例 7-31】 某事业单位按规定从本年度非财政拨款结余中提取专用基金 500 000 元。

该事业单位编制的会计分录如下：

财务会计：

借：本年盈余分配　　500 000

贷：专用基金　　500 000

预算会计：

借：非财政拨款结余分配　　500 000
　贷：专用结余　　500 000

【例 7-32】 某事业单位使用非财政拨款结余中提取的专用基金购置一台不需要安装的设备，价值 80 000 元，款项已以银行存款支付，设备已交付使用。

该事业单位编制的会计分录如下：

(1) 使用专用基金时

财务会计：

借：固定资产　　80 000
　贷：银行存款　　80 000

预算会计：

借：事业支出　　80 000
　贷：资金结存——货币资金　　80 000

(2) 期末结账时

财务会计：

借：专用基金　　80 000
　贷：累计盈余　　80 000

预算会计：

借：专用结余　　80 000
　贷：事业支出　　80 000

二、经营结余

(一) 科目设置

为了核算经营结余业务，事业单位应设置“经营结余”总账科目。本科目核算事业单位本年度经营活动收支相抵后的余额弥补以前年度经营亏损后的余额。本科目可以按照经营活动类别进行明细核算。年末结账后，本科目一般无余额；如为借方余额，反映事业单位累计发生的经营亏损。

(二) 账务处理

(1) 年末，将经营预算收入本年发生额转入本科目，借记“经营预算收入”科目，贷记本科目；将经营支出本年发生额转入本科目，借记本科目，贷记“经营支出”科目。

(2) 年末，完成上述结转后，如本科目为贷方余额，将本科目贷方余额转入“非财政拨款结余分配”科目，借记本科目，贷记“非财政拨款结余分配”科目；如本科目为借方余额，为经营亏损，不予结转。

【例 7-33】 某事业单位本年度取得经营预算收入 400 000 元，发生经营预算支出 250 000 元。(注：不考虑经营收入和经营费用的年终结转)

该事业单位编制年终结转的会计分录如下：

财务会计：无。

预算会计：

借：经营预算收入　　400 000
　贷：经营结余　　400 000

借：经营结余　　250 000
　贷：经营支出　　250 000

【例 7-34】　承【例 7-33】，该事业单位完成经营预算收支结转后，将经营结余的贷方余额转入非财政拨款结余分配。

该事业单位编制的会计分录如下：

财务会计：无。

预算会计：

借：经营结余　　150 000
　贷：非财政拨款结余分配　　150 000

由于事业单位的"经营预算收入"和"经营支出"科目都是按收付实现制核算的，因此"经营结余"科目反映的利润或亏损数额也是按收付实现制核算的结果。

三、其他结余

（一）科目设置

为了核算其他结余业务，单位应设置"其他结余"总账科目。本科目核算单位本年度除财政拨款收支、非同级财政专项资金收支和经营收支以外各项收支相抵后的余额。年末结账后，本科目应无余额。

（二）账务处理

1. 本年非财政拨款非专项资金预算收支结转

年末，将事业预算收入、上级补助预算收入、附属单位上缴预算收入、非同级财政拨款预算收入、债务预算收入、其他预算收入本年发生额中的非专项资金收入及投资预算收益本年发生额转入本科目，借记"事业预算收入""上级补助预算收入""附属单位上缴预算收入""非同级财政拨款预算收入""债务预算收入""其他预算收入"科目下各非专项资金收入明细科目和"投资预算收益"科目，贷记本科目（"投资预算收益"科目本年发生额为借方净额时，借记本科目，贷记"投资预算收益"科目）；将行政支出、事业支出、其他支出本年发生额中的非同级财政、非专项资金支出，以及上缴上级支出、对附属单位补助支出、投资支出、债务还本支出本年发生额转入本科目，借记本科目，贷记"行政支出""事业支出""其他支出"科目下各非同级财政、非专项资金支出明细科目和"上缴上级支出""对附属单位补助支出""投资支出""债务还本支出"科目。

2. 年末结转到非财政拨款结余或非财政拨款结余分配

年末，完成上述结转后，行政单位将本科目余额转入"非财政拨款结余——累计结余"科目；事业单位将本科目余额转入"非财政拨款结余分配"科目。当本科目为贷方余额时，借记本科目，贷记"非财政拨款结余——累计结余"或"非财政拨款结余分配"科目；当本科目为借方余额时，借记"非财政拨款结余——累计结余"或"非财政拨款结余分配"科目，贷记本科目。

【例 7-35】　年末，某事业单位有关非财政拨款非专项资金预算收支科目本年发生额如表 7-3 所示。结转这些科目，完成结转后，将"其他结余"科目的余额转入"非财政拨款结余分配"科目。

表 7-3 某事业单位非财政拨款非专项资金预算收支科目本年发生额 单位：元

非财政拨款非专项资金预算收支科目	本年贷方发生额	本年借方发生额
事业预算收入——非专项资金收入	358 000	
上级补助预算收入——非专项资金收入	232 000	
附属单位上缴预算收入——非专项资金收入	28 800	
债务预算收入——非专项资金收入	200 000	
非同级财政拨款预算收入——非专项资金收入	100 000	
其他预算收入——非专项资金收入	49 200	
投资预算收益	18 000	
事业支出——其他资金支出		380 800
其他支出——其他资金支出		12 200
上缴上级支出		120 000
对附属单位补助支出		24 000
债务还本支出		200 000
投资支出		189 000
合计	986 000	926 000

该事业单位编制的会计分录如下：

财务会计：无。

预算会计：

借：事业预算收入——非专项资金收入　358 000
　　上级补助预算收入——非专项资金收入　232 000
　　附属单位上缴预算收入——非专项资金收入　28 800
　　债务预算收入——非专项资金收入　200 000
　　非同级财政拨款预算收入——非专项资金收入　100 000
　　其他预算收入——非专项资金收入　49 200
　　投资预算收益　18 000
　贷：其他结余　986 000

借：其他结余　926 000
　贷：事业支出——其他资金支出　380 800
　　　其他支出——其他资金支出　12 200
　　　上缴上级支出　120 000
　　　对附属单位补助支出　24 000
　　　债务还本支出　200 000
　　　投资支出　189 000

借：其他结余　60 000
　贷：非财政拨款结余分配　60 000

【例 7-36】 年末，某行政单位有关非财政拨款非专项资金预算收支科目本年发生额如表 7-4 所示。结转这些科目，完成结转后，将“其他结余”科目的余额转入“非财政拨款结余——累计结余”科目。

表 7-4 某行政单位非财政拨款非专项资金预算收支科目本年发生额 单位：元

非财政拨款非专项资金预算收支科目	本年贷方发生额	本年借方发生额
非同级财政拨款预算收入——非专项资金收入	150 000	
其他预算收入——非专项资金收入	52 000	
行政支出——其他资金支出		120 000
其他支出——其他资金支出		32 000
合计	202 000	152 000

该行政单位编制的会计分录如下：

财务会计：无。

预算会计：

借：非同级财政拨款预算收入——非专项资金收入 150 000
　　其他预算收入——非专项资金收入 52 000
　贷：其他结余 202 000

借：其他结余 152 000
　贷：行政支出——其他资金支出 120 000
　　　其他支出——其他资金支出 32 000

借：其他结余 50 000
　贷：非财政拨款结余——累计结余 50 000

在行政单位中，由非财政拨款非专项资金（其他资金）预算收支形成的其他结余不进行分配，因此“其他结余”科目余额不转入“非财政拨款结余分配”科目，而是直接转入“非财政拨款结余”科目。

单位的非财政拨款专项资金结余（指专项已经完成，并按照相关规定剩余资金可以留归本单位使用）也不进行分配，因此“非财政拨款结转”科目余额也不转入“非财政拨款结余分配”科目，而是直接转入“非财政拨款结余”科目。

思政园地

建立长期护理保险制度，助力“老有所养”

人口老龄化已经成为一个世界性问题，而我国是世界上人口老龄化程度比较高的国家之一，老年人口数量最多，老龄化速度最快。党的二十大报告再次强调，要“推进健康中国建设”，“实施积极应对人口老龄化国家战略，发展养老事业和养老产业，优化孤寡老人服务，推动实现全体老年人享有基本养老服务”。探索建立长期护理保险制度是党中央、国务院为应对我国人口老龄化、健全社会保障体系做出的一项重要部署。

一、案例材料

老有所护，是当前众多失能失智重病老人家庭的共同诉求。《新华日报》2020 年 10 月 22 日的一则报道讲述了江苏省在长期护理保险、夜间照护、喘息服务等领域不断探索的过程，聚焦老年人最迫切的需求，让新的养老服务模式更契合 1 800 多万江苏老年人的养老实际。

江苏省常熟市古里镇的吴雪良、陶惠媛夫妇卧病在床 10 多年。吴雪良因患癌症，几年前做了人工造瘘手术，每天护理程序十分复杂。老伴陶惠媛患上阿尔茨海默病，两位老人都处于失能状态。吴雪良最大的心愿，就是让照顾他们的长女吴梅芬睡个安稳觉。“我自己也有小家庭要照料，但照顾父母是我的责任，为了专心照顾他们，我辞掉了工作，住到父母家，全家各种开销都落在了我爱人一个人身上。”吴梅芬说，给父母一日三餐喂饭，日夜护理，从来不敢睡踏实，还要自学各种护理技能，这些年对自己身心都是煎熬。

苏州市于 2020 年推出家庭养老夜间照护床位政策后，吴雪良夫妇也顺利获得护理资格，每月可获得夜间陪护 8—10 次。女儿吴梅芬的“夜班”终于有人替换了。“你放心去睡吧，有我呢！”当地居家养老服务站安康通的护理员陆玉芬介入护理的第一天，对吴梅芬说道。“那天是我这么久以来第一次一觉睡到天亮。没有经历过的人可能不能理解，这么多年除了希望父母好好活下去，我唯一的心愿就是有人能替替我，让我睡个踏实觉。”吴梅芬觉得政府推出的这项政策，比发钱更贴心、更珍贵。

二、案例分析

（一）加强国情教育

中国社会老龄化不断加剧。2016 年，习近平总书记在主持中共中央政治局就我国人口老龄化的形势和对策举行的第三十二次集体学习时强调，人口老龄化是世界性问题，对人类社会产生的影响是深刻持久的。我国是世界上人口老龄化程度比较高的国家之一，老年人口数量最多，老龄化速度最快，应对人口老龄化任务最重。习近平总书记指出，要在全社会开展人口老龄化国情教育、老龄政策法规教育。

中国发展研究基金会发布的《中国发展报告 2020：中国人口老龄化的发展趋势和政策》称，自 2000 年进入老龄化社会以后，我国人口老龄化程度持续加深。“十四五”期间，我国老年人口规模和比例将持续呈现“双增长”态势。到 2022 年左右，65 岁及以上人口将占到总人口的 14%以上，实现向老龄社会的转变。2050 年，我国人口老龄化将达到峰值，65 岁及以上人口将占到总人口的 27.9%。人口老龄化已经成为我国的基本国情和社会常态。

（二）弘扬孝亲敬老文化

我国的人口老龄化进程不断加快，养老是家庭和社会必须面对与解决的问题。长期以来，居家养老是中国人最普遍的养老方式。敬老爱老是中华民族的传统美德。习近平总书记强调：“要把弘扬孝亲敬老纳入社会主义核心价值观宣传教育，建设具有民族特色、时代特征的孝亲敬老文化。要在全社会开展人口老龄化国情教育、老龄政策法规教育，引导全社会增强接纳、尊重、帮助老年人的关爱意识和老年人自尊、自立、自强的自爱意识。要加强家庭建设，教育引导人们自觉承担家庭责任、树立良好家风，巩固家庭养老基础地位。”随着经济社会的发展及家庭规模的缩小，独生子女家庭面临的养老困境日益凸显，空巢老人和独居老人总量大，家庭在承担养老责任方面开始面临种种挑战。为此，我国正探索建立多层次的养老模式。习近平总书记在党的十九大报告中提出，要在“老有所养”上不断取得新进展，要“积极应对人口老龄化，构建养老、孝老、敬老政策体系和社会环境，推进医养结合，加快老龄事业和产业发展”。有效应对人口老龄化，不仅能提高老年人生活和生命质量、维护老年人尊严和权利，而且能促进经济发展、增进社会和谐。全体民众应树立应对老龄化社会的公共责任意识和公共服务意识。

（三）坚持“以人为本”的发展理念

党的二十大报告提出：“我们要实现好、维护好、发展好最广大人民根本利益，紧紧抓住人民最关心最直接最现实的利益问题，坚持尽力而为、量力而行，深入群众、深入基层，采取更多惠民生、暖民心举措，着力解决好人民群众急难愁盼问题，健全基本公共服务体系，提高公共服务水平，增强均衡性和可及性，扎实推进共同富裕。”《关于扩大长期护理保险制度试点的指导意见》（医保发〔2020〕37 号）提出，要以习近平新时代中国特色社会主义思想为指导，坚持以人民健康为中心，深入探索建立适应我国国情的长期护理保险制度，进一步健全更加公平更可持续的社会保障体系，不断增强人民群众在共建共享发展中的获得感、幸福感、安全感；要坚持以人为本，重点解决重度失能人员长期护理保障问题。满足数量庞大的老年群众多方面需求、妥善解决人口老龄化带来的社会问题，事关国家发展全局，事关百姓福祉，需要我们下大气力来应对。

思考题

1. 按照单位资金的来源和性质，结转结余可以分为几种情况？

2. 什么是预算结余？预算结余包括哪些会计科目？行政单位与事业单位的结转结余科目有何不同？

3. 财政拨款结转与财政拨款结余有何区别？

4. 非财政拨款结转与非财政拨款结余有何区别？

5. 什么是经营结余？经营结余如何进行结转？

6. 年终，在完成各项结转后，哪些预算结余会计科目有余额？哪些预算结余会计科目无余额？

本章同步练习

一、单项选择题

1.“资金结存”的明细科目不包括（　　）。

A. 银行存款　　B. 货币资金

C. 零余额账户用款额度　　D. 财政应返还额度

2. 年末，应转入“财政拨款结转”科目的是（　　）。

A. 财政拨款收入　　B. 财政拨款预算收入

C. 财政拨款支出　　D. 事业预算收入

3. 年末，可能转入“非财政拨款结转”科目的是（　　）。

A. 财政拨款预算收入　　B. 经营支出

C. 事业预算收入　　D. 其他收入

4. 年末，事业单位中可能转入“非财政拨款结转”科目的是（　　）。

A. 行政支出　　B. 事业支出　　C. 事业收入　　D. 经营支出

5. 年末，不应转入“非财政拨款结余”科目的是（　　）。

A. “非财政拨款结余分配”科目余额

B. “其他结余”科目余额

C. “经营结余”科目余额

D. “非财政拨款结转”科目余额中留归本单位使用的已完成项目剩余资金

6. 年末，应转入“其他结余”科目的是（　　）。

A. 事业预算收入　　B. 事业收入

C. 投资收益　　D. 财政拨款预算收入

7. 年末，行政单位中可能转入“其他结余”科目的是（　　）。

A. 其他支出　　B. 经营支出

C. 投资支出　　D. 投资预算收益

8. 事业单位经营预算收支的本年发生额为：经营预算收入 600 000 元、经营支出 500 000 元，则年末“经营结余”科目为（　　）。

A. 借方余额 100 000 元　　B. 贷方余额 100 000 元

C. 借方余额 1 100 000 元　　D. 贷方余额 1 100 000 元

9. 年末，应转入“经营结余”科目的是（　　）。

A. 经营成本　　B. 经营预算收入

C. 经营费用　　D. 经营收入

10. 下列属于行政单位预算结余类科目的是（　　）。

A. 其他结余　　B. 非财政拨款结余分配

C. 经营结余　　D. 专用结余

11. “财政拨款结转”总账科目下的（　　）明细科目年末结转后仍有余额。

A. 年初余额调整　　B. 归集调出

C. 本年收支结转　　D. 累计结转

12. 下列关于“财政拨款结余”科目的说法，错误的是（　　）。

A. 本科目期末借方余额，反映单位滚存的财政拨款结余资金数额

B. 预算单位发生需要调整以前年度支出收回事项的，需要调整财政拨款结余的金额，通过本科目核算

C. 本科目应当按照《政府收支分类科目》中“支出功能分类科目”的相关科目进行明细核算

D. 财政拨款结余是指支出预算工作目标已完成，或者由于受政策变化、计划调整等因素影响工作终止，当年剩余的财政拨款资金

二、多项选择题

1. 年末，行政单位中应转入“财政拨款结转”科目的有（　　）。

A. 行政支出　　B. 事业支出

C. 财政拨款预算收入　　D. 经营预算收入

E. 其他支出

2. 年末，可能转入"非财政拨款结转"科目的有（　　）。

A. 事业预算收入　　B. 债务预算收入

C. 其他预算收入　　D. 上级补助收入

E. 附属单位上缴收入

3. 年末，可能转入"非财政拨款结转"科目的有（　　）。

A. 投资支出　　B. 事业支出　　C. 其他支出

D. 经营支出　　E. 行政支出

4. 年末，事业单位中应转入"非财政拨款结余"科目的有（　　）。

A. "非财政拨款结转"科目余额中留归本单位使用的已完成项目剩余资金

B. "其他结余"科目余额

C. "非财政拨款结余分配"科目余额

D. "经营结余"科目余额

E. "财政拨款结余"科目余额

5. 年末，行政单位中应转入"非财政拨款结余"科目的有（　　）。

A. "非财政拨款结转"科目余额中留归本单位使用的已完成项目剩余资金

B. "其他结余"科目余额

C. "非财政拨款结余分配"科目余额

D. "经营结余"科目余额

E. "财政拨款结余"科目余额

6. 年末，应转入"其他结余"科目的有（　　）。

A. 债务还本支出　　B. 投资预算收益

C. 投资支出　　D. 上缴上级支出

E. 对附属单位补助支出

7. 年末，应转入"经营结余"科目的有（　　）。

A. 经营费用　　B. 经营收入

C. 经营预算收入　　D. 经营支出

E. 经营成本

8. 下列属于单位的预算结余类科目的有（　　）。

A. 资金结存　　B. 其他结余

C. 经营结余　　D. 财政拨款结转

E. 非财政拨款结转

三、判断题

1. 年末结转后，"财政拨款结转"科目除"累计结转"明细科目以外，其他明细科目应无余额。（　　）

2. 年末结转后，"非财政拨款结转"科目除"累计结转"明细科目以外，其他明细科目均有余额。（　　）

3. 其他结余是指单位本年度除财政拨款收支、非同级财政专项资金收支和经营收支以外各项收支相抵后的余额。（　　）

4. 年末，事业单位应将“经营结余”科目余额转入“非财政拨款结余分配”科目。（　）

5. 财政拨款结转是指单位滚存的财政拨款结转资金，包括基本支出结转和项目支出结转。（　）

四、业务题

1. 某预算单位2024年12月发生以下经济业务：

（1）实行国库集中核算，收到“财政授权支付额度到账通知书”，本年度用款额度为3 000万元。

（2）通过财政授权支付方式支付开展专业业务活动的水电费2万元。

（3）年末，注销未用完的零余额账户用款额度500万元，转为财政应返还额度。

（4）年末，本年度财政授权支付预算指标数3 200万元，大于零余额账户用款额度下达数3 000万元，未下达的用款额度为200万元。

（5）收到财政部门批复的上年未下达零余额账户用款额度200万元。

要求：根据上述业务编制相应的预算会计分录。

2. 某事业单位2024年12月末发生以下非财政拨款结转和结余等会计事项：

（1）对非财政非专项的事业预算收入1 200 000元、上级补助预算收入160 000元、附属单位上缴预算收入220 000元、其他预算收入800 000元、经营预算收入2 400 000元进行年末结转。

（2）对非财政非专项的事业支出1 320 000元、上缴上级支出350 000元、对附属单位补助支出180 000元、其他支出455 000元、经营支出1 815 000元进行年末结转。

（3）乙专项工程完工，工程资金来源于非财政拨款专项资金，按规定将乙专项工程剩余资金10 000元留归本单位使用。

（4）年终计提职工福利基金50 000元，计提后将"非财政拨款结余分配"账户贷方余额180 000元转账。

（5）用专用基金支付职工福利费6 000元，以银行存款付讫。

（6）按照规定标准对横向A科研项目提取管理费50 000元，将提取的项目管理费用于科研管理开支15 000元。

要求：根据上述业务编制相应的预算会计分录。

3. 某行政单位2024年年末各项预算收支余额如表7-5所示。

表7-5 某行政单位2024年年末各项预算收支余额 单位：元

预算收支科目名称	借方余额	贷方余额
财政拨款预算收入		43 210 000
非同级财政拨款预算收入		326 000
其中：专项资金收入		120 000
其他预算收入		2 080 000
其中：专项资金收入		200 000
行政支出	43 600 000	
其中：财政拨款支出	42 170 000	
非财政专项资金支出	120 000	
其他资金支出	1 310 000	
其他支出	700 000	
其中：非财政专项资金支出	200 000	
其他资金支出	500 000	

要求：

（1）年末，将财政拨款预算收入结转到"财政拨款结转"科目。

（2）年末，将行政支出中的财政拨款支出结转到"财政拨款结转"科目。

（3）年末，将"财政拨款结转"有关明细科目余额结转到"累计结转"明细科目。

（4）年末，将"财政拨款结转——累计结转"转入"财政拨款结余"科目。

（5）年末，将非同级财政拨款预算收入、其他预算收入本年发生额中的专项资金收入结转到"非财政拨款结转"科目。

（6）年末，将行政支出、其他支出本年发生额中的非财政专项资金支出结转到"非财政拨款结转"科目。

（7）年末，将非同级财政拨款预算收入、其他预算收入本年发生额中的非专项资金收入结转到"其他结余"科目。

（8）年末，将行政支出、其他支出本年发生额中的其他资金支出结转到"其他结余"科目。

（9）年末，将其他结余结转到"非财政拨款结余——累计结余"科目。

第八章 会计报表

学习目标

1. 了解政府会计报表的概念、分类和编制要求。
2. 掌握单位年终结账的内容。
3. 掌握政府财务报表的编制方法。
4. 掌握政府预算会计报表的编制方法。

第一节 会计报表概述

《政府会计准则——基本准则》规定，政府会计主体应当编制决算报告和财务报告。决算报告和财务报告的主要内容之一是会计报表及其附注。

一、决算报告和财务报告的内容

每年年末，政府会计主体两套会计系统分别向信息需求者提供决算报告和财务报告。

（一）决算报告

决算报告是预算会计系统提供的、综合反映政府会计主体年度预算收支执行结果的文件。决算报告的目标是向决算报告使用者提供与政府预算执行情况有关的信息，综合反映政府会计主体预算收支的年度执行结果，有助于决算报告使用者进行监督和管理，并为编制后续年度预算提供参考和依据。决算报告包括决算报表（年度预算会计报表）及其他应当在决算报告中反映的相关信息和资料。

（二）财务报告

财务报告是财务会计系统提供的、反映政府会计主体某一特定日期的财务状况及某一会计期间的运行情况和现金流量等信息的文件。财务报告的目标是向财务报告使用者提供与政府的财务状况、运行情况（含运行成本）和现金流量等有关的信息，反映政府会计主体公共受托责任履行情况，有助于财务报告使用者做出决策或进行监督和管理。财务报告包括财务报表及其他应当在财务报告中披露的相关信息和资料。

二、会计报表的内容

单位会计报表包括财务报表和预算会计报表。财务报表主要以权责发生制为基础，以单位财务会计核算生成的数据为准；预算会计报表主要以收付实现制为基础，以单位预算会计核算生成的数据为准。

报表附注是指在会计报表中列示项目的文字描述或明细资料，以及未在会计报表中列示项目的说明等，其作用是帮助会计报表使用者和阅读者更好地理解会计报表的内容，是对报表生成的会计主体、记账基础、会计假设、会计政策、重要会计报表项目的说明。报表附注一般用文字表述，需要说明的报表项目明细资料等采用表格、图形等形式表达。

三、会计报表的分类

单位的会计报表按照不同的标准可以分为以下几类。

（一）按内容分类

它可以分为财务报表和预算会计报表。财务报表一般包括资产负债表、收入费用表、净资产变动表和现金流量表，预算会计报表至少包括预算收入支出表、预算结转结余变动表和财政拨款预算收入支出表，如表 8-1 所示。

表 8-1　会计报表及其附注

编号	报表名称	编制期
财务报表		
会政财 01 表	资产负债表	月度、年度
会政财 02 表	收入费用表	月度、年度
会政财 03 表	净资产变动表	年度
会政财 04 表	现金流量表	年度
	附注	年度
预算会计报表		
会政预 01 表	预算收入支出表	年度
会政预 02 表	预算结转结余变动表	年度
会政预 03 表	财政拨款预算收入支出表	年度

（二）按编报的时间分类

它可以分为月度报表和年度报表。预算会计系统中的月度报表数量由上级部门根据具体情况确定，财务会计系统中的月度报表主要包括资产负债表和收入费用表。年度的财务报告和决算报告中应包含所有的会计报表。

（三）按编报的层次分类

它可以分为单位报表和部门报表。单位报表是反映单位预算和财务结果的报表；部门报表是各主管部门对本单位和所属单位的报表进行汇总后编制的报表，部门报表要汇总所有下属单位的会计报表。

第二节 财务报表

一、资产负债表

（一）资产负债表的概念和作用

资产负债表是反映单位在某一特定日期全部资产、负债和净资产情况的报表。

资产负债表的作用主要表现在以下几个方面：

（1）可以提供某一特定日期资产总额及其构成情况的信息。例如，可以提供某一特定日期的资产总额、流动资产总额、非流动资产总额等信息。

（2）可以提供某一特定日期负债总额及其构成情况的信息。例如，可以提供某一特定日期的负债总额、流动负债总额、非流动负债总额等信息。

（3）可以提供某一特定日期净资产总额及其构成情况的信息。例如，可以提供某一特定日期的净资产总额、累计盈余总额、专用基金总额等信息。

根据《政府会计制度——行政事业单位会计科目和报表》的规定，单位的资产负债表应当按月度和年度编制。

（二）资产负债表的格式

单位的资产负债表左边列示资产及其期末余额和年初余额的信息，右边列示负债和净资产及其期末余额和年初余额的信息。采用的平衡公式为“资产 = 负债+净资产”，即资产负债表左边总计等于右边总计。单位的资产负债表的格式如表 8-2 所示。

表 8-2 资产负债表

会政财 01 表

编制单位：________ ____年____月____日 单位：元

资产	期末余额	年初余额	负债和净资产	期末余额	年初余额
流动资产：			流动负债：		
货币资金			短期借款		
短期投资			应交增值税		
财政应返还额度			其他应交税费		
应收票据			应缴财政款		
应收账款净额			应付职工薪酬		
预付账款			应付票据		
应收股利			应付账款		
应收利息			应付政府补贴款		
其他应收款净额			应付利息		
存货			预收账款		

续表

资产	期末余额	年初余额	负债和净资产	期末余额	年初余额
待摊费用			其他应付款		
一年内到期的非流动资产			预提费用		
其他流动资产			一年内到期的非流动负债		
流动资产合计			其他流动负债		
非流动资产：			流动负债合计		
长期股权投资			非流动负债：		
长期债券投资			长期借款		
固定资产原值			长期应付款		
减：固定资产累计折旧			预计负债		
固定资产净值			其他非流动负债		
工程物资			非流动负债合计		
在建工程			受托代理负债		
无形资产原值			负债合计		
减：无形资产累计摊销					
无形资产净值					
研发支出					
公共基础设施原值					
减：公共基础设施累计折旧（摊销）					
公共基础设施净值					
政府储备物资					
文物资源					
保障性住房原值					
减：保障性住房累计折旧			净资产：		
保障性住房净值			累计盈余		
长期待摊费用			专用基金		

续表

资产	期末余额	年初余额	负债和净资产	期末余额	年初余额
待处理财产损溢			权益法调整		
其他非流动资产			无偿调拨净资产*		
非流动资产合计			本期盈余*		
受托代理资产			净资产合计		
资产总计			负债和净资产总计		

注："*"标识项目为月报项目，年报中不需要列示。

(三) 资产负债表的列报方法

本表"年初余额"栏内各项数字，应当根据上年年末资产负债表"期末余额"栏内数字填列。

如果本年度资产负债表规定的项目的名称和内容同上年度不一致，应当对上年年末资产负债表项目的名称和数字按照本年度的规定进行调整，将调整后的数字填入本表"年初余额"栏内。

如果本年度单位发生了因前期差错更正、会计政策变更等调整以前年度盈余的事项，还应当对"年初余额"栏内的有关项目金额进行相应调整。

本表中"资产总计"项目期末（年初）余额应当与"负债和净资产总计"项目期末（年初）余额相等。

本表"期末余额"栏各项目的内容和填列方法如下。

1. 资产类项目

(1)"货币资金"项目，反映单位期末库存现金、银行存款、零余额账户用款额度、其他货币资金的合计数。本项目应当根据"库存现金""银行存款""零余额账户用款额度""其他货币资金"科目的期末余额的合计数填列；若单位存在通过"库存现金""银行存款"科目核算的受托代理资产，应当按照前述合计数扣减"库存现金""银行存款"科目下"受托代理资产"明细科目的期末余额后的金额填列。

(2)"短期投资"项目，反映事业单位期末持有的短期投资的账面余额。本项目应当根据"短期投资"科目的期末余额填列。

(3)"财政应返还额度"项目，反映单位期末财政应返还额度的金额。本项目应当根据"财政应返还额度"科目的期末余额填列。

(4)"应收票据"项目，反映事业单位期末持有的应收票据的票面金额。本项目应当根据"应收票据"科目的期末余额填列。

(5)"应收账款净额"项目，反映单位期末尚未收回的应收账款减去已计提的坏账准备后的净额。本项目应当根据"应收账款"科目的期末余额减去"坏账准备"科目中对应收账款计提的坏账准备的期末余额后的金额填列。

(6)"预付账款"项目，反映单位期末预付给商品或劳务供应单位的款项。本项目应当根据"预付账款"科目的期末余额填列。

(7)"应收股利"项目，反映事业单位期末因股权投资而应收取的现金股利或应分得的利润。本项目应当根据“应收股利”科目的期末余额填列。

(8)“应收利息”项目，反映事业单位期末因债券投资等而应收取的利息。事业单位购入的到期一次还本付息的长期债券投资持有期间应收的利息，不包括在本项目内。本项目应当根据“应收利息”科目的期末余额填列。

(9)“其他应收款净额”项目，反映单位期末尚未收回的其他应收款减去已计提的坏账准备后的净额。本项目应当根据“其他应收款”科目的期末余额减去“坏账准备”科目中对其他应收款计提的坏账准备的期末余额后的金额填列。

(10)“存货”项目，反映单位期末储存的存货的实际成本。本项目应当根据“在途物品”“库存物品”“加工物品”科目的期末余额的合计数填列。

(11)“待摊费用”项目，反映单位期末已经支出，但应当由本期和以后各期负担的分摊期在1年内(含1年)的各项费用。本项目应当根据“待摊费用”科目的期末余额填列。

(12)“一年内到期的非流动资产”项目，反映单位期末非流动资产项目中将在1年内(含1年)到期的金额，如事业单位将在1年内(含1年)到期的长期债券投资金额。本项目应当根据“长期债券投资”等科目的明细科目的期末余额分析填列。

(13)“其他流动资产”项目，反映单位期末除本表中上述各项以外的其他流动资产的合计金额。本项目应当根据有关科目期末余额的合计数填列。

(14)“流动资产合计”项目，反映单位期末流动资产的合计数。本项目应当根据本表中“货币资金”“短期投资”“财政应返还额度”“应收票据”“应收账款净额”“预付账款”“应收股利”“应收利息”“其他应收款净额”“存货”“待摊费用”“一年内到期的非流动资产”“其他流动资产”项目金额的合计数填列。

(15)“长期股权投资”项目，反映事业单位期末持有的长期股权投资的账面余额。本项目应当根据“长期股权投资”科目的期末余额填列。

(16)“长期债券投资”项目，反映事业单位期末持有的长期债券投资的账面余额。本项目应当根据“长期债券投资”科目的期末余额减去其中将于1年内(含1年)到期的长期债券投资余额后的金额填列。

(17)“固定资产原值”项目，反映单位期末固定资产的原值。本项目应当根据“固定资产”科目的期末余额填列。“固定资产累计折旧”项目，反映单位期末固定资产已计提的累计折旧金额。本项目应当根据“固定资产累计折旧”科目的期末余额填列。“固定资产净值”项目，反映单位期末固定资产的账面价值。本项目应当根据“固定资产”科目期末余额减去“固定资产累计折旧”科目期末余额后的金额填列。

(18)“工程物资”项目，反映单位期末为在建工程准备的各种物资的实际成本。本项目应当根据“工程物资”科目的期末余额填列。

(19)“在建工程”项目，反映单位期末所有的建设项目工程的实际成本。本项目应当根据“在建工程”科目的期末余额填列。

(20)“无形资产原值”项目，反映单位期末无形资产的原值。本项目应当根据“无形资产”科目的期末余额填列。“无形资产累计摊销”项目，反映单位期末无形资产已计提的累计摊销金额。本项目应当根据“无形资产累计摊销”科目的期末余额填列。“无形资产净值”项目，反映单位期末无形资产的账面价值。本项目应当根据“无形资产”科目期末余额减去“无形资产累计摊销”科目期末余额后的金额填列。

(21)“研发支出”项目，反映单位期末正在进行的无形资产开发项目开发阶段发生的累计支出数。本项目应当根据“研发支出”科目的期末余额填列。

(22)“公共基础设施原值”项目，反映单位期末控制的公共基础设施的原值。本项目应当根据“公共基础设施”科目的期末余额填列。“公共基础设施累计折旧（摊销）”项目，反映单位期末控制的公共基础设施已计提的累计折旧和累计摊销金额。本项目应当根据“公共基础设施累计折旧（摊销）”科目的期末余额填列。“公共基础设施净值”项目，反映单位期末控制的公共基础设施的账面价值。本项目应当根据“公共基础设施”科目期末余额减去“公共基础设施累计折旧（摊销）”科目期末余额后的金额填列。

(23)“政府储备物资”项目，反映单位期末控制的政府储备物资的实际成本。本项目应当根据“政府储备物资”科目的期末余额填列。

(24)“文物资源”项目，反映单位期末控制的文物资源的成本。本项目下设置“以成本计量”和“以名义金额计量”两个子项目。“以成本计量”的文物资源，根据“文物资源”科目下“成本”明细科目的期末借方余额填列，反映以成本计量的文物资源的成本。“以名义金额计量”的文物资源，根据“文物资源”科目下“名义金额”明细科目的期末借方余额填列，反映以名义金额计量的文物资源的数量。

(25)“保障性住房原值”项目，反映单位期末控制的保障性住房的原值。本项目应当根据“保障性住房”科目的期末余额填列。“保障性住房累计折旧”项目，反映单位期末控制的保障性住房已计提的累计折旧金额。本项目应当根据“保障性住房累计折旧”科目的期末余额填列。“保障性住房净值”项目，反映单位期末控制的保障性住房的账面价值。本项目应当根据“保障性住房”科目期末余额减去“保障性住房累计折旧”科目期末余额后的金额填列。

(26)“长期待摊费用”项目，反映单位期末已经支出，但应由本期和以后各期负担的分摊期限在1年以上（不含1年）的各项费用。本项目应当根据“长期待摊费用”科目的期末余额填列。

(27)“待处理财产损溢”项目，反映单位期末尚未处理完毕的各种资产的净损失或净溢余。本项目应当根据“待处理财产损溢”科目的期末借方余额填列；如“待处理财产损溢”科目期末为贷方余额，以“-”号填列。

(28)“其他非流动资产”项目，反映单位期末除本表中上述各项以外的其他非流动资产的合计数。本项目应当根据有关科目期末余额的合计数填列。

(29)“非流动资产合计”项目，反映单位期末非流动资产的合计数。本项目应当根据本表中“长期股权投资”“长期债券投资”“固定资产净值”“工程物资”“在建工程”“无形资产净值”“研发支出”“公共基础设施净值”“政府储备物资”“文物资源”“保障性住房净值”“长期待摊费用”“待处理财产损溢”“其他非流动资产”项目金额的合计数填列。

(30)“受托代理资产”项目，反映单位期末受托代理资产的价值。本项目应当根据“受托代理资产”科目的期末余额与“库存现金”“银行存款”科目下“受托代理资产”明细科目的期末余额的合计数填列。

(31)“资产总计”项目，反映单位期末资产的合计数。本项目应当根据本表中“流动资产合计”“非流动资产合计”“受托代理资产”项目金额的合计数填列。

2. 负债类项目

（1）“短期借款”项目，反映事业单位期末短期借款的余额。本项目应当根据“短期借款”科目的期末余额填列。

（2）“应交增值税”项目，反映单位期末应交未交的增值税额。本项目应当根据“应交增值税”科目的期末余额填列；如“应交增值税”科目期末为借方余额，以“-”号填列。

（3）“其他应交税费”项目，反映单位期末应缴未缴的除增值税以外的税费金额。本项目应当根据“其他应交税费”科目的期末余额填列；如“其他应交税费”科目期末为借方余额，以“-”号填列。

（4）“应缴财政款”项目，反映单位期末应当上缴财政但尚未缴纳的款项。本项目应当根据“应缴财政款”科目的期末余额填列。

（5）“应付职工薪酬”项目，反映单位期末按有关规定应付给职工及为职工支付的各种薪酬。本项目应当根据“应付职工薪酬”科目的期末余额填列。

（6）“应付票据”项目，反映事业单位期末应付票据的金额。本项目应当根据“应付票据”科目的期末余额填列。

（7）“应付账款”项目，反映单位期末应当支付但尚未支付的偿还期限在1年内（含1年）的应付账款的金额。本项目应当根据“应付账款”科目的期末余额填列。

（8）“应付政府补贴款”项目，反映负责发放政府补贴的行政单位期末按照规定应当支付给政府补贴接受者的各种政府补贴款余额。本项目应当根据“应付政府补贴款”科目的期末余额填列。

（9）“应付利息”项目，反映事业单位期末按照合同约定应支付的借款利息。事业单位到期一次还本付息的长期借款利息不包括在本项目内。本项目应当根据“应付利息”科目的期末余额填列。

（10）“预收账款”项目，反映事业单位期末预先收取但尚未确认收入和实际结算的款项余额。本项目应当根据“预收账款”科目的期末余额填列。

（11）“其他应付款”项目，反映单位期末其他各项偿还期限在1年内（含1年）的应付及暂收款项余额。本项目应当根据“其他应付款”科目的期末余额填列。

（12）“预提费用”项目，反映单位期末已预先提取的已经发生但尚未支付的各项费用。本项目应当根据“预提费用”科目的期末余额填列。

（13）“一年内到期的非流动负债”项目，反映单位期末将于1年内（含1年）偿还的非流动负债的余额。本项目应当根据“长期应付款”“长期借款”等科目的明细科目的期末余额分析填列。

（14）“其他流动负债”项目，反映单位期末除本表中上述各项以外的其他流动负债的合计数。本项目应当根据有关科目期末余额的合计数填列。

（15）“流动负债合计”项目，反映单位期末流动负债的合计数。本项目应当根据本表中“短期借款”“应交增值税”“其他应交税费”“应缴财政款”“应付职工薪酬”“应付票据”“应付账款”“应付政府补贴款”“应付利息”“预收账款”“其他应付款”“预提费用”“一年内到期的非流动负债”“其他流动负债”项目金额的合计数填列。

（16）“长期借款”项目，反映事业单位期末长期借款的余额。本项目应当根据“长期借款”科目的期末余额减去其中将于1年内（含1年）到期的长期借款余额后的金额填列。

（17）“长期应付款”项目，反映单位期末长期应付款的余额。本项目应当根据“长期应付款”科目的期末余额减去其中将于1年内（含1年）到期的长期应付款余额后的金额填列。

（18）“预计负债”项目，反映单位期末已确认但尚未偿付的预计负债的余额。本项目应当根据“预计负债”科目的期末余额填列。

（19）“其他非流动负债”项目，反映单位期末除本表中上述各项以外的其他非流动负债的合计数。本项目应当根据有关科目期末余额的合计数填列。

（20）“非流动负债合计”项目，反映单位期末非流动负债的合计数。本项目应当根据本表中“长期借款”“长期应付款”“预计负债”“其他非流动负债”项目金额的合计数填列。

（21）“受托代理负债”项目，反映单位期末受托代理负债的金额。本项目应当根据“受托代理负债”科目的期末余额填列。

（22）“负债合计”项目，反映单位期末负债的合计数。本项目应当根据本表中“流动负债合计”“非流动负债合计”“受托代理负债”项目金额的合计数填列。

3. 净资产类项目

（1）“累计盈余”项目，反映单位期末未分配盈余（或未弥补亏损）及无偿调拨净资产变动的累计数。本项目应当根据“累计盈余”科目的期末余额填列。

（2）“专用基金”项目，反映事业单位期末累计提取或设置但尚未使用的专用基金余额。本项目应当根据“专用基金”科目的期末余额填列。

（3）“权益法调整”项目，反映事业单位期末在被投资单位除净损益和利润分配以外的所有者权益变动中累积享有的份额。本项目应当根据“权益法调整”科目的期末余额填列；如“权益法调整”科目期末为借方余额，以“-”号填列。

（4）“无偿调拨净资产”项目，反映单位本年度截至报告期期末无偿调入的非现金资产价值扣减无偿调出的非现金资产价值后的净值。本项目仅在月度报表中列示，年度报表中不列示。月度报表中本项目应当根据“无偿调拨净资产”科目的期末余额填列；如“无偿调拨净资产”科目期末为借方余额，以“-”号填列。

（5）“本期盈余”项目，反映单位本年度截至报告期期末实现的累计盈余或亏损。本项目仅在月度报表中列示，年度报表中不列示。月度报表中本项目应当根据“本期盈余”科目的期末余额填列；如“本期盈余”科目期末为借方余额，以“-”号填列。

（6）“净资产合计”项目，反映单位期末净资产的合计数。本项目应当根据本表中“累计盈余”“专用基金”“权益法调整”、“无偿调拨净资产”（月度报表）、“本期盈余”（月度报表）项目金额的合计数填列。

（7）“负债和净资产总计”项目，应当按照本表中“负债合计”“净资产合计”项目金额的合计数填列。

（四）资产负债表的编制示例

2024年12月31日，某事业单位结账后，会计科目余额如表8-3所示。其中，长期借款中，将于1年内（含1年）偿还的借款为80 000元；库存现金中，有3 000元为受托代理资产。据此，编制该事业单位的资产负债表。

表 8-3 某事业单位会计科目余额表

2024年12月31日 单位：元

科目名称	借方余额	科目名称	贷方余额
库存现金	5 000	短期借款	150 000
银行存款	165 000	应付账款	35 000
短期投资	50 000	预收账款	20 000
财政应返还额度	45 000	其他应付款	12 000
应收票据	26 000	长期借款	421 000
应收账款	40 000	累计盈余	2 380 000
预付账款	25 000	专用基金	86 000
其他应收款	4 000	权益法调整	94 000
在途物品	20 000	固定资产累计折旧	595 000
库存物品	160 000	无形资产累计摊销	84 000
加工物品	80 000	坏账准备	3 000
长期股权投资	250 000		
固定资产原值	2 600 000		
在建工程	60 000		
无形资产原值	350 000		
合计	3 880 000	合计	3 880 000

根据上述资料，资产负债表主要项目的填列说明如下：

（1）货币资金=(库存现金-受托代理资产)+银行存款
=(5 000-3 000)+165 000=167 000（元）

（2）应收账款净额=应收账款-坏账准备=40 000-3 000=37 000（元）

（3）存货=在途物品+库存物品+加工物品
=20 000+160 000+80 000=260 000（元）

（4）固定资产净值=固定资产原值-固定资产累计折旧
=2 600 000-595 000=2 005 000（元）

（5）无形资产净值=无形资产原值-无形资产累计摊销
=350 000-84 000=266 000（元）

（6）受托代理资产=3 000（元）

（7）长期借款=421 000-80 000=341 000（元）

（8）一年内到期的非流动负债=80 000（元）

根据相关项目的数据编制的资产负债表如表8-4所示。

表 8-4 资产负债表

会政财 01 表

编制单位：________　　2024 年 12 月 31 日　　单位：元

资产	期末余额	年初余额	负债和净资产	期末余额	年初余额
流动资产：		（略）	流动负债：		（略）
货币资金	167 000		短期借款	150 000	
短期投资	50 000		应交增值税		
财政应返还额度	45 000		其他应交税费		
应收票据	26 000		应缴财政款		
应收账款净额	37 000		应付职工薪酬		
预付账款	25 000		应付票据		
应收股利			应付账款	35 000	
应收利息			应付政府补贴款		
其他应收款净额	4 000		应付利息		
存货	260 000		预收账款	20 000	
待摊费用			其他应付款	12 000	
一年内到期的非流动资产			预提费用		
其他流动资产			一年内到期的非流动负债	80 000	
流动资产合计	614 000		其他流动负债		
非流动资产：			流动负债合计	297 000	
长期股权投资	250 000		非流动负债：		
长期债券投资			长期借款	341 000	
固定资产原值	2 600 000		长期应付款		
减：固定资产累计折旧	595 000		预计负债		
固定资产净值	2 005 000		其他非流动负债		
工程物资			非流动负债合计	341 000	
在建工程	60 000		受托代理负债		
无形资产原值	350 000		负债合计	638 000	
减：无形资产累计摊销	84 000				
无形资产净值	266 000				
研发支出					

续表

资产	期末余额	年初余额	负债和净资产	期末余额	年初余额
公共基础设施原值					
减：公共基础设施累计折旧（摊销）					
公共基础设施净值					
政府储备物资					
文物资源					
保障性住房原值					
减：保障性住房累计折旧			净资产：		
保障性住房净值			累计盈余	2 380 000	
长期待摊费用			专用基金	86 000	
待处理财产损溢			权益法调整	94 000	
其他非流动资产			无偿调拨净资产*	—	
非流动资产合计	2 581 000		本期盈余*	—	
受托代理资产	3 000		净资产合计	2 560 000	
资产总计	3 198 000		负债和净资产总计	3 198 000	

注：“*”标识项目为月报项目，年报中不需要列示。

二、收入费用表

（一）收入费用表的概念和作用

收入费用表是反映单位在某一会计期间发生的收入、费用及当期盈余情况的报表。

收入费用表的作用主要表现在以下几个方面：

（1）可以提供某一会计期间收入总额及其构成情况的信息。例如，可以提供某一会计期间收入总额、财政拨款收入数额、事业收入数额、其他收入数额等信息。

（2）可以提供某一会计期间费用总额及其构成情况的信息。例如，可以提供某一会计期间费用总额、业务活动费用数额、单位管理费用数额、其他费用数额等信息。

（3）可以提供某一会计期间本期盈余的信息。本期收入总额减去本期费用总额等于本期盈余。

根据《政府会计制度——行政事业单位会计科目和报表》的规定，单位的收入费用表应当按月度和年度编制。

（二）收入费用表的格式

单位的收入费用表应当分别本期收入、本期费用和本期盈余反映相应组成项目的本月数和本年累计数信息，采用的计算公式为“本期收入-本期费用=本期盈余”。单位的收入费用表的格式如表 8-5 所示。

表 8-5 收入费用表

会政财 02 表

编制单位：________________ ________年____月 单位：元

项目	本月数	本年累计数
一、本期收入		
（一）财政拨款收入		
其中：政府性基金收入		
（二）事业收入		
（三）上级补助收入		
（四）附属单位上缴收入		
（五）经营收入		
（六）非同级财政拨款收入		
（七）投资收益		
（八）捐赠收入		
（九）利息收入		
（十）租金收入		
（十一）其他收入		
二、本期费用		
（一）业务活动费用		
（二）单位管理费用		
（三）经营费用		
（四）资产处置费用		
（五）上缴上级费用		
（六）对附属单位补助费用		
（七）所得税费用		
（八）其他费用		
三、本期盈余		

（三）收入费用表的列报方法

本表“本月数”栏反映各项目的本月实际发生数。编制年度收入费用表时，应当将本栏改为“本年数”，反映本年度各项目的实际发生数。

本表“本年累计数”栏反映各项目自年初至报告期期末的累计实际发生数。编制年度收入费用表时，应当将本栏改为“上年数”，反映上年度各项目的实际发生数，“上年数”栏应当根据上年年度收入费用表中“本年数”栏内所列数字填列。

如果本年度收入费用表规定的项目的名称和内容同上年度不一致，应当对上年度收入费用表项目的名称和数字按照本年度的规定进行调整，将调整后的金额填入本年度收入费用表的“上年数”栏内。

如果本年度单位发生了因前期差错更正、会计政策变更等调整以前年度盈余的事项，还应当对年度收入费用表中“上年数”栏内的有关项目金额进行相应调整。

本表“本月数”栏各项目的内容和填列方法如下。

1. 本期收入

（1）“本期收入”项目，反映单位本期收入总额。本项目应当根据本表中“财政拨款收入”“事业收入”“上级补助收入”“附属单位上缴收入”“经营收入”“非同级财政拨款收入”“投资收益”“捐赠收入”“利息收入”“租金收入”“其他收入”项目金额的合计数填列。

（2）“财政拨款收入”项目，反映单位本期从同级政府财政部门取得的各类财政拨款。本项目应当根据“财政拨款收入”科目的本期发生额填列。“政府性基金收入”项目，反映单位本期取得的财政拨款收入中属于政府性基金预算拨款的金额。本项目应当根据“财政拨款收入”相关明细科目的本期发生额填列。

（3）“事业收入”项目，反映事业单位本期开展专业业务活动及其辅助活动实现的收入。本项目应当根据“事业收入”科目的本期发生额填列。

（4）“上级补助收入”项目，反映事业单位本期从主管部门和上级单位收到或应收的非财政拨款收入。本项目应当根据“上级补助收入”科目的本期发生额填列。

（5）“附属单位上缴收入”项目，反映事业单位本期收到或应收的独立核算的附属单位按照有关规定上缴的收入。本项目应当根据“附属单位上缴收入”科目的本期发生额填列。

（6）“经营收入”项目，反映事业单位本期在专业业务活动及其辅助活动之外开展非独立核算经营活动实现的收入。本项目应当根据“经营收入”科目的本期发生额填列。

（7）“非同级财政拨款收入”项目，反映单位本期从非同级政府财政部门取得的财政拨款，不包括事业单位因开展科研及其辅助活动从非同级政府财政部门取得的经费拨款。本项目应当根据“非同级财政拨款收入”科目的本期发生额填列。

（8）“投资收益”项目，反映事业单位本期股权投资和债券投资所实现的收益或发生的损失。本项目应当根据“投资收益”科目的本期发生额填列；如为投资净损失，以“-”号填列。

（9）“捐赠收入”项目，反映单位本期接受捐赠取得的收入。本项目应当根据“捐赠收入”科目的本期发生额填列。

（10）“利息收入”项目，反映单位本期取得的银行存款利息收入。本项目应当根据“利息收入”科目的本期发生额填列。

（11）“租金收入”项目，反映单位本期经批准利用国有资产出租取得并按规定纳入本单位预算管理的租金收入。本项目应当根据“租金收入”科目的本期发生额填列。

（12）“其他收入”项目，反映单位本期取得的除以上收入项目以外的其他收入的总额。本项目应当根据“其他收入”科目的本期发生额填列。

2. 本期费用

（1）“本期费用”项目，反映单位本期费用总额。本项目应当根据本表中“业务活动费用”“单位管理费用”“经营费用”“资产处置费用”“上缴上级费用”“对附属单位补助费用”“所得税费用”“其他费用”项目金额的合计数填列。

（2）“业务活动费用”项目，反映单位本期为实现其职能目标，依法履职或开展专业业务活动及其辅助活动发生的各项费用。本项目应当根据“业务活动费用”科目的本期发生额填列。

（3）“单位管理费用”项目，反映事业单位本期本级行政及后勤管理部门开展管理活动发生的各项费用，以及由单位统一负担的离退休人员经费、工会经费、诉讼费、中介费等。本项目应当根据“单位管理费用”科目的本期发生额填列。

（4）“经营费用”项目，反映事业单位本期在专业业务活动及其辅助活动之外开展非独立核算经营活动发生的各项费用。本项目应当根据“经营费用”科目的本期发生额填列。

（5）“资产处置费用”项目，反映单位本期经批准处置资产时转销的资产价值及在处置过程中发生的相关费用或处置收入小于处置费用形成的净支出。本项目应当根据“资产处置费用”科目的本期发生额填列。

（6）“上缴上级费用”项目，反映事业单位按照规定上缴上级单位款项发生的费用。本项目应当根据“上缴上级费用”科目的本期发生额填列。

（7）“对附属单位补助费用”项目，反映事业单位用财政拨款收入之外的收入对附属单位补助发生的费用。本项目应当根据“对附属单位补助费用”科目的本期发生额填列。

（8）“所得税费用”项目，反映有企业所得税缴纳义务的事业单位本期计算应交纳的企业所得税。本项目应当根据“所得税费用”科目的本期发生额填列。

（9）“其他费用”项目，反映单位本期发生的除以上费用项目以外的其他费用的总额。本项目应当根据“其他费用”科目的本期发生额填列。

3. 本期盈余

“本期盈余”项目，反映单位本期收入扣除本期费用后的净额。本项目应当根据本表中“本期收入”项目金额减去“本期费用”项目金额后的金额填列；如为负数，以“-”号填列。

（四）收入费用表的编制示例

2024 年 12 月，某事业单位各项收入和费用本月发生额如表 8-6 所示。据此，编制该事业单位的收入费用表。

表 8-6　2024 年 12 月某事业单位各项收入和费用本月发生额　　单位：元

收入科目名称	贷方发生额	费用科目名称	借方发生额
财政拨款收入	1 800 000	业务活动费用	1 800 000
事业收入	1 500 000	单位管理费用	1 600 000
上级补助收入	150 000	经营费用	40 000
附属单位上缴收入	200 000	资产处置费用	80 000
经营收入	50 000	上缴上级费用	250 000
非同级财政拨款收入	400 000	对附属单位补助费用	350 000
投资收益	80 000	所得税费用	5 000

续表

收入科目名称	贷方发生额	费用科目名称	借方发生额
捐赠收入	800 000	其他费用	45 000
利息收入	50 000		
租金收入	60 000		
其他收入	90 000		
合计	5 180 000	合计	4 170 000

根据上述资料，收入费用表中各收入项目、费用项目的金额直接按照本期发生额填列。“本期收入”项目金额为各收入科目本期发生额的合计数 5 180 000 元。“本期费用”项目金额为各费用科目本期发生额的合计数 4 170 000 元。“本期盈余”项目金额为“本期收入”项目金额减去“本期费用”项目金额，计算结果是 1 010 000 元。编制的收入费用表如表 8-7 所示。

表 8-7　收入费用表

会政财 02 表

编制单位：________　　2024 年 12 月　　单位：元

项目	本月数	本年累计数
一、本期收入	5 180 000	（略）
（一）财政拨款收入	1 800 000	
其中：政府性基金收入	0	
（二）事业收入	1 500 000	
（三）上级补助收入	150 000	
（四）附属单位上缴收入	200 000	
（五）经营收入	50 000	
（六）非同级财政拨款收入	400 000	
（七）投资收益	80 000	
（八）捐赠收入	800 000	
（九）利息收入	50 000	
（十）租金收入	60 000	
（十一）其他收入	90 000	
二、本期费用	4 170 000	
（一）业务活动费用	1 800 000	
（二）单位管理费用	1 600 000	
（三）经营费用	40 000	
（四）资产处置费用	80 000	

续表

项目	本月数	本年累计数
（五）上缴上级费用	250 000	
（六）对附属单位补助费用	350 000	
（七）所得税费用	5 000	
（八）其他费用	45 000	
三、本期盈余	1 010 000	

三、净资产变动表

扫一扫

《政府会计准则制度解释第 7 号》

（一）净资产变动表的概念和作用

净资产变动表是反映单位在某一会计期间净资产项目变动情况的报表。

净资产变动表的作用主要表现在以下几个方面：

（1）可以提供某一会计期间累计盈余变动情况的信息。例如，可以提供某一会计期间累计盈余的本年年初余额、本年变动金额、本年年末余额等信息。

（2）可以提供某一会计期间专用基金变动情况的信息。例如，可以提供某一会计期间专用基金的本年年初余额、本年变动金额、本年年末余额等信息。

（3）可以提供某一会计期间权益法调整变动情况的信息。例如，可以提供某一会计期间权益法调整的本年年初余额、本年变动金额、本年年末余额等信息。

根据《政府会计制度——行政事业单位会计科目和报表》的规定，单位的净资产变动表应当按年度编制。

（二）净资产变动表的格式

单位的净资产变动表采用矩阵格式，即一方面列示净资产的各组成部分，如列示累计盈余、专用基金、权益法调整；另一方面列示净资产各组成部分增减变动的具体原因，如列示本年盈余、无偿调拨净资产、归集调整预算结转结余、提取或设置专用基金、使用专用基金等。净资产各组成部分增减变动的原因与净资产的相应组成部分形成对应。单位的净资产变动表的格式如表 8-8 所示。

表 8-8　净资产变动表

会政财 03 表

编制单位：________　　________年　　单位：元

项目	累计盈余	专用基金	权益法调整	净资产合计
一、上年年末余额				
二、以前年度盈余调整（减少以“-”号填列）				
三、本年年初余额				
四、本年变动金额（减少以“-”号填列）				
（一）本年盈余			—	

续表

项目	累计盈余	专用基金	权益法调整	净资产合计
（二）无偿调拨净资产		—	—	
（三）归集调整预算结转结余		—	—	
（四）提取或设置专用基金			—	
其中：从预算收入中提取	—		—	
从预算结余中提取			—	
设置的专用基金	—		—	
（五）使用专用基金			—	
（六）权益法调整	—	—		
（七）会计政策变更		—	—	
（八）其他				
五、本年年末余额				

注：“—”标识单元格不需要填列。

（三）净资产变动表的列报方法

本表各项目的内容和填列方法如下：

（1）“上年年末余额”行，反映单位净资产各项目上年年末的余额。本行各项目应当根据“累计盈余”“专用基金”“权益法调整”科目上年年末余额填列。

（2）“以前年度盈余调整”行，反映单位本年度调整以前年度盈余的事项对累计盈余进行调整的金额。本行“累计盈余”项目应当根据本年度“以前年度盈余调整”科目转入“累计盈余”科目的金额填列；如调整减少累计盈余，以“-”号填列。

（3）“本年年初余额”行，反映经过以前年度盈余调整后，单位净资产各项目的本年年初余额。本行“累计盈余”“专用基金”“权益法调整”项目应当根据其各自在“上年年末余额”和“以前年度盈余调整”行对应项目金额的合计数填列。

（4）“本年变动金额”行，反映单位净资产各项目本年变动总金额。本行“累计盈余”“专用基金”“权益法调整”项目应当根据其各自在“本年盈余”“无偿调拨净资产”“归集调整预算结转结余”“提取或设置专用基金”“使用专用基金”“权益法调整”行对应项目金额的合计数填列。

（5）“本年盈余”行，反映单位本年发生的收入、费用对净资产的影响。本行“累计盈余”项目应当根据年末由“本期盈余”科目转入“本年盈余分配”科目的金额填列；如转入时借记“本年盈余分配”科目，以“-”号填列。本行“专用基金”项目应当根据本年使用从非财政拨款结余或经营结余中提取的专用基金时直接计入费用的金额，以“-”号填列。

（6）“无偿调拨净资产”行，反映单位本年无偿调入、调出非现金资产事项对净资产的影响。本行“累计盈余”项目应当根据年末由“无偿调拨净资产”科目转入“累计盈余”科目的金额填列；如转入时借记“累计盈余”科目，以“-”号填列。

（7）“归集调整预算结转结余”行，反映单位本年财政拨款结转结余资金归集调入、归集上缴或调出，以及非财政拨款结转资金缴回对净资产的影响。本行“累计盈余”项目应当根据“累计盈余”科目明细账记录分析填列；如归集调整减少预算结转结余，以“-”号填列。

(8)“提取或设置专用基金”行，反映单位本年提取或设置专用基金对净资产的影响。本行“累计盈余”项目应当根据“从预算结余中提取”行“累计盈余”项目的金额填列。本行“专用基金”项目应当根据“从预算收入中提取”“从预算结余中提取”“设置的专用基金”行“专用基金”项目金额的合计数填列。

“从预算收入中提取”行，反映单位本年从预算收入中提取专用基金对净资产的影响。本行“专用基金”项目应当通过对“专用基金”科目明细账记录的分析，根据本年按有关规定从预算收入中提取专用基金的金额填列。

“从预算结余中提取”行，反映单位本年根据有关规定从本年度非财政拨款结余或经营结余中提取专用基金对净资产的影响。本行“累计盈余”“专用基金”项目应当通过对“专用基金”科目明细账记录的分析，根据本年按有关规定从本年度非财政拨款结余或经营结余中提取专用基金的金额填列；本行“累计盈余”项目以“-”号填列。

“设置的专用基金”行，反映单位本年根据有关规定设置的其他专用基金对净资产的影响。本行“专用基金”项目应当通过对“专用基金”科目明细账记录的分析，根据本年按有关规定设置的其他专用基金的金额填列。

(9)“使用专用基金”行，反映单位本年按规定使用专用基金对净资产的影响。本行“累计盈余”项目应当通过对“专用基金”科目明细账记录的分析，根据本年按规定使用专用基金的金额填列；本行“专用基金”项目应当根据本年使用专用基金时直接冲减专用基金余额的金额填列。

(10)“权益法调整”行，反映单位本年按照被投资单位除净损益和利润分配以外的所有者权益变动份额而调整长期股权投资账面余额对净资产的影响。本行“权益法调整”项目应当根据“权益法调整”科目的本年发生额填列；如本年净发生额在借方，以“-”号填列。

(11)“会计政策变更”行，反映单位本年除以前年度盈余调整以外，因会计政策变更对净资产的影响。单位应当根据《政府会计准则第7号——会计调整》等相关规定，分析计算会计政策变更产生的累积影响数，据此填列本项目。

(12)“其他”行，反映单位按照政府会计准则制度规定，除本年盈余、无偿调拨净资产、归集调整预算结转结余、提取或设置专用基金、使用专用基金、权益法调整、会计政策变更以外的对净资产的影响。包括划转撤并调整，以考古发掘方式取得文物资源，使用计提的科研项目间接费用或管理费购买固定资产、无形资产等情况对净资产的影响。例如，单位发生划转撤并业务，涉及资产和负债的重新划分，由此导致净资产的变动，就应填列在“其他”项目中。

(13)“本年年末余额”行，反映单位本年各净资产项目的年末余额。本行“累计盈余”“专用基金”“权益法调整”项目应当根据其各自在“本年年初余额”“本年变动金额”行对应项目金额的合计数填列。

(14)本表各行“净资产合计”项目，应当根据所在行“累计盈余”“专用基金”“权益法调整”项目金额的合计数填列。

（四）净资产变动表的编制示例

某事业单位2023年年末“累计盈余”科目余额为4 350 000元，“专用基金”科目余额为90 000元，“权益法调整”科目余额为20 000元，净资产合计数为4 460 000元。2024年12月底，“累计盈余”明细科目中，以前年度盈余调整的金额为10 000元，本年运营增加的累计盈余金额为300 000元，无偿调拨净资产转入累计盈余借方的金额为20 000元，归集调整预算结转结余的金额为25 000元，从预算收入中提取的专用基金金额为35 000元，从预算结余中提取的专用基金金额为50 000元，本年度使用的专用基金金额为80 000元（其中：从预算结余中提取的专用基金为50 000元，从预算收入中提取的专用基金为30 000元），权益法调整科目的金额为10 000元。据此，编制该事业单位的净资产变动表。

根据上述资料编制的净资产变动表如表8-9所示。

表8-9 净资产变动表

会政财03表

编制单位：________________　　2024年　　单位：元

项目	累计盈余	专用基金	权益法调整	净资产合计
一、上年年末余额	4 350 000	90 000	20 000	4 460 000
二、以前年度盈余调整（减少以“-”号填列）	10 000	—	—	10 000
三、本年年初余额	4 360 000	90 000	20 000	4 470 000
四、本年变动金额（减少以“-”号填列）	255 000	5 000	10 000	270 000
（一）本年盈余	300 000	-50 000	—	250 000
（二）无偿调拨净资产	-20 000	—	—	-20 000
（三）归集调整预算结转结余	25 000	—	—	25 000
（四）提取或设置专用基金	-50 000	85 000	—	35 000
其中：从预算收入中提取	—	35 000	—	35 000
从预算结余中提取	-50 000	50 000	—	0
设置的专用基金	—	0	—	0
（五）使用专用基金	—	-30 000	—	-30 000
（六）权益法调整	—	—	10 000	10 000
（七）会计政策变更		—	—	
（八）其他				
五、本年年末余额	4 615 000	95 000	30 000	4 740 000

注：“—”标识单元格不需要填列。

四、现金流量表

（一）现金流量表的概念和作用

现金流量表是反映单位在某一会计期间现金流入和流出信息的报表。

现金流量表的作用主要表现在以下几个方面：

（1）可以提供某一会计期间日常活动产生的现金流量的信息。例如，可以提供某一会计期间财政基本支出拨款收到的现金、购买商品或接受劳务支付的现金等信息。

（2）可以提供某一会计期间投资活动产生的现金流量的信息。例如，可以提供某一会计期间收回投资收到的现金及购建固定资产、无形资产等支付的现金等信息。

（3）可以提供某一会计期间筹资活动产生的现金流量的信息。例如，可以提供某一会计期间财政资本性项目拨款收到的现金、偿还借款支付的现金等信息。

根据《政府会计制度——行政事业单位会计科目和报表》的规定，单位的现金流量表应当按年度编制。

（二）现金流量表的格式

单位的现金流量表应当分别日常活动产生的现金流量、投资活动产生的现金流量和筹资活动产生的现金流量反映现金流入和现金流出的信息，采用的计算公式为“现金流入-现金流出=现金流量净额”。单位的现金流量表的格式如表 8-10 所示。

表 8-10　现金流量表

会政财 04 表

编制单位：________________　　　　________年　　　　单位：元

项目	本年金额	上年金额
一、日常活动产生的现金流量		
财政基本支出拨款收到的现金		
财政非资本性项目拨款收到的现金		
事业活动收到的除财政拨款以外的现金		
收到的其他与日常活动有关的现金		
日常活动的现金流入小计		
购买商品、接受劳务支付的现金		
支付给职工以及为职工支付的现金		
支付的各项税费		
支付的其他与日常活动有关的现金		
日常活动的现金流出小计		
日常活动产生的现金流量净额		
二、投资活动产生的现金流量		
收回投资收到的现金		
取得投资收益收到的现金		
处置固定资产、无形资产、公共基础设施等收回的现金净额		
收到的其他与投资活动有关的现金		
投资活动的现金流入小计		

续表

项目	本年金额	上年金额
购建固定资产、无形资产、公共基础设施等支付的现金		
对外投资支付的现金		
上缴处置固定资产、无形资产、公共基础设施等净收入支付的现金		
支付的其他与投资活动有关的现金		
投资活动的现金流出小计		
投资活动产生的现金流量净额		
三、筹资活动产生的现金流量		
财政资本性项目拨款收到的现金		
取得借款收到的现金		
收到的其他与筹资活动有关的现金		
筹资活动的现金流入小计		
偿还借款支付的现金		
偿还利息支付的现金		
支付的其他与筹资活动有关的现金		
筹资活动的现金流出小计		
筹资活动产生的现金流量净额		
四、汇率变动对现金的影响额		
五、现金净增加额		

（二）现金流量表的列报方法

本表所指的现金，是指单位的库存现金及其他可以随时用于支付的款项，包括库存现金、可以随时用于支付的银行存款、其他货币资金、零余额账户用款额度、财政应返还额度，以及通过国库集中支付方式支付的款项。

本表应当按照日常活动、投资活动、筹资活动的现金流量分别反映。本表所指的现金流量，是指现金的流入和流出。

本表“本年金额”栏反映各项目的本年实际发生数。本表“上年金额”栏反映各项目的上年实际发生数，应当根据上年现金流量表中“本年金额”栏内所列数字填列。

单位应当采用直接法编制现金流量表。

本表“本年金额”栏各项目的内容和填列方法如下。

1. 日常活动产生的现金流量

（1）“财政基本支出拨款收到的现金”项目，反映单位本年接受财政基本支出拨款取得的现金。本项目应当根据“零余额账户用款额度”“财政拨款收入”“银行存款”等科目及其所属明细科目的记录分析填列。

（2）“财政非资本性项目拨款收到的现金”项目，反映单位本年接受除用于购建固定资产、无形资产、公共基础设施等资本性项目以外的财政项目拨款取得的现金。本项目应当根据“银行存款”“零余额账户用款额度”“财政拨款收入”等科目及其所属明细科目的记录分析填列。

(3)“事业活动收到的除财政拨款以外的现金”项目，反映事业单位本年开展专业业务活动及其辅助活动取得的除财政拨款以外的现金。本项目应当根据“库存现金”“银行存款”“其他货币资金”“应收账款”“应收票据”“预收账款”“事业收入”等科目及其所属明细科目的记录分析填列。

(4)“收到的其他与日常活动有关的现金”项目，反映单位本年收到的除上述项目以外的与日常活动有关的现金。本项目应当根据“库存现金”“银行存款”“其他货币资金”“上级补助收入”“附属单位上缴收入”“经营收入”“非同级财政拨款收入”“捐赠收入”“利息收入”“租金收入”“其他收入”等科目及其所属明细科目的记录分析填列。

(5)“日常活动的现金流入小计”项目，反映单位本年日常活动产生的现金流入的合计数。本项目应当根据本表中“财政基本支出拨款收到的现金”“财政非资本性项目拨款收到的现金”“事业活动收到的除财政拨款以外的现金”“收到的其他与日常活动有关的现金”项目金额的合计数填列。

(6)“购买商品、接受劳务支付的现金”项目，反映单位本年在日常活动中用于购买商品、接受劳务支付的现金。本项目应当根据“库存现金”“银行存款”“财政拨款收入”“零余额账户用款额度”“预付账款”“在途物品”“库存物品”“应付账款”“应付票据”“业务活动费用”“单位管理费用”“经营费用”等科目及其所属明细科目的记录分析填列。

(7)“支付给职工以及为职工支付的现金”项目，反映单位本年支付给职工及为职工支付的现金。本项目应当根据“库存现金”“银行存款”“零余额账户用款额度”“财政拨款收入”“应付职工薪酬”“业务活动费用”“单位管理费用”“经营费用”等科目及其所属明细科目的记录分析填列。

(8)“支付的各项税费”项目，反映单位本年用于缴纳日常活动相关税费而支付的现金。本项目应当根据“库存现金”“银行存款”“零余额账户用款额度”“应交增值税”“其他应交税费”“业务活动费用”“单位管理费用”“经营费用”“所得税费用”等科目及其所属明细科目的记录分析填列。

(9)“支付的其他与日常活动有关的现金”项目，反映单位本年支付的除上述项目以外的与日常活动有关的现金。本项目应当根据“库存现金”“银行存款”“零余额账户用款额度”“财政拨款收入”“其他应付款”“业务活动费用”“单位管理费用”“经营费用”“其他费用”等科目及其所属明细科目的记录分析填列。

(10)“日常活动的现金流出小计”项目，反映单位本年日常活动产生的现金流出的合计数。本项目应当根据本表中“购买商品、接受劳务支付的现金”“支付给职工以及为职工支付的现金”“支付的各项税费”“支付的其他与日常活动有关的现金”项目金额的合计数填列。

(11)“日常活动产生的现金流量净额”项目，应当按照本表中“日常活动的现金流入小计”项目金额减去“日常活动的现金流出小计”项目金额后的金额填列；如为负数，以“-”号填列。

2. 投资活动产生的现金流量

（1）“收回投资收到的现金”项目，反映单位本年出售、转让或收回投资收到的现金。本项目应当根据“库存现金”“银行存款”“短期投资”“长期股权投资”“长期债券投资”等科目的记录分析填列。

（2）“取得投资收益收到的现金”项目，反映单位本年因对外投资而收到被投资单位分配的股利或利润，以及收到投资利息而取得的现金。本项目应当根据“库存现金”“银行存款”“应收股利”“应收利息”“投资收益”等科目的记录分析填列。

（3）“处置固定资产、无形资产、公共基础设施等收回的现金净额”项目，反映单位本年处置固定资产、无形资产、公共基础设施等非流动资产所取得的现金减去为处置这些资产而支付的有关费用后的净额。因自然灾害所造成的固定资产等长期资产损失而收到的保险赔款收入，也在本项目反映。本项目应当根据“库存现金”“银行存款”“待处理财产损溢”等科目的记录分析填列。

（4）“收到的其他与投资活动有关的现金”项目，反映单位本年收到的除上述项目以外的与投资活动有关的现金。对于金额较大的现金流入，应当单列项目反映。本项目应当根据“库存现金”“银行存款”等有关科目的记录分析填列。

（5）“投资活动的现金流入小计”项目，反映单位本年投资活动产生的现金流入的合计数。本项目应当根据本表中“收回投资收到的现金”“取得投资收益收到的现金”“处置固定资产、无形资产、公共基础设施等收回的现金净额”“收到的其他与投资活动有关的现金”项目金额的合计数填列。

（6）“购建固定资产、无形资产、公共基础设施等支付的现金”项目，反映单位本年购买和建造固定资产、无形资产、公共基础设施等非流动资产所支付的现金；融资租入固定资产支付的租赁费不在本项目反映，在筹资活动的现金流量中反映。本项目应当根据“库存现金”“银行存款”“固定资产”“工程物资”“在建工程”“无形资产”“研发支出”“公共基础设施”“保障性住房”等科目的记录分析填列。

（7）“对外投资支付的现金”项目，反映单位本年为取得短期投资、长期股权投资、长期债券投资而支付的现金。本项目应当根据“库存现金”“银行存款”“短期投资”“长期股权投资”“长期债券投资”等科目的记录分析填列。

（8）“上缴处置固定资产、无形资产、公共基础设施等净收入支付的现金”项目，反映单位本年将处置固定资产、无形资产、公共基础设施等非流动资产所收回的现金净额予以上缴财政所支付的现金。本项目应当根据“库存现金”“银行存款”“应缴财政款”等科目的记录分析填列。

（9）“支付的其他与投资活动有关的现金”项目，反映单位本年支付的除上述项目以外的与投资活动有关的现金。对于金额较大的现金流出，应当单列项目反映。本项目应当根据“库存现金”“银行存款”等有关科目的记录分析填列。

（10）“投资活动的现金流出小计”项目，反映单位本年投资活动产生的现金流出的合计数。本项目应当根据本表中“购建固定资产、无形资产、公共基础设施等支付的现金”“对外投资支付的现金”“上缴处置固定资产、无形资产、公共基础设施等净收入支付的现金”“支付的其他与投资活动有关的现金”项目金额的合计数填列。

（11）“投资活动产生的现金流量净额”项目，应当按照本表中“投资活动的现金流入小计”项目金额减去“投资活动的现金流出小计”项目金额后的金额填列；如为负数，以“-”号填列。

3. 筹资活动产生的现金流量

（1）“财政资本性项目拨款收到的现金”项目，反映单位本年接受用于购建固定资产、无形资产、公共基础设施等资本性项目的财政项目拨款取得的现金。本项目应当根据“银行存款”“零余额账户用款额度”“财政拨款收入”等科目及其所属明细科目的记录分析填列。

（2）“取得借款收到的现金”项目，反映事业单位本年举借短期、长期借款所收到的现金。本项目应当根据“库存现金”“银行存款”“短期借款”“长期借款”等科目的记录分析填列。

（3）“收到的其他与筹资活动有关的现金”项目，反映单位本年收到的除上述项目以外的与筹资活动有关的现金。对于金额较大的现金流入，应当单列项目反映。本项目应当根据“库存现金”“银行存款”等有关科目的记录分析填列。

（4）“筹资活动的现金流入小计”项目，反映单位本年筹资活动产生的现金流入的合计数。本项目应当根据本表中“财政资本性项目拨款收到的现金”“取得借款收到的现金”“收到的其他与筹资活动有关的现金”项目金额的合计数填列。

（5）“偿还借款支付的现金”项目，反映事业单位本年偿还借款本金所支付的现金。本项目应当根据“库存现金”“银行存款”“短期借款”“长期借款”等科目的记录分析填列。

（6）“偿还利息支付的现金”项目，反映事业单位本年支付的借款利息等。本项目应当根据“库存现金”“银行存款”“应付利息”“长期借款”等科目的记录分析填列。

（7）“支付的其他与筹资活动有关的现金”项目，反映单位本年支付的除上述项目以外的与筹资活动有关的现金，如融资租入固定资产所支付的租赁费。本项目应当根据“库存现金”“银行存款”“长期应付款”等科目的记录分析填列。

（8）“筹资活动的现金流出小计”项目，反映单位本年筹资活动产生的现金流出的合计数。本项目应当根据本表中“偿还借款支付的现金”“偿还利息支付的现金”“支付的其他与筹资活动有关的现金”项目金额的合计数填列。

（9）“筹资活动产生的现金流量净额”项目，应当按照本表中“筹资活动的现金流入小计”项目金额减去“筹资活动的现金流出小计”项目金额后的金额填列；如为负数，以“-”号填列。

4. 汇率变动对现金的影响额

“汇率变动对现金的影响额”项目，反映单位本年外币现金流量折算为人民币时，所采用的现金流量发生日的汇率折算的人民币金额与外币现金流量净额按期末汇率折算的人民币金额之间的差额。

5. 现金净增加额

“现金净增加额”项目，反映单位本年现金变动的净额。本项目应当根据本表中“日常活动产生的现金流量净额”“投资活动产生的现金流量净额”“筹资活动产生的现金流量净额”“汇率变动对现金的影响额”项目金额的合计数填列；如为负数，以“-”号填列。

（四）现金流量表的编制示例

2024 年，某事业单位现金流量各类活动（日常活动、投资活动、筹资活动）主要发生事项如表 8-11 所示。该事业单位无所得税缴纳义务，不受汇率变动影响。据此，编制该事业单位的现金流量表。

表 8-11 2024 年某事业单位现金流量各类活动主要发生事项 单位：元

序号	摘要	借方	贷方
1	支付工资		1 000 000
2	提现		15 000
3	财政基本拨款	1 400 000	
4	购买固定资产		350 000
5	财政非资本性项目拨款	500 000	
6	事业活动收到的现金	20 000	
7	收到 6 月份应收账款	28 000	
8	支付税金		4 500
9	购买办公用品		650 000
10	收到财政资本性项目拨款	1 200 000	
11	取得投资收益	18 000	
12	处置专利权	150 000	
13	偿还利息		8 000
14	收回投资	250 000	
15	上缴处置专利权净收入		26 000
16	偿还借款		200 000
17	取得借款	300 000	

根据上述资料，逐项分析各事项所归属的现金流量表项目，分析结果如表 8-12 所示。

表 8-12 2024 年某事业单位现金流量各类活动主要发生事项及其相关资料表 单位：元

序号	摘要	借方	贷方	现金流入	现金流出
1	支付工资		1 000 000		支付给职工以及为职工支付的现金
2	提现		15 000		
3	财政基本拨款	1 400 000		财政基本支出拨款收到的现金	
4	购买固定资产		350 000		购建固定资产、无形资产、公共基础设施等支付的现金
5	财政非资本性项目拨款	500 000		财政非资本性项目拨款收到的现金	

续表

序号	摘要	借方	贷方	现金流入	现金流出
6	事业活动收到的现金	20 000		事业活动收到的除财政拨款以外的现金	
7	收到6月份应收账款	28 000		收到的其他与日常活动有关的现金	
8	支付税金		4 500		支付的各项税费
9	购买办公用品		650 000		购买商品、接受劳务支付的现金
10	收到财政资本性项目拨款	1 200 000		财政资本性项目拨款收到的现金	
11	取得投资收益	18 000		取得投资收益收到的现金	
12	处置专利权	150 000		处置固定资产、无形资产、公共基础设施等收回的现金净额	
13	偿还利息		8 000		偿还利息支付的现金
14	收回投资	250 000		收回投资收到的现金	
15	上缴处置专利权净收入		26 000		上缴处置固定资产、无形资产、公共基础设施等净收入支付的现金
16	偿还借款		200 000		偿还借款支付的现金
17	取得借款	300 000		取得借款收到的现金	

根据表8-12的分析编制的现金流量表如表8-13所示。

表 8-13 现金流量表

会政财04表

编制单位：________ 2024年 单位：元

项目	本年金额	上年金额
一、日常活动产生的现金流量		（略）
财政基本支出拨款收到的现金	1 400 000	
财政非资本性项目拨款收到的现金	500 000	
事业活动收到的除财政拨款以外的现金	20 000	
收到的其他与日常活动有关的现金	28 000	
日常活动的现金流入小计	1 948 000	
购买商品、接受劳务支付的现金	650 000	

续表

项目	本年金额	上年金额
支付给职工以及为职工支付的现金	1 000 000	
支付的各项税费	4 500	
支付的其他与日常活动有关的现金		
日常活动的现金流出小计	1 654 500	
日常活动产生的现金流量净额	293 500	
二、投资活动产生的现金流量		
收回投资收到的现金	250 000	
取得投资收益收到的现金	18 000	
处置固定资产、无形资产、公共基础设施等收回的现金净额	150 000	
收到的其他与投资活动有关的现金		
投资活动的现金流入小计	418 000	
购建固定资产、无形资产、公共基础设施等支付的现金	350 000	
对外投资支付的现金		
上缴处置固定资产、无形资产、公共基础设施等净收入支付的现金	26 000	
支付的其他与投资活动有关的现金		
投资活动的现金流出小计	376 000	
投资活动产生的现金流量净额	42 000	
三、筹资活动产生的现金流量		
财政资本性项目拨款收到的现金	1 200 000	
取得借款收到的现金	300 000	
收到的其他与筹资活动有关的现金		
筹资活动的现金流入小计	1 500 000	
偿还借款支付的现金	200 000	
偿还利息支付的现金	8 000	
支付的其他与筹资活动有关的现金		
筹资活动的现金流出小计	208 000	
筹资活动产生的现金流量净额	1 292 000	
四、汇率变动对现金的影响额		
五、现金净增加额	1 627 500	

四、附注

附注是对在会计报表中列示的项目所做的进一步说明，以及对未能在会计报表中列示项目的说明。附注是财务报表的重要组成部分。凡对报表使用者的决策有重要影响的会计信息，不论制度是否有明确规定，单位均应当充分披露。

附注主要包括以下几个方面的内容。

（一）单位的基本情况

单位应当简要披露其基本情况，包括单位主要职能、主要业务活动、所在地、预算管理关系等。

（二）会计报表编制基础

（三）遵循政府会计准则、制度的声明

（四）重要会计政策和会计估计

单位应当采用与其业务特点相适应的具体会计政策，并充分披露报告期内采用的重要会计政策和会计估计。主要包括以下内容：

（1）会计期间。

（2）记账本位币，外币折算汇率。

（3）坏账准备的计提方法。

（4）存货类别、发出存货的计价方法、存货的盘存制度，以及低值易耗品和包装物的摊销方法。

（5）长期股权投资的核算方法。

（6）固定资产的分类、折旧方法、折旧年限和年折旧率；融资租入固定资产的计价和折旧方法。

（7）无形资产的计价方法；使用寿命有限的无形资产，其使用寿命估计情况；使用寿命不确定的无形资产，其使用寿命不确定的判断依据；单位内部研究开发项目划分研究阶段和开发阶段的具体标准。

（8）公共基础设施的分类、折旧（摊销）方法、折旧（摊销）年限，以及其确定依据。

（9）政府储备物资的分类，以及确定其发出成本所采用的方法。

（10）保障性住房的分类、折旧方法、折旧年限。

（11）其他重要的会计政策和会计估计。

（12）本期发生重要会计政策和会计估计变更的，变更的内容和原因、受其重要影响的报表项目名称和金额、相关审批程序，以及会计估计变更开始适用的时点。

（五）会计报表重要项目说明

单位应当按照资产负债表和收入费用表项目列示顺序，采用文字和数据描述相结合的方式披露重要项目的明细信息。报表重要项目的明细金额合计，应当与报表项目金额相衔接。

（六）本年盈余与预算结余的差异情况说明

为了反映单位财务会计和预算会计因核算基础和核算范围不同所产生的本年盈余数与本年预算结余数之间的差异，单位应当按照重要性原则，对本年度发生的各类影响收入（预算收入）和费用（预算支出）的业务进行适度归并和分析，披露将年度预算收入支出表中“本年预算收支差额”调节为年度收入费用表中“本期盈余”的信息。

（七）其他重要事项说明

（1）资产负债表日存在的重要或有事项说明。没有重要或有事项的，也应说明。

(2) 以名义金额计量的资产名称、数量等情况，以及以名义金额计量理由的说明。

(3) 通过债务资金形成的固定资产、公共基础设施、保障性住房等资产的账面价值、使用情况、收益情况及与此相关的债务偿还情况等的说明。

(4) 重要资产置换、无偿调入（出）、捐入（出）、报废、重大毁损等情况的说明。

(5) 事业单位将单位内部独立核算单位的会计信息纳入本单位财务报表情况的说明。

(6) 政府会计具体准则中要求附注披露的其他内容。

(7) 有助于理解和分析单位财务报表需要说明的其他事项。

第三节 预算会计报表

一、预算收入支出表

(一) 预算收入支出表的概念和作用

预算收入支出表是反映单位在某一会计期间各项预算收入、预算支出和预算收支差额情况的报表。

预算收入支出表的作用主要表现在以下几个方面：

(1) 可以提供某一会计期间预算收入总额及其构成情况的信息。例如，可以提供某一会计期间预算收入总额、财政拨款预算收入、事业预算收入等信息。

(2) 可以提供某一会计期间预算支出总额及其构成情况的信息。例如，可以提供某一会计期间预算支出总额、行政支出、事业支出、其他支出等信息。

(3) 可以提供某一会计期间预算收支差额的信息。预算收支差额等于预算收入总额减去预算支出总额。

根据《政府会计制度——行政事业单位会计科日和报表》的规定，单位的预算收入支出表应当按年度编制。

(二) 预算收入支出表的格式

单位的预算收入支出表应当分别本年预算收入、本年预算支出和本年预算收支差额反映各组成项目本年数和上年数的信息，采用的计算公式为“本年预算收入-本年预算支出=本年预算收支差额”。单位的预算收入支出表的格式如表 8-14 所示。

表 8-14 预算收入支出表

会政预 01 表

编制单位：________ ________年 单位：元

项目	本年数	上年数
一、本年预算收入		
（一）财政拨款预算收入		
其中：政府性基金收入		
（二）事业预算收入		

续表

项目	本年数	上年数
（三）上级补助预算收入		
（四）附属单位上缴预算收入		
（五）经营预算收入		
（六）债务预算收入		
（七）非同级财政拨款预算收入		
（八）投资预算收益		
（九）其他预算收入		
其中：利息预算收入		
捐赠预算收入		
租金预算收入		
二、本年预算支出		
（一）行政支出		
（二）事业支出		
（三）经营支出		
（四）上缴上级支出		
（五）对附属单位补助支出		
（六）投资支出		
（七）债务还本支出		
（八）其他支出		
其中：利息支出		
捐赠支出		
三、本年预算收支差额		

（三）预算收入支出表的列报方法

本表“本年数”栏反映各项目的本年实际发生数。本表“上年数”栏反映各项目的上年实际发生数，应当根据上年预算收入支出表中“本年数”栏内所列数字填列。

如果本年度预算收入支出表规定的项目的名称和内容同上年度不一致，应当对上年度预算收入支出表项目的名称和数字按照本年度的规定进行调整，将调整后的金额填入本年度预算收入支出表的“上年数”栏内。

本表“本年数”栏各项目的内容和填列方法如下。

1. 本年预算收入

（1）“本年预算收入”项目，反映单位本年预算收入总额。本项目应当根据本表中“财政拨款预算收入”“事业预算收入”“上级补助预算收入”“附属单位上缴预算收入”“经营预算收入”“债务预算收入”“非同级财政拨款预算收入”“投资预算收益”“其他预算收入”项目金额的合计数填列。

（2）“财政拨款预算收入”项目，反映单位本年从同级政府财政部门取得的各类财政拨款。本项目应当根据“财政拨款预算收入”科目的本年发生额填列。“政府性基金收入”项目，反映单位本年取得的财政拨款收入中属于政府性基金预算拨款的金额。本项目应当根据“财政拨款预算收入”相关明细科目的本年发生额填列。

（3）“事业预算收入”项目，反映事业单位本年开展专业业务活动及其辅助活动取得的预算收入。本项目应当根据“事业预算收入”科目的本年发生额填列。

（4）“上级补助预算收入”项目，反映事业单位本年从主管部门和上级单位取得的非财政补助预算收入。本项目应当根据“上级补助预算收入”科目的本年发生额填列。

（5）“附属单位上缴预算收入”项目，反映事业单位本年收到的独立核算的附属单位按照有关规定上缴的预算收入。本项目应当根据“附属单位上缴预算收入”科目的本年发生额填列。

（6）“经营预算收入”项目，反映事业单位本年在专业业务活动及其辅助活动之外开展非独立核算经营活动取得的预算收入。本项目应当根据“经营预算收入”科目的本年发生额填列。

（7）“债务预算收入”项目，反映事业单位本年按照规定从金融机构等借入的、纳入部门预算管理的债务预算收入。本项目应当根据“债务预算收入”的本年发生额填列。

（8）“非同级财政拨款预算收入”项目，反映单位本年从非同级政府财政部门取得的财政拨款。本项目应当根据“非同级财政拨款预算收入”科目的本年发生额填列。

（9）“投资预算收益”项目，反映事业单位本年取得的按规定纳入单位预算管理的投资收益。本项目应当根据“投资预算收益”科目的本年发生额填列。

（10）“其他预算收入”项目，反映单位本年取得的除上述收入以外的纳入单位预算管理的各项预算收入。本项目应当根据“其他预算收入”科目的本年发生额填列。“利息预算收入”项目，反映单位本年取得的利息预算收入。本项目应当根据“其他预算收入”科目明细账记录分析填列。单位单设“利息预算收入”科目的，应当根据“利息预算收入”科目的本年发生额填列。“捐赠预算收入”项目，反映单位本年取得的捐赠预算收入。本项目应当根据“其他预算收入”科目明细账记录分析填列。单位单设“捐赠预算收入”科目的，应当根据“捐赠预算收入”科目的本年发生额填列。“租金预算收入”项目，反映单位本年取得的租金预算收入。本项目应当根据“其他预算收入”科目明细账记录分析填列。单位单设“租金预算收入”科目的，应当根据“租金预算收入”科目的本年发生额填列。

2. 本年预算支出

（1）“本年预算支出”项目，反映单位本年预算支出总额。本项目应当根据本表中“行政支出”“事业支出”“经营支出”“上缴上级支出”“对附属单位补助支出”“投资支出”“债务还本支出”“其他支出”项目金额的合计数填列。

（2）“行政支出”项目，反映行政单位本年履行职责实际发生的支出。本项目应当根据“行政支出”科目的本年发生额填列。

（3）“事业支出”项目，反映事业单位本年开展专业业务活动及其辅助活动发生的支出。本项目应当根据“事业支出”科目的本年发生额填列。

(4)“经营支出”项目，反映事业单位本年在专业业务活动及其辅助活动之外开展非独立核算经营活动发生的支出。本项目应当根据“经营支出”科目的本年发生额填列。

(5)“上缴上级支出”项目，反映事业单位本年按照财政部门和主管部门的规定上缴上级单位的支出。本项目应当根据“上缴上级支出”科目的本年发生额填列。

(6)“对附属单位补助支出”项目，反映事业单位本年用财政拨款收入之外的收入对附属单位补助发生的支出。本项目应当根据“对附属单位补助支出”科目的本年发生额填列。

(7)“投资支出”项目，反映事业单位本年以货币资金对外投资发生的支出。本项目应当根据“投资支出”科目的本年发生额填列。

(8)“债务还本支出”项目，反映事业单位本年偿还自身承担的纳入预算管理的从金融机构举借的债务本金的支出。本项目应当根据“债务还本支出”科目的本年发生额填列。

(9)“其他支出”项目，反映单位本年除上述支出以外的各项支出。本项目应当根据“其他支出”科目的本年发生额填列。“利息支出”项目，反映单位本年发生的利息支出。本项目应当根据“其他支出”科目明细账记录分析填列。单位单设“利息支出”科目的，应当根据“利息支出”科目的本年发生额填列。“捐赠支出”项目，反映单位本年发生的捐赠支出。本项目应当根据“其他支出”科目明细账记录分析填列。单位单设“捐赠支出”科目的，应当根据“捐赠支出”科目的本年发生额填列。

3. 本年预算收支差额

“本年预算收支差额”项目，反映单位本年各项预算收支相抵后的差额。本项目应当按照本表中“本期预算收入”项目金额减去“本期预算支出”项目金额后的金额填列；如为负数，以“-”号填列。

(四) 预算收入支出表的编制示例

2024 年，某事业单位预算收支科目发生额如表 8-15 所示。该事业单位无所得税缴纳义务。据此，编制该事业单位的预算收入支出表。

表 8-15　2024 年某事业单位预算收支科目发生额　　单位：元

预算支出科目	本年数	预算收入科目	本年数
行政支出	—	财政拨款预算收入	2 800 000
事业支出	5 600 000	其中：政府性基金收入	800 000
经营支出	450 000	事业预算收入	5 000 000
上缴上级支出	1 200 000	上级补助预算收入	1 200 000
对附属单位补助支出	300 000	附属单位上缴预算收入	300 000
投资支出	600 000	经营预算收入	500 000
债务还本支出	120 000	债务预算收入	300 000
其他支出	195 000	非同级财政拨款预算收入	200 000
其中：利息支出	15 000	投资预算收益	80 000

续表

预算支出科目	本年数	预算收入科目	本年数
捐赠支出	180 000	其他预算收入	200 000
		其中：利息预算收入	20 000
		捐赠预算收入	70 000
		租金预算收入	110 000
合计	8 465 000		10 580 000

根据上述资料，预算收入支出表中各预算收入项目、预算支出项目的金额直接按照相关科目本期发生额填列。“本年预算收入”项目的金额为各预算收入科目本年发生额的合计数 10 580 000 元。“本年预算支出”项目的金额为各预算支出科目本年发生额的合计数 8 465 000 元。“本年预算收支差额”项目的金额为 2 115 000 元。编制的预算收入支出表如表 8-16 所示。

表 8-16　预算收入支出表

会政预 01 表

编制单位：________　　2024 年　　单位：元

项目	本年数	上年数
一、本年预算收入	10 580 000	（略）
（一）财政拨款预算收入	2 800 000	
其中：政府性基金收入	800 000	
（二）事业预算收入	5 000 000	
（三）上级补助预算收入	1 200 000	
（四）附属单位上缴预算收入	300 000	
（五）经营预算收入	500 000	
（六）债务预算收入	300 000	
（七）非同级财政拨款预算收入	200 000	
（八）投资预算收益	80 000	
（九）其他预算收入	200 000	
其中：利息预算收入	20 000	
捐赠预算收入	70 000	
租金预算收入	110 000	
二、本年预算支出	8 465 000	
（一）行政支出		
（二）事业支出	5 600 000	
（三）经营支出	450 000	

续表

项目	本年数	上年数
（四）上缴上级支出	1 200 000	
（五）对附属单位补助支出	300 000	
（六）投资支出	600 000	
（七）债务还本支出	120 000	
（八）其他支出	195 000	
其中：利息支出	15 000	
捐赠支出	180 000	
三、本年预算收支差额	2 115 000	

二、预算结转结余变动表

（一）预算结转结余变动表的概念和作用

预算结转结余变动表是反映单位在某一会计年度内预算结转结余变动情况的报表。

预算结转结余变动表的作用主要表现在以下几个方面：

（1）可以提供某一会计年度内预算结转结余变动情况的信息。例如，可以提供某一会计年度内由本年财政拨款收支差额、归集调入、归集上缴或调出等引起的财政拨款结转结余变动情况的信息。

（2）可以提供年末预算结转结余构成情况的信息。例如，可以提供年末财政拨款结转、财政拨款结余、非财政拨款结转、非财政拨款结余、专用结余等信息。

根据《政府会计制度——行政事业单位会计科目和报表》的规定，单位的预算结转结余变动表应当按年度编制。

（二）预算结转结余变动表的格式

单位的预算结转结余变动表应当分别财政拨款结转结余、其他资金结转结余反映年初余额、年初余额调整、本年变动金额和年末余额的信息，采用的计算公式为“年初预算结转结余+年初余额调整+本年变动金额=年末预算结转结余”。单位的预算结转结余变动表的格式如表 8-17 所示。

表 8-17　预算结转结余变动表

会政预 02 表

编制单位：______________　　　　______年　　　　单位：元

项目	本年数	上年数
一、年初预算结转结余		
（一）财政拨款结转结余		
（二）其他资金结转结余		
二、年初余额调整（减少以“-”号填列）		
（一）财政拨款结转结余		

续表

项目	本年数	上年数
（二）其他资金结转结余		
三、本年变动金额（减少以“-”号填列）		
（一）财政拨款结转结余		
1. 本年收支差额		
2. 归集调入		
3. 归集上缴或调出		
（二）其他资金结转结余		
1. 本年收支差额		
2. 缴回资金		
3. 支付所得税		
四、年末预算结转结余		
（一）财政拨款结转结余		
1. 财政拨款结转		
2. 财政拨款结余		
（二）其他资金结转结余		
1. 非财政拨款结转		
2. 非财政拨款结余		
3. 专用结余		
4. 经营结余（如有余额，以“-”号填列）		

（三）预算结转结余变动表的列报方法

本表“本年数”栏反映各项目的本年实际发生数。本表“上年数”栏反映各项目的上年实际发生数，应当根据上年度预算结转结余变动表中“本年数”栏内所列数字填列。

如果本年度预算结转结余变动表规定的项目的名称和内容同上年度不一致，应当对上年度预算结转结余变动表项目的名称和数字按照本年度的规定进行调整，将调整后的金额填入本年度预算结转结余变动表的“上年数”栏内。

本表中“年末预算结转结余”项目金额等于“年初预算结转结余”“年初余额调整”“本年变动金额”三个项目金额的合计数。

本表“本年数”栏各项目的内容和填列方法如下。

1. 年初预算结转结余

“年初预算结转结余”项目，反映单位本年预算结转结余的年初余额。本项目应当根据本项目下“财政拨款结转结余”“其他资金结转结余”项目金额的合计数填列。

（1）“财政拨款结转结余”项目，反映单位本年财政拨款结转结余资金的年初余额。

本项目应当根据“财政拨款结转”“财政拨款结余”科目本年年初余额的合计数填列。

(2)“其他资金结转结余”项目，反映单位本年其他资金结转结余的年初余额。本项目应当根据“非财政拨款结转”“非财政拨款结余”“专用结余”“经营结余”科目本年年初余额的合计数填列。

2. 年初余额调整

“年初余额调整”项目，反映单位本年预算结转结余年初余额调整的金额。本项目应当根据本项日下“财政拨款结转结余”“其他资金结转结余”项目金额的合计数填列。

(1)“财政拨款结转结余”项目，反映单位本年财政拨款结转结余资金的年初余额调整金额。本项目应当根据“财政拨款结转”“财政拨款结余”科目下“年初余额调整”明细科目的本年发生额的合计数填列；如调整减少年初财政拨款结转结余，以“-”号填列。

(2)“其他资金结转结余”项目，反映单位本年其他资金结转结余的年初余额调整金额。本项目应当根据“非财政拨款结转”“非财政拨款结余”科目下“年初余额调整”明细科目的本年发生额的合计数填列；如调整减少年初其他资金结转结余，以“-”号填列。

3. 本年变动金额

“本年变动金额”项目，反映单位本年预算结转结余变动的金额。本项目应当根据本项目下“财政拨款结转结余”“其他资金结转结余”项目金额的合计数填列。

(1)“财政拨款结转结余”项目，反映单位本年财政拨款结转结余资金的变动。本项目应当根据本项目下“本年收支差额”“归集调入”“归集上缴或调出”项目金额的合计数填列。

①“本年收支差额”项目，反映单位本年财政拨款资金收支相抵后的差额。本项目应当根据“财政拨款结转”科目下“本年收支结转”明细科目本年转入的预算收入与预算支出的差额填列；如差额为负数，以“-”号填列。

②“归集调入”项目，反映单位本年按照规定从其他单位归集调入的财政拨款结转资金。本项目应当根据“财政拨款结转”科目下“归集调入”明细科目的本年发生额填列。

③“归集上缴或调出”项目，反映单位本年按照规定上缴的财政拨款结转结余资金及按照规定向其他单位调出的财政拨款结转资金。本项目应当根据“财政拨款结转”“财政拨款结余”科目下“归集上缴”明细科目，以及“财政拨款结转”科目下“归集调出”明细科目的本年发生额的合计数填列，以“-”号填列。

(2)“其他资金结转结余”项目，反映单位本年其他资金结转结余的变动。本项目应当根据本项目下“本年收支差额”“缴回资金”“支付所得税”项目金额的合计数填列。

①“本年收支差额”项目，反映单位本年除财政拨款以外的其他资金收支相抵后的差额。本项目应当根据“非财政拨款结转”科目下“本年收支结转”明细科目、“其他结余”科目、“经营结余”科目、“专用结余”科目本年转入的预算收入与预算支出的差额的合计数填列；如差额为负数，以“-”号填列。

②“缴回资金”项目，反映单位本年按照规定缴回的非财政拨款结转资金。本项目应当根据“非财政拨款结转”科目下“缴回资金”明细科目的本年发生额的合计数填列，以“-”号填列。

③“支付所得税”项目，反映有企业所得税缴纳义务的事业单位本年实际缴纳的企业所得税金额。本项目应当根据“非财政拨款结余”明细账中本年实际缴纳企业所得税业务的发生额填列，以“-”号填列。

4. 年末预算结转结余

“年末预算结转结余”项目，反映单位本年预算结转结余的年末余额。本项目应当根据本项目下“财政拨款结转结余”“其他资金结转结余”项目金额的合计数填列。

（1）“财政拨款结转结余”项目，反映单位本年财政拨款结转结余的年末余额。本项目应当根据本项目下“财政拨款结转”“财政拨款结余”项目金额的合计数填列。本项目下“财政拨款结转”“财政拨款结余”项目，应当分别根据“财政拨款结转”“财政拨款结余”科目的本年年末余额填列。

（2）“其他资金结转结余”项目，反映单位本年其他资金结转结余的年末余额。本项目应当根据本项目下“非财政拨款结转”“非财政拨款结余”“专用结余”“经营结余”项目金额的合计数填列。本项目下“非财政拨款结转”“非财政拨款结余”“专用结余”“经营结余”项目，应当分别根据“非财政拨款结转”“非财政拨款结余”“专用结余”“经营结余”科目的本年年末余额填列。

（四）预算结转结余变动表的编制示例

2024 年 12 月 31 日，某行政单位结账后，各资产、负债和净资产类会计科目的年初数和年末数如表 8-18 所示。据此，编制该行政单位的预算结转结余变动表。

表 8-18 某行政单位会计科目表

2024 年 12 月 31 日　　单位：元

会计科目	年初数	年末数	本年变动数（依据本年明细科目发生数）
财政拨款结转	6 000 000	10 000 000	4 000 000
——年初余额调整	0	0	0
——归集调入	0	0	5 000 000
——归集调出	0	0	300 000
——归集上缴	0	0	700 000
——单位内部调剂	0	0	0
——本年收支结转	0	0	0
——累计结转	6 000 000	10 000 000	4 000 000
财政拨款结余	1 400 000	2 200 000	800 000
——年初余额调整	0	0	800 000
——归集上缴	0	0	0
——单位内部调剂	0	0	0
——结转转入	0	0	0
——累计结转	1 400 000	2 200 000	800 000

续表

会计科目	年初数	年末数	本年变动数（依据本年明细科目发生数）
非财政拨款结转	500 000	1 200 000	700 000
——年初余额调整			200 000
——缴回资金			50 000
——项目间接费用或管理费			0
——本年收支结转			450 000
——累计结转	500 000	1 200 000	700 000
非财政拨款结余	300 000	800 000	500 000
——年初余额调整			500 000
——项目间接费用或管理费			
——结转转入			
——累计结转	300 000	800 000	500 000
专用结余	0	0	0
经营结余	0	0	0
其他结余	100 000	200 000	100 000

根据上述资料分析如下。

1. 年初预算结转结余的计算

（1）年初财政拨款结转结余＝年初财政拨款结转＋年初财政拨款结余＝6 000 000＋1 400 000＝7 400 000（元）

（2）年初其他资金结转结余＝年初非财政拨款结转＋年初非财政拨款结余＋年初专用结余＋年初经营结余＝500 000＋300 000＋0＋0＝800 000（元）

（3）年初预算结转结余＝年初财政拨款结转结余＋年初其他资金结转结余＝7 400 000＋800 000＝8 200 000（元）

2. 年初余额调整的计算

（1）财政拨款结转结余年初余额调整＝财政拨款结转年初余额调整＋财政拨款结余年初余额调整＝0＋800 000＝800 000（元）

（2）其他资金结转结余年初余额调整＝非财政拨款结转年初余额调整＋非财政拨款结余年初余额调整＝200 000＋500 000＝700 000（元）

（3）年初余额调整＝财政拨款结转结余年初余额调整＋其他资金结转结余年初余额调整＝800 000＋700 000＝1 500 000（元）

3. 本年变动金额的计算

（1）财政拨款结转结余本年变动金额＝本年收支差额＋归集调入＋归集上缴或调出＝0＋5 000 000＋(－1 000 000)＝4 000 000（元）

① 本年收支差额＝财政拨款结转（本年收支结转）预算收入－预算支出＝0

② 归集调入=财政拨款结转（归集调入）=5 000 000（元）

③ 归集上缴或调出=财政拨款结转（归集上缴）+财政拨款结余（归集上缴）+财政拨款结转（归集调出）=-(700 000+0+300 000)=-1 000 000（元）

（2）其他资金结转结余本年变动金额=本年收支差额+缴回资金+支付所得税=550 000+(-50 000)+0=500 000（元）

① 本年收支差额=非财政拨款结转（本年收支结转）+其他结余（预算收入-预算支出）+经营结余（预算收入-预算支出）+专用结余（预算收入-预算支出）=450 000+100 000+0+0=550 000（元）

② 缴回资金=非财政拨款结转（缴回资金）=-50 000（元）

③ 支付所得税=非财政拨款结余（缴纳本年企业所得税）=0

（3）本年变动金额=财政拨款结转结余本年变动金额+其他资金结转结余本年变动金额=4 000 000+500 000=4 500 000（元）

4. 年末预算结转结余的计算

（1）年末财政拨款结转结余=年末财政拨款结转+年末财政拨款结余=10 000 000+2 200 000=12 200 000（元）

（2）年末其他资金结转结余=年末非财政拨款结转+年末非财政拨款结余+年末专用结余+年末经营结余=1 200 000+800 000+0+0=2 000 000（元）

（3）年末预算结转结余=年初预算结转结余+年初余额调整+本年变动金额=年末财政拨款结转结余+年末其他资金结转结余=8 200 000+1 500 000+4 500 000=14 200 000（元）=12 200 000+2 000 000=14 200 000（元）

综上所述，编制的预算结转结余变动表如表 8-19 所示。

表 8-19　预算结转结余变动表

会政预 02 表

编制单位：________　　2024 年　　单位：元

项目	本年数	上年数
一、年初预算结转结余	8 200 000	（略）
（一）财政拨款结转结余	7 400 000	
（二）其他资金结转结余	800 000	
二、年初余额调整（减少以“-”号填列）	1 500 000	
（一）财政拨款结转结余	800 000	
（二）其他资金结转结余	700 000	
三、本年变动金额（减少以“-”号填列）	4 500 000	
（一）财政拨款结转结余	4 000 000	
1. 本年收支差额	0	
2. 归集调入	5 000 000	

续表

项目	本年数	上年数
3. 归集上缴或调出	-1 000 000	
(二) 其他资金结转结余	500 000	
1. 本年收支差额	550 000	
2. 缴回资金	-50 000	
3. 支付所得税	0	
四、年末预算结转结余	14 200 000	
(一) 财政拨款结转结余	12 200 000	
1. 财政拨款结转	10 000 000	
2. 财政拨款结余	2 200 000	
(二) 其他资金结转结余	2 000 000	
1. 非财政拨款结转	1 200 000	
2. 非财政拨款结余	800 000	
3. 专用结余	0	
4. 经营结余(如有余额,以"-"号填列)	0	

三、财政拨款预算收入支出表

(一) 财政拨款预算收入支出表的概念和作用

财政拨款预算收入支出表是反映单位本年内财政拨款预算资金收入、支出及相关变动的具体情况的报表。

财政拨款预算收入支出表的作用主要表现在可以提供某一会计年度内财政拨款预算资金增减变动具体情况的信息。例如,可以提供某一会计年度内基本支出、项目支出的年初财政拨款结转结余、本年归集调入、本年归集上缴或调出、单位内部调剂、本年财政拨款收入、本年财政拨款支出、年末财政拨款结转结余等信息。本表专门针对财政拨款预算资金及其增减变动情况进行详细具体的反映。

(二) 财政拨款预算收入支出表的格式

财政拨款预算收入支出表应当分别基本支出和项目支出反映年初结转结余数、本年增减变动数和年末结转结余数。本年增减变动数包括调整年初结转结余数、本年归集调入数、本年归集上缴或调出数、单位内部调剂数、本年收入数、本年支出数。同时,有一般公共预算财政拨款和政府性基金预算财政拨款的,应当分别一般公共预算财政拨款和政府性基金预算财政拨款反映上述相关信息。单位的财政拨款预算收入支出表的格式如表8-20所示。

表 8-20 财政拨款预算收入支出表

会政预 03 表

编制单位：________________　　________年　　单位：元

项目	年初财政拨款结转结余		调整年初财政拨款结转结余	本年归集调入	本年归集上缴或调出	单位内部调剂		本年财政拨款收入	本年财政拨款支出	年末财政拨款结转结余	
	结转	结余				结转	结余			结转	结余
一、一般公共预算财政拨款											
（一）基本支出											
1. 人员经费											
2. 日常公用经费											
（二）项目支出											
1. ××项目											
2. ××项目											
……											
二、政府性基金预算财政拨款											
（一）基本支出											
1. 人员经费											
2. 日常公用经费											
（二）项目支出											
1. ××项目											
2. ××项目											
……											
总计											

（三）财政拨款预算收入支出表的列报方法

本表“项目”栏内各项目，应当根据单位取得的财政拨款种类分项设置。其中，“项目支出”项目下，根据每个项目设置；单位取得除一般公共预算财政拨款和政府性基金预算财政拨款以外的其他财政拨款的，应当按照财政拨款种类增加相应的资金项目及其明细项目。

本表各栏及其对应项目的内容和填列方法如下：

(1)“年初财政拨款结转结余”栏中各项目，反映单位年初各项财政拨款结转结余的金额。各项目应当根据“财政拨款结转”“财政拨款结余”及其明细科目的年初余额填列。本栏中各项目的数额应当与上年度财政拨款预算收入支出表中“年末财政拨款结转结余”栏中各项目的数额相等。

(2)“调整年初财政拨款结转结余”栏中各项目，反映单位对年初财政拨款结转结余的调整金额。各项目应当根据“财政拨款结转”“财政拨款结余”科目下“年初余额调整”明细科目及其所属明细科目的本年发生额填列；如调整减少年初财政拨款结转结余，以“-”号填列。

(3)“本年归集调入”栏中各项目，反映单位本年按规定从其他单位调入的财政拨款结转资金金额。各项目应当根据“财政拨款结转”科目下“归集调入”明细科目及其所属明细科目的本年发生额填列。

(4)“本年归集上缴或调出”栏中各项目，反映单位本年按规定实际上缴的财政拨款结转结余资金，以及按照规定向其他单位调出的财政拨款结转资金金额。各项目应当根据“财政拨款结转”“财政拨款结余”科目下“归集上缴”明细科目和“财政拨款结转”科目下“归集调出”明细科目及其所属明细科目的本年发生额填列，以“-”号填列。

(5)“单位内部调剂”栏中各项目，反映单位本年财政拨款结转结余资金在单位内部不同项目等之间的调剂金额。各项目应当根据“财政拨款结转”“财政拨款结余”科目下“单位内部调剂”明细科目及其所属明细科目的本年发生额填列；对单位内部调剂减少的财政拨款结余金额，以“-”号填列。

(6)“本年财政拨款收入”栏中各项目，反映单位本年从同级政府财政部门取得的各类财政预算拨款金额。各项目应当根据“财政拨款预算收入”科目及其所属明细科目的本年发生额填列。

(7)“本年财政拨款支出”栏中各项目，反映单位本年发生的财政拨款支出金额。各项目应当根据“行政支出”“事业支出”等科目及其所属明细科目本年发生额中的财政拨款支出数的合计数填列。

(8)“年末财政拨款结转结余”栏中各项目，反映单位年末财政拨款结转结余的金额。各项目应当根据“财政拨款结转”“财政拨款结余”科目及其所属明细科目的年末余额填列。

（四）财政拨款预算收入支出表的编制示例

2024 年 12 月 31 日，某事业单位结账后，各资产、负债和净资产类会计科目的年初数和年末数如表 8-21 所示。据此，编制该事业单位的财政拨款预算收入支出表。（限于篇幅，财政拨款预算收入支出的明细科目金额直接列示在表 8-22 中）

表 8-21　　某事业单位会计科目表

2024 年 12 月 31 日　　　　单位：元

会计科目	年初数	年末数	本年变动数（依据本年明细科目发生数）
财政拨款结转	3 000 000	5 500 000	2 500 000
——年初余额调整	0	0	0
——归集调入	0	0	2 250 000
——归集调出	0	0	100 000
——归集上缴	0	0	150 000
——单位内部调剂	0	0	0
——本年收支结转	0	0	0
——累计结转	3 000 000	5 500 000	2 500 000
财政拨款结余	4 000 000	5 000 000	1 000 000
——年初余额调整	0	0	1 000 000
——归集上缴	0	0	0
——单位内部调剂	0	0	0
——结转转入	0	0	0
——累计结转	4 000 000	5 000 000	1 000 000
非财政拨款结转	50 000	75 000	25 000
——年初余额调整	0	0	5 000
——缴回资金	0	0	-5 000
——项目间接费用或管理费	0	0	0
——本年收支结转	0	0	0
——累计结转	50 000	75 000	25 000
非财政拨款结余	125 000	190 000	65 000
——年初余额调整			65 000
——项目间接费用或管理费			
——结转转入			
——累计结转	125 000	190 000	65 000
专用结余	55 000	60 000	5 000
经营结余	200 000	100 000	-100 000
其他结余	50 000	55 000	5 000

表 8-22　财政拨款预算收入支出表

会政预 03 表

编制单位：________________　　2024 年　　单位：元

项目	年初财政拨款结转结余		调整年初财政拨款结转结余	本年归集调入	本年归集上缴或调出	单位内部调剂		本年财政拨款收入	本年财政拨款支出	年末财政拨款结转结余	
	结转	结余				结转	结余			结转	结余
一、一般公共预算财政拨款	1 000 000	1 500 000	1 000 000	1 250 000	100 000	0	0	50 000	50 000	2 150 000	2 500 000
（一）基本支出	500 000	1 000 000	1 000 000	0	100 000	0	0	10 000	10 000	400 000	2 000 000
1. 人员经费	50 000	750 000	0	0	50 000	0	0	5 000	5 000	0	750 000
2. 日常公用经费	450 000	250 000	1 000 000	0	50 000	0	0	5 000	5 000	400 000	1 250 000
（二）项目支出	500 000	500 000	0	1 250 000	0	0	0	40 000	40 000	1 750 000	500 000
1. ××项目	100 000	500 000	0	750 000	0	0	0	40 000	40 000	850 000	500 000
2. ××项目	400 000	0	0	500 000	0	0	0	0	0	900 000	0
二、政府性基金预算财政拨款	2 000 000	2 500 000	0	1 500 000	150 000	0	0	350 000	350 000	3 350 000	2 500 000
（一）基本支出	1 250 000	500 000	0	500 000	0	0	0	150 000	150 000	1 750 000	500 000
1. 人员经费	750 000	500 000	0	0	0	0	0	50 000	50 000	750 000	500 000
2. 日常公用经费	500 000	0	0	500 000	0	0	0	100 000	100 000	1 000 000	0
（二）项目支出	750 000	2 000 000	0	1 000 000	150 000	0	0	200 000	200 000	1 600 000	2 000 000
1. ××项目	750 000	2 000 000	0	1 000 000	150 000	0	0	200 000	200 000	1 600 000	2 000 000
总计	3 000 000	4 000 000	1 000 000	2 750 000	250 000	0	0	400 000	400 000	5 500 000	5 000 000

注：年末财政拨款结转结余＝年初财政拨款结转结余+调整年初财政拨款结转结余+本年变动金额＝年初财政拨款结转结余+调整年初财政拨款结转结余+（本年归集调入－本年归集上缴或调出±单位内部调剂+本年财政拨款收入－本年财政拨款支出）＝（3 000 000+4 000 000）+1 000 000+（2 750 000－250 000）+0+（400 000－400 000）＝5 500 000+5 000 000＝10 500 000（元）。

思政园地

增强财政汲取和统筹能力，健全社会保障体系

一、案例材料

（一）新时代我国社会保障制度获得国际社会认可

新时代我国社会保障制度不断完善，财政投入规模不断扩大，城乡居民保障水平显著提高，更加公平、更可持续、更有效率的社会保障体系建设持续推进。从总量上看，我国社会保障和就业支出由2008年的6 804.29亿元增长到2021年的33 788.26亿元，发展十分迅速，具体项目涵盖社会保险、社会救济、社会福利和社会优抚等。以社会保障和就业支出指标为例，它是反映政府对社会保障投入状况的指标，也是用来说明社会保障在政府公共财政支出中地位和水平的指标。它反映了一个国家或地区在一定时期内用于社会保障全部支出的总和，是政府承担社会保障责任的主要手段。根据《中国统计年鉴》的数据，2008年，我国社会保障和就业支出为6 804.29亿元，一般公共预算支出为62 592.66亿元，占比10.87%；2021年，我国社会保障和就业支出为33 788.26亿元，一般公共预算支出为245 673.00亿元，占比13.75%。由此可见，无论是绝对额还是相对额，我国社会保障和就业支出都有较大幅度的提高。

新时代我国社会保障制度建设取得了显著成就，建成了世界上规模最大的社会保障体系，基本养老保险覆盖10.4亿人，基本医疗保险参保率稳定在95%。我国全面覆盖的社会保障制度获得了国际社会的认可。2016年，国际社会保障协会（ISSA）在巴拿马召开的第32届全球大会上授予中国政府“社会保障杰出成就奖”。该协会秘书长称赞道：“中国在过去十年实现了前所未见的社保覆盖面扩大，对世界社会保障的贡献非常巨大。”

（二）社会保险助力打赢脱贫攻坚战

党的十八大以来，以习近平同志为核心的党中央高度重视脱贫攻坚工作。党的十九大报告强调，“坚决打赢脱贫攻坚战”，“重点攻克深度贫困地区脱贫任务，确保到二〇二〇年我国现行标准下农村贫困人口实现脱贫，贫困县全部摘帽，解决区域性整体贫困，做到脱真贫、真脱贫”。人力资源和社会保障系统全面推进社会保险扶贫工作，进一步织密扎牢社会保障“安全网”，提升社会保险工作科学化、精细化水平。

在党中央的坚强领导下，在包括人力资源和社会保障部门在内的各级各部门及广大干部群众的共同努力下，2020年年底，我国完成全面脱贫攻坚任务，实现“我国现行标准下农村贫困人口实现脱贫，贫困县全部摘帽，解决区域性整体贫困”的目标，为全球减贫事业做出了重大贡献。

（三）养老保险与医疗保险保障百姓的基本生活

家住宁夏回族自治区固原市原州区彭堡镇河东村的低保户李会芳和丈夫两人依靠城乡居民养老金和低保金获得的收入合计为每月600元。她于2016年在西安市西京医院做了双侧人工全膝关节置换术，总共的医疗花费近13万元。相对于他们的收入来说，这笔花费简直是一个天文数字。但在最终支付时，统筹基金支付了8万余元，大病医保支付了2万余元，民政救助了2万元，他们实际仅花费了1万元。李会芳感慨：“现在有养老保险和医疗保险太好了，养老的钱够生活，医疗花费自己掏得也不多，以前想都不敢想。”

低保户李会芳夫妇生活的显著改善离不开财政汲取能力的提升及由此带来的社会保障收入分配能力的增强。国家筹集社会资源，通过面向贫困阶层的转移支出计划，影响不同利益主体之间的分配关系与利益格局，实现公平正义，做到“病有所医”“老有所养”。

二、案例分析

（一）坚持“以人民为中心”的发展思想

党的二十大报告指出：“我们深入贯彻以人民为中心的发展思想，在幼有所育、学有所教、劳有所得、病有所医、老有所养、住有所居、弱有所扶上持续用力，人民生活全方位改善。……建成世界上规模最大的教育体系、社会保障体系、医疗卫生体系，教育普及水平实现历史性跨越，基本养老保险覆盖十亿四千万人，基本医疗保险参保率稳定在百分之九十五。……人民群众获得感、幸福感、安全感更加充实、更有保障、更可持续，共同富裕取得新成效。”

（二）坚持中国式现代化是全体人民共同富裕的现代化

党的十九届五中全会向着更远的目标谋划共同富裕，提出“全体人民共同富裕取得更为明显的实质性进展”的目标。共同富裕本身就是社会主义现代化的一个重要目标。共同富裕是中国特色社会主义的本质要求，也是一个长期的历史过程。社会保障作为二次分配的制度安排，可以均衡再分配、缩小贫富差距和收入不平等，有助于实现共同富裕。中国共产党坚持把实现人民对美好生活的向往作为现代化建设的出发点和落脚点，着力维护和促进社会公平正义，着力促进全体人民共同富裕，坚决防止两极分化。

（三）习近平总书记关于中国特色社会保障体系建设的重要论述

党的十八大以来，习近平总书记围绕我国社会保障体系建设发表了一系列重要讲话，对我们深刻认识民生建设和社会治理的重要地位，落实以民为本、以人为本的执政理念，在学有所教、劳有所得、病有所医、老有所养、住有所居上持续取得新进展，具有十分重要的指导意义。习近平新时代中国特色社会主义思想以人民为中心，把增进民生福祉作为发展的根本目的，坚持在发展中保障和改善民生，抓住人民最关心最直接最现实的利益问题。

思考题

1. 单位财务报表包括哪些内容？主要会计报表有哪些？
2. 什么是资产负债表、收入费用表、净资产变动表和现金流量表？
3. 单位会计报表附注包括哪些内容？
4. 单位预算会计报表包括哪些内容？
5. 什么是预算收入支出表、预算结转结余变动表、财政拨款预算收入支出表？

本章同步练习

一、单项选择题

1. 资产负债表的左边列示（　　）。
A. 资产　　B. 资产和负债
C. 负债和净资产　　D. 资产和费用

2. 资产负债表的右边列示（　　）。
A. 资产　　B. 资产和负债
C. 负债和净资产　　D. 负债和所有者权益

3. 资产负债表设计的理论依据是（　　）。
A. 复式记账原理　　B. 试算平衡表
C. 资产=负债+净资产　　D. 资产=负债+所有者权益

4. 收入费用表应当按照顺序分别列示（　　）。
A. 收入、费用、盈余　　B. 收入、支出
C. 收入、费用、利润　　D. 预算收入、预算支出、预算结余

5. 净资产变动表是（　　）。
A. 静态报表　　B. 动态报表
C. 预算会计报表　　D. 所有者权益变动表

6. 现金流量表应当按照（　　）的现金流量分层次排列。
A. 经营活动、投资活动、筹资活动　　B. 专业活动、经营活动、其他活动
C. 日常活动、投资活动、筹资活动　　D. 行政活动、事业活动、经营活动

7. 预算收入支出表是（　　）。
A. 动态报表　　B. 静态报表
C. 财务报表　　D. 收入费用表

8. 下列会计报表，属于静态报表的是（　　）。
A. 收入费用表　　B. 资产负债表
C. 现金流量表　　D. 预算收入支出表

9. 下列会计报表，不属于单位预算会计报表的是（　　）。
A. 现金流量表　　B. 预算收入支出表
C. 预算结转结余变动表　　D. 财政拨款预算收入支出表

10. 下列会计报表，不属于单位财务报表的是（　　）。
A. 净资产变动表　　B. 收入费用表
C. 资产负债表　　D. 预算收入支出表

二、多项选择题

1. 政府会计报表包括（　　）。
A. 企业会计报表　　B. 财务报表
C. 预算会计报表　　D. 非营利组织会计报表

E. 利润表

2. 资产负债表属于（　　）。

A. 动态报表　　B. 静态报表

C. 预算会计报表　　D. 财务报表

E. 会计报表附注

3. 收入费用表属于（　　）。

A. 动态报表　　B. 静态报表

C. 预算会计报表　　D. 财务报表

E. 会计报表附注

4. 下列会计报表，属于动态报表的有（　　）。

A. 资产负债表　　B. 收入费用表

C. 现金流量表　　D. 预算收入支出表

E. 预算结转结余变动表

5. 下列属于单位年末应编制的财务报表的有（　　）。

A. 资产负债表　　B. 收入费用表

C. 现金流量表　　D. 净资产变动表

E. 利润表

6. 下列属于单位年末应编制的预算会计报表的有（　　）。

A. 收入费用表　　B. 预算收入支出表

C. 预算结转结余变动表　　D. 财政拨款预算收入支出表

E. 财政拨款收入支出表

三、判断题

1. 新政府会计制度下，通过财务会计核算形成财务报告，通过预算会计核算形成决算报告。（　　）

2. 收入费用表是反映单位在某一会计期间发生的收入、费用及当期盈余情况的报表。（　　）

3. 现金流量表是反映单位在某一特定日期现金流入和流出信息的报表。（　　）

4. 政府决算报告是综合反映政府会计主体年度预算收支执行结果的文件，所以决算会计报表只需按年度编报，无须按月度编报。（　　）

5. 预算收入支出表是反映单位在某一会计年度内各项预算收入、预算支出和预算收支差额情况的报表，是单位预算会计报表的重要组成部分。（　　）

6. 预算结转结余变动表是反映单位在某一会计年度内预算结转结余变动情况的报表，是单位预算会计报表的重要组成部分。（　　）

7. 资产负债表是反映单位在某一特定日期全部资产、负债和净资产情况的财务报告。（　　）

8. 分析单位预算执行情况的依据是财政拨款预算收入支出表。（　　）

四、业务题

1. 某行政单位2024年12月末有关账户余额如表8-23所示。

表8-23 某行政单位2024年12月末有关账户余额

单位：元

账户名称	借方余额	账户名称	贷方余额
库存现金	5 000	累计折旧	850 000
银行存款	120 000	其中：固定资产累计折旧	500 000
财政应返还额度	40 000	公共基础设施累计折旧	350 000
应收账款	10 000	累计摊销	20 000
预付账款	20 000	应付职工薪酬	120 000
其他应收款	15 000	应付账款	30 000
存货	26 000	其他应付款	15 000
固定资产	4 300 000	受托代理负债	35 000
在建工程	200 000	累计盈余	4 281 000
无形资产	80 000		
公共基础设施	500 000		
受托代理资产	35 000		
合计	5 351 000	合计	5 351 000

要求：根据上述资料，编制资产负债表，将相关数据填入表8-24中。

表8-24 资产负债表（简表）

会政财01表

编制单位：________　　____年____月____日　　单位：元

资产	期末余额	年初余额	负债和净资产	期末余额	年初余额
流动资产：		（略）	流动负债：		（略）
货币资金			短期借款		
短期投资			应交增值税		
财政应返还额度			其他应交税费		
应收票据			应缴财政款		
应收账款净额			应付职工薪酬		
预付账款			应付票据		
应收股利			应付账款		
应收利息			应付政府补贴款		
其他应收款净额			应付利息		
存货			预收账款		

续表

资产	期末余额	年初余额	负债和净资产	期末余额	年初余额
待摊费用			其他应付款		
其他流动资产			其他流动负债		
流动资产合计			流动负债合计		
非流动资产：			非流动负债：		
长期股权投资			长期借款		
长期债券投资			长期应付款		
固定资产原值			预计负债		
减：固定资产累计折旧			其他非流动负债		
固定资产净值			非流动负债合计		
在建工程			受托代理负债		
无形资产			负债合计		
无形资产净值					
公共基础设施原值					
减：公共基础设施累计折旧					
公共基础设施净值					
政府储备物资					
文物资源					
保障性住房原值			净资产：		
减：保障性住房累计折旧			累计盈余		
保障性住房净值			专用基金		
长期待摊费用			权益法调整		
待处理财产损溢			无偿调拨净资产		
非流动资产合计			本期盈余		
受托代理资产			净资产合计		
资产总计			负债和净资产总计		

2. 某事业单位2024年有关收入和费用累计发生额如表8-25所示。

表8-25 某事业单位2024年有关收入和费用累计发生额 单位：元

收入科目名称	贷方发生额	费用科目名称	借方发生额
财政拨款收入	3 200 000	业务活动费用	2 900 000
事业收入	1 800 000	单位管理费用	2 200 000
上级补助收入	300 000	经营费用	350 000

续表

收入科目名称	贷方发生额	费用科目名称	借方发生额
附属单位上缴收入	200 000	资产处置费用	30 000
经营收入	400 000	上缴上级费用	260 000
非同级财政拨款收入	80 000	对附属单位补助费用	250 000
投资收益	30 000	其他费用	35 000
捐赠收入	50 000		
利息收入	5 000		
租金收入	10 000		
其他收入	20 000		

要求：根据上述资料，编制收入费用表，将相关数据填入表 8-26 中。

表 8-26 收入费用表

会政财 02 表

编制单位：__________ ______年 单位：元

项目	本年数	上年数
一、本期收入		（略）
（一）财政拨款收入		
其中：政府性基金收入		
（二）事业收入		
（三）上级补助收入		
（四）附属单位上缴收入		
（五）经营收入		
（六）非同级财政拨款收入		
（七）投资收益		
（八）捐赠收入		
（九）利息收入		
（十）租金收入		
（十一）其他收入		
二、本期费用		
（一）业务活动费用		
（二）单位管理费用		
（三）经营费用		
（四）资产处置费用		
（五）上缴上级费用		

续表

项目	本年数	上年数
（六）对附属单位补助费用		
（七）所得税费用		
（八）其他费用		
三、本期盈余		

3. 某行政单位2024年有关预算收支累计发生额如表8-27所示。

表8-27　某行政单位2024年有关预算收支累计发生额

单位：元

收入科目名称	贷方发生额	费用科目名称	借方发生额
财政拨款预算收入	7 600 000	行政支出	7 800 000
非同级财政拨款预算收入	320 000	其他支出	450 000
其他预算收入	480 000	其中：捐赠支出	260 000
其中：捐赠预算收入	180 000		

要求：根据上述资料，编制预算收入支出表，将相关数据填入表8-28中。

表8-28　预算收入支出表

会政预01表

编制单位：________　　________年　　单位：元

项目	本年数	上年数
一、本年预算收入		（略）
（一）财政拨款预算收入		
其中：政府性基金收入		
（二）事业预算收入		
（三）上级补助预算收入		
（四）附属单位上缴预算收入		
（五）经营预算收入		
（六）债务预算收入		
（七）非同级财政拨款预算收入		
（八）投资预算收益		
（九）其他预算收入		
其中：利息预算收入		
捐赠预算收入		
租金预算收入		
二、本年预算支出		
（一）行政支出		

续表

项目	本年数	上年数
（二）事业支出		
（三）经营支出		
（四）上缴上级支出		
（五）对附属单位补助支出		
（六）投资支出		
（七）债务还本支出		
（八）其他支出		
其中：利息支出		
捐赠支出		
三、本年预算收支差额		

4. 某事业单位2024年有关预算收支累计发生额如表8-29所示。

表8-29　某事业单位2024年有关预算收支累计发生额

单位：元

收入科目名称	贷方发生额	费用科目名称	借方发生额
财政拨款预算收入	2 800 000	事业支出	3 750 000
事业预算收入	1 200 000	经营支出	280 000
上级补助预算收入	180 000	债务还本支出	300 000
附属单位上缴预算收入	210 000	其他支出	155 000
经营预算收入	300 000	其中：利息支出	45 000
债务预算收入	650 000	捐赠支出	110 000
非同级财政拨款预算收入	250 000		
投资预算收益	28 000		
其他预算收入	180 000		
其中：利息预算收入	5 000		
捐赠预算收入	140 000		
租金预算收入	35 000		

要求：根据上述资料，编制预算收入支出表，将相关数据填入表8-30中。

表8-30　预算收入支出表

会政预01表

编制单位：＿＿＿＿＿＿＿＿　　＿＿＿＿年　　单位：元

项目	本年数	上年数
一、本年预算收入		（略）
（一）财政拨款预算收入		

续表

项目	本年数	上年数
其中：政府性基金收入		
（二）事业预算收入		
（三）上级补助预算收入		
（四）附属单位上缴预算收入		
（五）经营预算收入		
（六）债务预算收入		
（七）非同级财政拨款预算收入		
（八）投资预算收益		
（九）其他预算收入		
其中：利息预算收入		
捐赠预算收入		
租金预算收入		
二、本年预算支出		
（一）行政支出		
（二）事业支出		
（三）经营支出		
（四）上缴上级支出		
（五）对附属单位补助支出		
（六）投资支出		
（七）债务还本支出		
（八）其他支出		
其中：利息支出		
捐赠支出		
三、本年预算收支差额		

附录 1

各章同步练习参考答案

第一章

一、单项选择题

1. D　2. A　3. A　4. C　5. D　6. D　7. C　8. A

二、多项选择题

1. ACDE　2. BCD　3. CE　4. AD　5. ACD

三、判断题

1. ×　2. ×　3. ×　4. √　5. √　6. ×

第二章

一、单项选择题

1. C　2. C　3. D　4. A　5. C　6. A　7. D　8. B　9. A　10. D
11. A　12. D　13. A　14. C　15. B

二、多项选择题

1. ABE　2. AD　3. ABCD　4. ABCD　5. ABD　6. ABDE　7. BE
8. ABCD　9. ABCD　10. ABD

三、判断题

1. √　2. ×　3. ×　4. √　5. √　6. √　7. √　8. √　9. ×　10. ×

四、业务题

1.（1）财务会计：

借：固定资产——办公楼　8 600 000
　贷：在建工程　8 600 000

预算会计：无。

（2）财务会计：

借：固定资产——投影设备　200 000
　贷：财政拨款收入　200 000

预算会计：

借：行政支出　200 000
　贷：财政拨款预算收入　200 000

(3) 财务会计:

借:固定资产——汽车 508 000

　贷:银行存款 8 000

　　　捐赠收入 500 000

预算会计:

借:其他支出 8 000

　贷:资金结存——货币资金 8 000

(4) 财务会计:

借:资产处置费用 11 000

　　固定资产累计折旧 19 000

　贷:固定资产——电脑 30 000

借:银行存款 18 000

　贷:应缴财政款 17 700

　　　银行存款 300

预算会计:无。

2. (1) 财务会计:

借:固定资产——一般设备 20 200

　贷:银行存款 20 000

　　　库存现金 200

预算会计:

借:事业支出——设备购置费 20 200

　贷:资金结存——货币资金 20 200

(2) 财务会计:

借:固定资产——专用设备 8 000

　贷:财政拨款收入 8 000

预算会计:

借:事业支出——设备购置费 8 000

　贷:财政拨款预算收入 8 000

(3) 财务会计:

借:固定资产——专用设备 100 000

　贷:财政拨款收入 100 000

预算会计:

借:事业支出——设备购置费 100 000

　贷:财政拨款预算收入 100 000

(4) 财务会计:

借:固定资产 201 500

　贷:银行存款 1 500

　　　捐赠收入 200 000

预算会计:

借：其他支出 1 500
　贷：资金结存——货币资金 1 500
(5) 财务会计：
借：待处理财产损溢——待处理财产价值 15 000
　　固定资产累计折旧 35 000
　贷：固定资产——专用设备 50 000
借：资产处置费用 15 000
　贷：待处理财产损溢——待处理财产价值 15 000
借：银行存款 2 000
　贷：待处理财产损溢——处理净收入 2 000
借：待处理财产损溢——处理净收入 600
　贷：库存现金 600
借：待处理财产损溢——处理净收入 1 400
　贷：应缴财政款 1 400
预算会计：无。
3. (1) 财务会计：
借：在途物品 10 000
　贷：财政拨款收入 10 000
预算会计：
借：行政支出 10 000
　贷：财政拨款预算收入 10 000
(2) 财务会计：
借：库存物品 10 000
　贷：在途物品 10 000
预算会计：无。
(3) 财务会计：
借：业务活动费用 1 000
　贷：库存物品 1 000
预算会计：无。
(4) 财务会计：
借：加工物品 5 000
　贷：库存物品 5 000
预算会计：无。
(5) 财务会计：
借：库存物品 6 200
　贷：加工物品 5 000
　　　银行存款 1 200
预算会计：
借：行政支出 1 200

贷：资金结存——货币资金 1 200

(6) 财务会计：

借：待处理财产损溢 3 000

贷：库存物品 3 000

借：待处理财产损溢 500

贷：银行存款 500

借：资产处置费用 3 500

贷：待处理财产损溢 3 500

预算会计：

借：其他支出 500

贷：资金结存——货币资金 500

4. (1) 财务会计：

借：无形资产 21 500

贷：银行存款 1 500

捐赠收入 20 000

预算会计：

借：其他支出 1 500

贷：资金结存——货币资金 1 500

(2) 财务会计：

借：无形资产 500 500

贷：无偿调拨净资产 500 000

库存现金 500

预算会计：

借：其他支出 500

贷：资金结存——货币资金 500

(3) 财务会计：

借：业务活动费用 2 000

贷：财政拨款收入 2 000

预算会计：

借：事业支出 2 000

贷：财政拨款预算收入 2 000

(4) 财务会计：

借：资产处置费用 15 000

无形资产累计摊销 10 000

贷：无形资产 25 000

预算会计：无。

(5) 财务会计：

借：资产处置费用 100 000

无形资产累计摊销 300 000

贷：无形资产		400 000
借：银行存款	80 000	
贷：应缴财政款		74 000
银行存款		6 000
借：应缴财政款	74 000	
贷：银行存款		74 000

预算会计：无。

第三章

一、单项选择题

1. A 2. C 3. A 4. C 5. C 6. B 7. C 8. C 9. A 10. C

二、多项选择题

1. ABCD 2. BC 3. ABCD 4. ABCE 5. BC

三、判断题

1. × 2. × 3. √ 4. √ 5. √ 6. √

四、业务题

1. (1) 10月1日计算本月职工薪酬时

财务会计：

借：业务活动费用——基本支出（人员费用）	187 500	
贷：应付职工薪酬——基本工资		150 000
——津贴补贴		20 000
——其他个人收入		17 500

预算会计：无。

(2) 10月5日发工资、代扣代缴各款项时

财务会计：

借：应付职工薪酬——基本工资	150 000	
——津贴补贴	20 000	
——其他个人收入	17 500	
贷：财政拨款收入——财政直接支付		164 500
应付职工薪酬——住房公积金（个人）		15 000
——社会保险费（个人）		3 000
其他应交税费——应交个人所得税		5 000

预算会计：

借：行政支出	164 500	
贷：财政拨款预算收入		164 500

(3) 单位承担社会保险费和住房公积金时

财务会计：

借：应付职工薪酬——社会保险费（单位）	4 000	
——住房公积金（单位）	15 000	

贷：财政拨款收入　　19 000

预算会计：

借：行政支出　　19 000

贷：财政拨款预算收入　　19 000

2. （1）财务会计：

借：业务活动费用　　50 000

贷：其他应交税费——应交车船税　　50 000

借：其他应交税费——应交车船税　　50 000

贷：银行存款　　50 000

预算会计：

借：事业支出　　50 000

贷：资金结存——货币资金　　50 000

（2）财务会计：

借：库存物品　　350 000

贷：应付账款　　350 000

预算会计：无。

（3）财务会计：

借：固定资产　　333 000

贷：应付票据　　333 000

预算会计：无。

（4）财务会计：

借：业务活动费用　　55 000

贷：应付职工薪酬　　55 000

借：应付职工薪酬　　55 000

贷：财政拨款收入　　55 000

预算会计：

借：事业支出　　55 000

贷：财政拨款预算收入　　55 000

（5）财务会计：

借：银行存款　　12 000

贷：预收账款　　12 000

预算会计：

借：资金结存——货币资金　　12 000

贷：经营预算收入　　12 000

财务会计：

借：银行存款　　38 000

预收账款　　12 000

贷：经营收入　　50 000

预算会计：

借：资金结存——货币资金 38 000
　贷：经营预算收入 38 000

第四章

一、单项选择题

1. C　2. B　3. C　4. C　5. B　6. C　7. B　8. A　9. C　10. B
11. B　12. B　13. C

二、多项选择题

1. CE　2. ADE　3. ABCDE　4. BDE　5. BC

三、判断题

1. √　2. √　3. √　4. √　5. √　6. ×　7. ×　8. ×　9. ×

四、业务题

1. (1) 财务会计：
借：银行存款 850 000
　贷：财政拨款收入 850 000
预算会计：
借：资金结存——货币资金 850 000
　贷：财政拨款预算收入 850 000
(2) 财务会计：
借：业务活动费用 35 000
　贷：财政拨款收入 35 000
预算会计：
借：行政支出 35 000
　贷：财政拨款预算收入 35 000
(3) 财务会计：
借：银行存款 500 000
　贷：非同级财政拨款收入 500 000
预算会计：
借：资金结存——货币资金 500 000
　贷：非同级财政拨款预算收入 500 000
(4) 财务会计：
批准前：
借：库存现金 50
　贷：待处理财产损溢 50
批准后：
借：待处理财产损溢 50
　贷：其他收入 50
预算会计：
借：资金结存——货币资金 50

贷：其他预算收入		50
（5）财务会计：		
借：财政应返还额度	135 000	
贷：财政拨款收入		135 000
预算会计：		
借：资金结存——财政应返还额度	135 000	
贷：财政拨款预算收入		135 000
2.（1）财务会计：		
借：银行存款	2 000	
贷：利息收入		2 000
预算会计：		
借：资金结存——货币资金	2 000	
贷：其他预算收入		2 000
（2）财务会计：		
借：银行存款	300 000	
贷：捐赠收入		300 000
预算会计：		
借：资金结存——货币资金	300 000	
贷：其他预算收入		300 000
（3）财务会计：		
借：银行存款	10 000	
贷：租金收入		10 000
预算会计：		
借：资金结存——货币资金	10 000	
贷：其他预算收入		10 000
（4）财务会计：		
借：捐赠收入	200 000	
贷：本期盈余		200 000
预算会计：无。		
（5）财务会计：		
借：利息收入	50 000	
贷：本期盈余		50 000
预算会计：无。		
（6）财务会计：		
借：租金收入	450 000	
贷：本期盈余		450 000
预算会计：无。		
3.（1）借：行政支出	5 000 000	
贷：财政拨款预算收入		5 000 000

（2）借：资金结存——零余额账户用款额度　　78 000
　　贷：财政拨款预算收入　　78 000
（3）借：资金结存——货币资金　　3 400
　　贷：其他预算收入　　3 400
（4）借：资金结存——货币资金　　6 000
　　贷：其他预算收入　　6 000
（5）借：资金结存——货币资金　　300
　　贷：其他预算收入　　300
（6）借：资金结存——货币资金　　100 000
　　贷：非同级财政拨款预算收入　　100 000
（7）借：资金结存——货币资金　　1 500
　　贷：其他预算收入　　1 500

4.（1）财务会计：
借：固定资产　　520 000
　贷：财政拨款收入　　520 000
预算会计：
借：事业支出　　520 000
　贷：财政拨款预算收入　　520 000
（2）财务会计：
借：零余额账户用款额度　　740 000
　贷：财政拨款收入　　740 000
预算会计：
借：资金结存——零余额账户用款额度　　740 000
　贷：财政拨款预算收入　　740 000
（3）财务会计：
借：银行存款　　50 000
　贷：非同级财政拨款收入　　50 000
预算会计：
借：资金结存——货币资金　　50 000
　贷：非同级财政拨款预算收入　　50 000
（4）财务会计：
借：银行存款　　8 300 000
　贷：应缴财政款　　8 300 000
预算会计：无。
（5）财务会计：
借：应缴财政款　　8 300 000
　贷：事业收入　　3 320 000
　　　银行存款　　4 980 000
预算会计：

借：资金结存——货币资金　　3 320 000

　贷：事业预算收入　　3 320 000

(6) 财务会计：

借：银行存款　　88 000

　贷：附属单位上缴收入　　88 000

预算会计：

借：资金结存——货币资金　　88 000

　贷：附属单位上缴预算收入　　88 000

(7) 财务会计：

借：银行存款　　1 800

　贷：利息收入　　1 800

预算会计：

借：资金结存——货币资金　　1 800

　贷：其他预算收入　　1 800

第五章

一、单项选择题

1. A　2. C　3. C　4. B　5. D　6. D　7. C　8. D　9. B　10. C

11. A　12. C　13. B

二、多项选择题

1. AE　2. ABC　3. ABCE　4. CDE　5. AD　6. BDE　7. ABCDE

8. BCDE　9. ACE　10. ABD　11. ABD

三、判断题

1. ×　2. √　3. ×　4. √　5. √　6. ×　7. ×　8. √　9. ×　10. ×

四、业务题

1. (1) 财务会计：

借：业务活动费用——办公费　　1 000

　贷：银行存款　　1 000

预算会计：

借：行政支出——基本支出（办公费）　　1 000

　贷：资金结存——货币资金　　1 000

(2) 财务会计：

借：业务活动费用——水电费　　20 000

　贷：零余额账户用款额度　　20 000

预算会计：

借：行政支出——水电费　　20 000

　贷：资金结存——零余额账户用款额度　　20 000

(3) 财务会计：

借：业务活动费用　　80 000

贷：库存物品 80 000
预算会计：无。
(4) 财务会计：
借：业务活动费用——修缮费 46 000
贷：银行存款 46 000
预算会计：
借：行政支出 46 000
贷：资金结存——货币资金 46 000
(5) 财务会计：
借：业务活动费用——工资福利费用 300 000
贷：应付职工薪酬 300 000
借：业务活动费用 18 000
贷：其他应付款 18 000
预算会计：无。
(6) 财务会计：
借：业务活动费用 20 000
贷：固定资产累计折旧 20 000
预算会计：无。
(7) 财务会计：
借：本期盈余 160 000
贷：业务活动费用 160 000
预算会计：无。
2. (1) 财务会计：
借：其他费用——现金资产捐赠支出 100 000
贷：银行存款 100 000
预算会计：
借：其他支出 100 000
贷：资金结存——货币资金 100 000
(2) 财务会计：
借：其他费用——利息费用 50 000
贷：应付利息 50 000
借：应付利息 50 000
贷：银行存款 50 000
预算会计：
借：其他支出 50 000
贷：资金结存——货币资金 50 000
(3) 财务会计：
借：待处理财产损溢 120
贷：库存现金 120

借：资产处置费用——现金盘亏　　120
　贷：待处理财产损溢　　120
预算会计：
借：其他支出　　120
　贷：资金结存——货币资金　　120
(4) 财务会计：
借：固定资产　　1
　贷：捐赠收入　　1
借：其他费用　　2 300
　贷：银行存款　　2 300
预算会计：
借：其他支出　　2 300
　贷：资金结存——货币资金　　2 300
(5) 财务会计：
借：其他费用——坏账损失　　34 000
　贷：坏账准备　　34 000
预算会计：无。
(6) 财务会计：
借：本期盈余　　84 120
　贷：其他费用　　84 120
预算会计：无。

第六章

一、单项选择题
1. D　2. A　3. D　4. C　5. B　6. A　7. B　8. B　9. A　10. B
二、多项选择题
1. ABC　2. BDE　3. BCE　4. ABCE　5. AE
三、判断题
1. √　2. √　3. √　4. ×　5. ×　6. √　7. √　8. √
四、业务题
1. (1) 借：财政拨款收入　　78 900 000
　　事业收入　　64 360 000
　　上级补助收入　　3 600 000
　　附属单位上缴收入　　320 000
　　经营收入　　560 000
　　非同级财政拨款收入　　3 246 000
　　投资收益　　75 000
　　捐赠收入　　120 000
　　利息收入　　725 000

租金收入 88 000
其他收入 64 000
贷：本期盈余 152 058 000
借：本期盈余 123 918 000
贷：业务活动费用 81 400 000
单位管理费用 41 200 000
经营费用 620 000
资产处置费用 45 000
上缴上级费用 500 000
对附属单位补助费用 80 000
其他费用 73 000
（2）借：本期盈余 28 140 000
贷：本年盈余分配 28 140 000
（3）借：本年盈余分配 234 000
贷：专用基金 234 000
（4）借：本年盈余分配 27 906 000
贷：累计盈余 27 906 000
（5）借：无偿调拨净资产 512 000
贷：累计盈余 512 000
（6）借：以前年度盈余调整 75 000
贷：累计盈余 75 000
（7）累计盈余＝580 000+27 906 000+ 512 000+75 000＝29 073 000（元）
2.（1）财务会计：
借：累计盈余 30 000
贷：财政应返还额度 30 000
预算会计：
借：财政拨款结余——归集上缴 30 000
贷：资金结存——财政应返还额度 30 000
（2）财务会计：
借：累计盈余 35 000
贷：银行存款 35 000
预算会计：
借：非财政拨款结转——缴回资金 35 000
贷：资金结存——货币资金 35 000
（3）财务会计：
借：银行存款 12 000
贷：累计盈余 12 000
预算会计：
借：资金结存——货币资金 12 000

贷：财政拨款结转——归集调入 12 000

(4) 财务会计：

借：本年盈余分配 400 000

贷：累计盈余 400 000

预算会计：无。

(5) 财务会计：

借：无偿调拨净资产 50 000

贷：累计盈余 50 000

预算会计：无。

(6) 财务会计：

借：累计盈余 5 000

贷：以前年度盈余调整 5 000

预算会计：无。

第七章

一、单项选择题

1. A 2. B 3. C 4. B 5. C 6. A 7. A 8. B 9. B 10. A
11. D 12. A

二、多项选择题

1. ACE 2. ABC 3. BCE 4. AC 5. AB 6. ABCDE 7. CD 8. ABCDE

三、判断题

1. √ 2. × 3. √ 4. × 5. ×

四、业务题

1. (1) 借：资金结存——零余额账户用款额度 30 000 000

贷：财政拨款预算收入 30 000 000

(2) 借：行政支出/事业支出 20 000

贷：资金结存——零余额账户用款额度 20 000

(3) 借：资金结存——财政应返还额度 5 000 000

贷：资金结存——零余额账户用款额度 5 000 000

(4) 借：资金结存——财政应返还额度 2 000 000

贷：财政拨款预算收入 2 000 000

(5) 借：资金结存——零余额账户用款额度 2 000 000

贷：资金结存——财政应返还额度 2 000 000

2. (1) 借：事业预算收入 1 200 000

上级补助预算收入 160 000

附属单位上缴预算收入 220 000

其他预算收入 800 000

贷：其他结余 2 380 000

借：经营预算收入 2 400 000

贷：经营结余		2 400 000
（2）借：其他结余	2 305 000	
贷：事业支出		1 320 000
上缴上级支出		350 000
对附属单位补助支出		180 000
其他支出		455 000
借：经营结余	1 815 000	
贷：经营支出		1 815 000
（3）借：非财政拨款结转——累计结转（乙专项工程）	10 000	
贷：非财政拨款结余——结转转入		10 000
借：非财政拨款结余——结转转入	10 000	
贷：非财政拨款结余——累计结余		10 000
（4）借：非财政拨款结余分配——提取专用基金	50 000	
贷：专用结余——职工福利基金		50 000
借：非财政拨款结余分配	180 000	
贷：非财政拨款结余——累计结余		180 000
（5）借：事业支出——使用专用基金	6 000	
贷：资金结存——货币资金		6 000
（6）借：非财政拨款结转——项目间接费用或管理费	50 000	
贷：非财政拨款结余——项目间接费用或管理费		50 000
借：事业支出	15 000	
贷：资金结存		15 000
3.（1）借：财政拨款预算收入	43 210 000	
贷：财政拨款结转——本年收支结转		43 210 000
（2）借：财政拨款结转——本年收支结转	42 170 000	
贷：行政支出——财政拨款支出		42 170 000
（3）借：财政拨款结转——本年收支结转	1 040 000	
贷：财政拨款结转——累计结转		1 040 000
（4）借：财政拨款结转——累计结转	1 040 000	
贷：财政拨款结余——结转转入		1 040 000
（5）借：非同级财政拨款预算收入	120 000	
其他预算收入	200 000	
贷：非财政拨款结转——本年收支结转		320 000
（6）借：非财政拨款结转——本年收支结转	320 000	
贷：行政支出		120 000
其他支出		200 000
（7）借：非同级财政拨款预算收入	206 000	
其他预算收入	1 880 000	
贷：其他结余		2 086 000

(8) 借：其他结余　　1 810 000
　　贷：行政支出　　1 310 000
　　　　其他支出　　500 000
(9) 借：非财政拨款结余——累计结余　　276 000
　　贷：其他结余　　276 000

第八章

一、单项选择题

1. A　2. C　3. C　4. A　5. B　6. C　7. A　8. B　9. A　10. D

二、多项选择题

1. BC　2. BD　3. AD　4. BCDE　5. ABCD　6. BCD

三、判断题

1. √　2. √　3. ×　4. √　5. √　6. √　7. ×　8. ×

四、业务题

1.

表 8-24　资产负债表（简表）

会政财 01 表

编制单位：________　　2024 年 12 月 31 日　　单位：元

资产	期末余额	年初余额	负债和净资产	期末余额	年初余额
流动资产：		（略）	流动负债：		（略）
货币资金	125 000		短期借款		
短期投资			应交增值税		
财政应返还额度	40 000		其他应交税费		
应收票据			应缴财政款		
应收账款净额	10 000		应付职工薪酬	120 000	
预付账款	20 000		应付票据		
应收股利			应付账款	30 000	
应收利息			应付政府补贴款		
其他应收款净额	15 000		应付利息		
存货	26 000		预收账款		
待摊费用			其他应付款	15 000	
其他流动资产			其他流动负债		
流动资产合计	236 000		流动负债合计	165 000	
非流动资产：			非流动负债：		
长期股权投资			长期借款		
长期债券投资			长期应付款		

续表

资产	期末余额	年初余额	负债和净资产	期末余额	年初余额
固定资产原值	4 300 000		预计负债		
减：固定资产累计折旧	500 000		其他非流动负债		
固定资产净值	3 800 000		非流动负债合计		
在建工程	200 000		受托代理负债	35 000	
无形资产	80 000		负债合计	200 000	
无形资产净值	60 000				
公共基础设施原值	500 000				
减：公共基础设施累计折旧	350 000				
公共基础设施净值	150 000				
政府储备物资					
文物资源					
保障性住房原值			净资产：		
减：保障性住房累计折旧			累计盈余	4 281 000	
保障性住房净值			专用基金		
长期待摊费用			权益法调整		
待处理财产损溢			无偿调拨净资产		
非流动资产合计	4 210 000		本期盈余		
受托代理资产	35 000		净资产合计	4 281 000	
资产总计	4 481 000		负债和净资产总计	4 481 000	

2.

表 8-26　收入费用表

会政财 02 表

编制单位：________　　　　2024 年　　　　单位：元

项目	本年数	上年数
一、本期收入	6 095 000	（略）
（一）财政拨款收入	3 200 000	
其中：政府性基金收入		
（二）事业收入	1 800 000	
（三）上级补助收入	300 000	
（四）附属单位上缴收入	200 000	
（五）经营收入	400 000	
（六）非同级财政拨款收入	80 000	
（七）投资收益	30 000	

续表

项目	本年数	上年数
（八）捐赠收入	50 000	
（九）利息收入	5 000	
（十）租金收入	10 000	
（十一）其他收入	20 000	
二、本期费用	6 025 000	
（一）业务活动费用	2 900 000	
（二）单位管理费用	2 200 000	
（三）经营费用	350 000	
（四）资产处置费用	30 000	
（五）上缴上级费用	260 000	
（六）对附属单位补助费用	250 000	
（七）所得税费用		
（八）其他费用	35 000	
三、本期盈余	70 000	

3.

表 8-28 预算收入支出表

会政预 01 表

编制单位：________ 2024 年 单位：元

项目	本年数	上年数
一、本年预算收入	8 400 000	（略）
（一）财政拨款预算收入	7 600 000	
其中：政府性基金收入		
（二）事业预算收入		
（三）上级补助预算收入		
（四）附属单位上缴预算收入		
（五）经营预算收入		
（六）债务预算收入		
（七）非同级财政拨款预算收入	320 000	
（八）投资预算收益		
（九）其他预算收入	480 000	
其中：利息预算收入		
捐赠预算收入	180 000	
租金预算收入		

续表

项目	本年数	上年数
二、本年预算支出	8 250 000	
（一）行政支出	7 800 000	
（二）事业支出		
（三）经营支出		
（四）上缴上级支出		
（五）对附属单位补助支出		
（六）投资支出		
（七）债务还本支出		
（八）其他支出	450 000	
其中：利息支出		
捐赠支出	260 000	
三、本年预算收支差额	150 000	

4.

表 8-30 预算收入支出表

会政预 01 表

编制单位：________ 2024 年 单位：元

项目	本年数	上年数
一、本年预算收入	5 798 000	（略）
（一）财政拨款预算收入	2 800 000	
其中：政府性基金收入		
（二）事业预算收入	1 200 000	
（三）上级补助预算收入	180 000	
（四）附属单位上缴预算收入	210 000	
（五）经营预算收入	300 000	
（六）债务预算收入	650 000	
（七）非同级财政拨款预算收入	250 000	
（八）投资预算收益	28 000	
（九）其他预算收入	180 000	
其中：利息预算收入	5 000	
捐赠预算收入	140 000	
租金预算收入	35 000	
二、本年预算支出	4 485 000	
（一）行政支出		

续表

项目	本年数	上年数
（二）事业支出	3 750 000	
（三）经营支出	280 000	
（四）上缴上级支出		
（五）对附属单位补助支出		
（六）投资支出		
（七）债务还本支出	300 000	
（八）其他支出	155 000	
其中：利息支出	45 000	
捐赠支出	110 000	
三、本年预算收支差额	1 313 000	

附录2

行政事业单位会计科目名称和编号表

序号	科目编号	科目名称
一、财务会计科目		
(一) 资产类		
1	1001	库存现金
2	1002	银行存款
3	1011	零余额账户用款额度
4	1021	其他货币资金
5	1101	短期投资
6	1201	财政应返还额度
7	1211	应收票据
8	1212	应收账款
9	1214	预付账款
10	1215	应收股利
11	1216	应收利息
12	1218	其他应收款
13	1219	坏账准备
14	1301	在途物品
15	1302	库存物品
16	1303	加工物品
17	1401	待摊费用
18	1501	长期股权投资
19	1502	长期债券投资
20	1601	固定资产
21	1602	固定资产累计折旧
22	1611	工程物资

续表

序号	科目编号	科目名称
23	1613	在建工程
24	1701	无形资产
25	1702	无形资产累计摊销
26	1703	研发支出
27	1801	公共基础设施
28	1802	公共基础设施累计折旧（摊销）
29	1811	政府储备物资
30	1821	文物资源
31	1831	保障性住房
32	1832	保障性住房累计折旧
33	1891	受托代理资产
34	1901	长期待摊费用
35	1902	待处理财产损溢
（二）负债类		
36	2001	短期借款
37	2101	应交增值税
38	2102	其他应交税费
39	2103	应缴财政款
40	2201	应付职工薪酬
41	2301	应付票据
42	2302	应付账款
43	2303	应付政府补贴款
44	2304	应付利息
45	2305	预收账款
46	2307	其他应付款
47	2401	预提费用
48	2501	长期借款
49	2502	长期应付款
50	2601	预计负债
51	2901	受托代理负债
（三）净资产类		
52	3001	累计盈余

续表

序号	科目编号	科目名称
53	3101	专用基金
54	3201	权益法调整
55	3301	本期盈余
56	3302	本年盈余分配
57	3401	无偿调拨净资产
58	3501	以前年度盈余调整
（四）收入类		
59	4001	财政拨款收入
60	4101	事业收入
61	4201	上级补助收入
62	4301	附属单位上缴收入
63	4401	经营收入
64	4601	非同级财政拨款收入
65	4602	投资收益
66	4603	捐赠收入
67	4604	利息收入
68	4605	租金收入
69	4609	其他收入
（五）费用类		
70	5001	业务活动费用
71	5101	单位管理费用
72	5201	经营费用
73	5301	资产处置费用
74	5401	上缴上级费用
75	5501	对附属单位补助费用
76	5801	所得税费用
77	5901	其他费用
二、预算会计科目		
（一）预算收入类		
1	6001	财政拨款预算收入
2	6101	事业预算收入
3	6201	上级补助预算收入

续表

序号	科目编号	科目名称
4	6301	附属单位上缴预算收入
5	6401	经营预算收入
6	6501	债务预算收入
7	6601	非同级财政拨款预算收入
8	6602	投资预算收益
9	6609	其他预算收入
（二）预算支出类		
10	7101	行政支出
11	7201	事业支出
12	7301	经营支出
13	7401	上缴上级支出
14	7501	对附属单位补助支出
15	7601	投资支出
16	7701	债务还本支出
17	7901	其他支出
（三）预算结余类		
18	8001	资金结存
19	8101	财政拨款结转
20	8102	财政拨款结余
21	8201	非财政拨款结转
22	8202	非财政拨款结余
23	8301	专用结余
24	8401	经营结余
25	8501	其他结余
26	8701	非财政拨款结余分配